中华人民共和国
公共文化服务保障法
解读

主　编：柳斌杰（全国人大教科文卫委员会主任委员）
雒树刚（文化部部长）
袁曙宏（国务院法制办副主任）
副主编：许安标（全国人大常委会法制工作委员会副主任）
杨志今（文化部副部长）
阎晓宏（国家新闻出版广电总局副局长）

中国法制出版社
CHINA LEGAL PUBLISHING HOUSE

撰稿人：李国新　杨永恒　冯守仁　贾旭东　巫志南　吕　芳

金武刚　阮　可　彭泽明　魏晓阳

文化领域的基本大法

（代前言）

《中华人民共和国公共文化服务保障法》的制定和实施，是事关社会主义文化建设的根本性质和前进方向、事关文化自信和文化复兴的长远目标、事关党和国家前途命运的大事。因为文化是人类特有的一种精神创造活动，是民族的血脉、人民的精神家园、党和国家事业的灵魂。公共文化服务体系尤其承担着凝心聚力、铸造民族复兴精气神的光荣使命。迄今为止，没有其他国家、其他社会，把人民的文化权益保障放在文化建设的首位。奴隶社会文化为奴隶主阶级服务，封建社会文化为皇帝贵族所独占，资本主义社会文化是资产阶级享用的权利。只有在中国特色社会主义制度下文化才成为人民群众享有的公共权益。国家制定法律保障公共文化服务体系建设、提供人民群众需要的基本文化产品和文化活动、维护人民群众的公共文化权益，这是社会主义制度本质特征的体现，具有划时代的意义。

制定公共文化服务保障法是党中央列入几次全会的决定，

全国人大常委会列入立法规划的重大项目。本届教科文卫委员会开始工作以后，就把这项重要法律作为头一件大事提上日程。首先，落实立法进度计划，使这部法律进入了全国人大常委会的立法规划和年度立法计划，也进入到中央关于协调文化领域立法建议的计划之中。其次，及时启动了立法工作，经中央和全国人大常委会批准，于2014年4月份成立了以全国人大教科文卫委员会牵头，中宣部、文化部、新闻出版广电总局、财政部、发改委、国务院法制办等十多个部门参加的立法领导小组，同时成立了起草小组和专家小组，立即开始进行工作。这些组织落实以后，开始进行立法调查研究，分别深入到全国城乡各地特别是基层，了解这些年来中央在实施公共文化服务方面的实际做法、经验、效果以及广大人民群众的要求、期盼，广泛听取基层群众、专家学者、文化工作者和文化行政部门的意见，对公共文化设施、产品、服务、活动逐项进行了分析研究。比如广场舞，我们在调查研究了解时大家有不同意见，一部分人拥护广场舞作为公共文化服务，场地要予以保障；但是也有一部分人坚决反对，认为广场舞噪音大、扰民，还造成了交通、治安等其他一些问题。像这类在群众中反映出的问题我们进行了认真研究，并且借鉴国际经验，请教专家学者，区别哪些应该纳入公共文化服务，哪些不纳入。凡是纳入法定范围的，都需要政策上考量，因为每个项目都需要物质力量、相应设施，这就需要规划，需要资金和土地，需要税收政策的保障。提供文化产品也需要财政的支持和各级政府的保障。因此政策问题，是立法中协调难度最大的。比如文化部需要公共文化服务的资源越多越好，但是对于财政部来说，资金有限，国家还要做这样那样的事情都需要钱，只能按一定的比例统筹支持。这些都要经过反复协调、沟通，大家才能达到一致。

这些工作做好以后，我们就开始起草法律条文，由各方面的专家组成起草组撰写文本。初稿形成以后请高等院校、法律研究机构专家，帮助修改法律文本，论证、评估法律文本的科学性、法理性、可操作性。这些都要进行认真、严肃、细致的研讨工作，十易其稿才能完成。基本草案稿完成之后就开始到各方面征求意见。教科文卫委员会直接在网上听取人民群众的意见，国内外大量网民积极参与，我们吸取这些意见进一步修改了文本。文本修改比较成熟以后，提交教科文卫委员会进行了三次认真的讨论，委员会审议通过后决定提交全国人大常委会审议。全国人大常委会高度重视，在一年时间内常委会会议对本法进行了三次审议，2016 年 12 月 25 日第十二届全国人大常委会第二十五次会议高票通过了这部法律。整个过程体现了民主立法、科学立法、依靠人民群众立法。立法的基础是民意，我们这部法律就充分体现了民意，把党的主张、人民的期待转化成了国家的意志。

这个过程历时两年多的时间，在整个立法中算是比较快的，这是全国人大常委会高度重视文化领域立法的范例。因为在我国的法律体系当中，文化领域的立法是一个短板，在公共文化服务保障法和电影产业促进法通过之前，文化方面的法律仍然偏少，戏称“两个半”：一个是文物保护法，一个是非物质文化遗产法，这两个都是文化保护传承方面的；还有一个是著作权法，算是半个文化法，因为这个法律半个是文化，半个是科技，著作权包括了文化、科技两方面。公共文化服务保障法出台，就是为了补文化领域立法的短板。当然这个“短板”不是一部法律就可以补齐的，下一步我们还有一个重要的法律，就是文化产业促进法，也是和公共文化服务一样重要的法律。还要制定一些专门的法律，除了电影产业促进法已出台外，还要制定公共图书馆法、修订著作权法、修订文物保护法，这些立法工作都要加紧进行。文化领域的立法是这一届全国人大常委会工作的重点，既给我们提出了任务，也给我们提供了很大的支持，我也感谢社会各界特别是文化界长期在这方面的呼吁、建议、支持，促进了文化领域立法工作进入快车道。

刚刚通过的《中华人民共和国公共文化服务保障法》是文化领域的基础性、全局性、综合性的重要法律。这部法律出台的重要意义，我认为有四个方面：

一是依法维护人民群众的基本文化权益。这一条体现了落实宪法关于人民公共文化权益的精神。我国宪法规定，国家发展为人民服务、为社会主义服务的文化事业，包括文学艺术事业、新闻出版事业、广播电视事业、图书馆、博物馆、文化馆和其他一些事业。这是宪法早就规定的人民群众的基本文化活动。通过这部法律，不仅把宪法的精神落实到具体法中，同时也把这些年来党中央、国务院制定的公共文化服务的一些政策方针，比如中共中央的有关决定、国务院关于公共文化服务的指导意见、公共文化服务产品提供的标准等一系列问题法制化，这样就以全面的、法律的形式保障了广大人民群众的基本文化权益，进一步说明了我们社会主义文化建设的根本目的，是为人民群众服务。把这样一些长期的方针和政策通过法律的形式确立下来，就使人民群众依法享受公共文化设施、得到公共文化产品、参与一定的公共文化活动。这些权益获得全面保障，我国的社会主义文化建设就能大发展。

二是有力地促进了社会主义文化建设。公共文化服务是社会主义文化建设最主要的内容之一，也是我们文化事业的出发点、立足点和落脚点。公共文化服务体系建设的完善，公共文化产品的丰富，公共文化活动的不断发展，必然带动我国文化建设的进一步加强，必将促进文化产业的进一步发展。要给人民群众提供满意的公共文化产品，就要通过产业来生产这些产品，所以公共文化建设也是对文化产业的支持和促进。新中国成立之初，毛泽东同志就指出，随着社会主义经济高潮建设的到来，必然有一个文化建设的新高潮，我想我们通过改革开放，在经济不断发展的情况下，文化建设的高潮也会进一步兴起，所以这部法律从它提供的整个服务的内容、产品、设施、活动都可以促进文化事业和产业的大发展、大繁荣。

三是奠定了社会主义文化立法的基础。这部法律的出台是文化立法的重大突破。为什么呢？因为这部法律一开始就确定了社会主义文化发展的基本原则，要坚持以人民为中心的原则，要坚持社会主义先进文化的方向，要坚持培育社会主义核心价值观，以法重申坚持百花齐放、百家争鸣的“双百”方针。这样，就把我们党长期形成的文化建设的基本方针、基本政策、基本要求体现在这部法律当中，为以后文化门类的立法提供了重要的法律依据。下一步，我们还要进一步加快文化领域立法，这部法为此提供了法源，奠定了今后制定文化门类中其他法律的立法基础和基本方向。

四是从人大立法的角度来讲，体现了全面推进依法治国背景下，人大主导立法的新特点。公共文化服务保障法是根据十八届三中全会、四中全会的精神，改革人大立法的体制机制，也就是要由全国人大及其常委会主导立法，包括全国人大专门委员会和全国人大常委会法工委，直接起草一些综合性的、跨部门的重要法律。公共文化服务保障法就是一个成功的实际范例。整个立法过程超越了部门的局限，减少了部门利益协调的困难，避免了部门扯皮推诿。通过人大沟通、协调文化部门、新闻出版广电部门、财政部门、税收部门、发改委系统，以及涉及公共文化政策措施的各个方面，突破了部门的局限性，保证了立法的质量，这一点在公共文化服务保障法立法中是比较成功的。所以，从立法启动到通过，在两年多的实践中，很好地协调了各方面的政策，协调了中央、地方和基层各个文化管理部门之间的关系，理顺了公共文化服务管理的体制，在法律中固定了重要的基本制度，有力地保障了公共文化服务事业的持续健康发展。

这部法律是开创性的法律，有着鲜明的中国特色和时代特点，也有许多亮点和落点，有较强的针对性和可操作性。一是从顶层设计了我国文化公共服务的基本制度，规定了公共文化服务的基本方针、政策和重要原则。二是明确了各级政府在公共文化服务中的主导作用、主体责任和法律责任。三是规定了基本公共文化设施、基本公共文化产品、基本公共文化活动的建设、使用、管理的要求和指导性的标准，公开目录，社会监督。四是强调了公共文化服务的基本性、公益性、均等性、便利性的特点，特别是重视支持革命老区、民族地区、边疆地区、贫困地区的公共文化服务体系建设，让人民群众共享文化改革发展成果。五是鼓励社会组织、企事业单位、公民个人积极参与公共文化服务活动，增加公共文化服务资源，丰富群众文化生活。六是设定了严格的法律责任追究和公开监督、评价考核、奖惩罚处的制度，依法保障公共文化服务规范运行。这些法律规定符合人民群众的根本利益，受到人民群众的支持，所以就能保证这部法律落地、生根、开花、结果。

法律的生命在于执行，法律的权威在于实施。良法是善治的前提，善治是良法的落实。从2017年3月1日起，《中华人民共和国公共文化服务保障法》就要正式实施，这是我国文化发展的一个里程碑。我们一定要把这部法律宣传好、落实好、贯彻好，这是立法后的重要任务。如果一部法律不宣传、不执行，它就只能是一纸空文，就没有生命力，起不到应有的作用。为此，我们要把全力推动这部法律的有效实施当作重要任务。一要加大法律的宣传、普及和解读，让它深入人心、家喻户晓，让人民用法律的武器维护自身文化权益。二要纳入各级政府的工作规划，制定配套的政策措施，落实监督和考评考核机制。三要加大公共文化服务的投入，有针对性地解决本地区公共文化服务的难题，补上设施不足、产品不多、活动不丰富的短板。尤其是要与小城镇建设、新农村建设、基础设施建设结合起来，统筹推进，一体联动，取得实效。四是要以改革的精神、发展的理念探索公共文化建设的新思路，以开放的心态吸引各方力量参与，形成公共文化建设的合力，让人民群众真正得到公共文化服务的实惠，提高全社会精神文明的水平和全体公民的文化科学道德素质，为实现中华民族的伟大复兴营造先导力量。

全国人大教科文卫委员会主任委员　柳斌杰

2017 年 3 月 1 日

目　　录

二、相关法律、法规、文件

大力推动公共文化服务保障法的深入宣传和贯彻实施

王　晨

2016 年 12 月 25 日，第十二届全国人大常委会第二十五次会议高票通过了《中华人民共和国公共文化服务保障法》。这是我国文化领域的一件大事、喜事，标志着我国文化法治建设取得了新的可喜进展。

制定公共文化服务保障法，是党中央的明确要求，是本届全国人大常委会立法规划中的第一类项目，也是近年来不少全国人大代表和广大人民群众十分关注的一项立法工作。2014 年 4 月，由全国人大教科文卫委员会牵头，成立了由中宣部、文化部、国家新闻出版广电总局、国家发改委、财政部、国务院法制办等有关部门同志组成的起草工作机构，正式启动立法工作。全国人大教科文卫委员会坚持科学立法、民主立法，各有关单位、专家学者、文化界从业人员和社会公众大力协助支持。在大家的共同努力下，公共文化服务保障法立法工作仅用两年多的时间就结出了硕果，使这项重要立法任务得以顺利完成。

宣传贯彻公共文化服务保障法座谈会的召开，是一次深入学习领会公共文化服务保障法重要意义的交流会，也是一次齐心协力推动公共文化服务保障法贯彻实施的动员会。各参会单位的负责同志以及专家代表都作了发言，从不同角度对贯彻实施公共文化服务保障法提出了很好的意见和建议。我也谈几点意见。

充分认识制定公共文化服务保障法的重要意义

公共文化服务保障法是我国文化领域一部综合性、全局性、基础性的重要法律，是一部具有鲜明中国特色、充分反映社会主义制度优越性的重要法律。它的制定实施，实现了我国文化立法的重大突破，在文化法治建设中具有重要的意义。

第一，推动了宪法实施。宪法是国家的根本法，是治国安邦的总章程，也是法律法规的总依据。习近平总书记指出，“我们要以宪法为最高法律规范，继续完善以宪法为统帅的中国特色社会主义法律体系，把国家各项事业和各项工作纳入法制轨道”，并强调“全国人大及其常委会要加强重点领域立法，拓展人民有序参与立法途径，通过完备的法律推动宪法实施，保证宪法确立的制度和原则得到落实”。习近平总书记的重要论述为新时期加强立法工作进一步指明了方向、提供了遵循。我国宪法第二十二条规定，“国家发展为人民服务、为社会主义服务的文学艺术事业、新闻广播电视事业、出版发行事业、图书馆博物馆文化馆和其他文化事业，开展群众性的文化活动。”宪法确立了各项文化事业在中国特色社会主义事业中的重要地位，实际上也规定了政府发展文化事业的重要职责。公共文化服务保障法以此为依据，确定了公共文化服务的基本原则，构筑了公共文化服务的制度体系，规定了公共文化服务的保障措施，为促进文化事业发展提供了明确的法律依据，使宪法确立的有关文化事业的原则和制度在法律中得到贯彻落实。

第二，健全完善了文化法律制度。改革开放以来，经过多年的不懈努力，我国文化立法工作取得了一定成绩，但是相对于经济领域以及其他一些领域，文化领域现行有效的法律偏少。而且，已有的文物保护法、非物质文化遗产法、著作权法等法律，主要是调整某一个方面的法律关系，文化领域缺少管全局、管基础的综合性法律。公共文化服务保障法涵盖范围广、涉及部门多，规范的是文化领域一些根本性、原则性问题，涉及文化建设的目标方向和价值取向，是文化领域一部具有“四梁八柱”性质的重要法律。它的制定和实施，弥补了我国文化立法的“短板”，充实丰富了文化法律制度的内容，夯实了文化建设的法治基础，为建设社会主义文化强国提供了强有力的法律支撑。

第三，为构建现代公共文化服务体系提供了法律依据。党的十八大以来，党中央从统筹推进“五位一体”总体布局、繁荣发展社会主义先进文化的战略高度，确立了构建现代公共文化服务体系在文化建设中的重要地位。党的十八届三中全会把“构建现代公共文化服务体系”作为全面深化改革的一项重要任务。党的十八届五中全会明确提出，要“完善公共文化服务体系”，“推动基本公共文化服务标准化、均等化发展”，“创新公共文化服务方式，保障人民基本文化权益”。“十三五”规划纲要把“构建现代公共文化服务体系”作为全面建成小康社会决胜阶段的一项重要工作。公共文化服务保障法开宗明义，指出其立法目的之一就是“为了加强公共文化服务体系建设”，并对此作出了系统的设计安排。它以建成覆盖城乡、便捷高效、保基本、促公平的现代公共文化服务体系为主要目标，明确了公共文化服务应当坚持社会主义先进文化前进方向、以人民为中心、以社会主义核心价值观为引领等基本原则，确立了“政府主导、社会力量参与”的公共文化服务格局，对公共文化设施建设、公共文化服务的内容方式质量、公共文化服务的管理运行和保障机制等都作出了明确规定，必将引领和推动现代公共文化服务体系建设全面深入开展。

第四，为实现人民群众基本文化权益提供了法律保障。全面建成小康社会，不仅要让人民群众过上殷实富足的物质生活，还要让人民群众过上丰富健康的精神生活。当前，随着生活水平的不断提高，人民群众精神文化需求也日益增长。虽然我国公共文化服务工作近年来取得了显著成绩，但在有些方面还存在不足，特别是在一些农村地区和中西部地区，公共文化设施还比较落后，公共文化产品供给不足，农村居民、城镇低收入居民、农民工等特殊群体的文化生活还很匮乏，实现和保障人民群众基本文化权益的任务还十分艰巨。公共文化服务保障法坚持以人民为中心的发展思想，通篇贯穿了满足人民群众精神文化需求这一主线，在保障人民群众普惠、便利、公平地享受公共文化服务的基础上，坚持均衡协调发展的原则，对扶助农村地区、革命老区、民族地区、边疆地区、贫困地区以及特殊群体、基层的公共文化服务都专门作出了规定，彰显了以民为本、立法为民的立法理念。制定这部法律的一个重要目的，就是要用法治思维、法律手段来推动公共文化服务强基础、补“短板”，进一步丰富人民群众精神文化生活，实现和保障人民群众基本文化权益，使人民群众共享文化改革发展成果，提高人民群众的获得感和幸福感，充分体现中国特色社会主义制度的优越性。

第五，为推进人大主导立法工作提供了有益经验。党的十八届四中全会明确提出，“健全有立法权的人大主导立法工作的体制机制，发挥人大及其常委会在立法工作中的主导作用。建立由全国人大相关专门委员会、全国人大常委会法制工作委员会组织有关部门参与起草综合性、全局性、基础性等重要法律草案制度。”制定公共文化服务保障法，是贯彻落实党中央这一决策部署的具体实践和成功范例。本届全国人大常委会将制定公共文化服务保障法列入立法规划，确定全国人大教科文卫委员会为法律草案的牵头起草单位。全国人大教科文卫委员会抓紧工作，深入开展调查研究，广泛听取各方意见，和各有关单位、专家学者、从业人员、社会公众高效协调联动，凝聚了各方共识，避免了部门视角的局限，确保立法任务得以优质高效完成，为发挥人大及其常委会在立法工作中的主导作用进行了积极探索实践，为完善我国立法体制积累了宝贵经验。

切实加强公共文化服务保障法的宣传普及和贯彻实施工作

法律的生命力在于实施，法律的权威也在于实施。习近平总书记指出，“有了法律不能有效实施，那再多的法律也是一纸空文，依法治国就会成为一句空话。”公共文化服务保障法已经出台，并将于2017年3月1日起施行。现在的重要任务就是要宣传普及好这部法律、贯彻实施好这部法律，使法律规定成为政府提供公共文化服务、社会力量参与公共文化服务、人民群众享用公共文化服务的准绳。

第一，广泛深入地宣传普及公共文化服务保障法。法律的宣传普及，是法律实施的基础性工作，必须下大力气、下真功夫抓好做实。各级政府要将公共文化服务保障法作为“七五”普法的一项重要内容着力加以推进。文化主管部门、新闻出版广电主管部门以及其他相关部门要立即着手组织系统内的学习教育，让相关工作人员深刻理解法律的各项规定，牢牢把握法律的各项要求，强化法治思维和法治观念，提高依法办事的自觉性和能力，为开展好执法工作夯实思想基础、做好理论武装。同时，各级政府及有关部门要落实好“谁执法谁普法”的普法责任制，积极创新宣传手段和工作方式，让社会公众充分了解依法享受的公共文化服务及获取途径，让图书馆、博物馆、文化馆等公共文化机构及相关从业人员深刻认识到所担负的责任和义务。新闻媒体要精心组织好这部法律及公共文化服务工作的宣传报道，着力提高宣传普法实效。图书馆、博物馆、文化馆等公共文化机构要把法律的宣传普及融入到提供公共文化服务的活动中，将其与传承中华优秀传统文化、弘扬社会主义核心价值观、坚定文化自信等紧密结合起来，着力提高社会文明素质。专家学者也要加强研究，帮助社会公众加深对这部法律的认知理解。总之，要通过广泛深入的宣传普及活动，为法律的贯彻实施营造良好社会氛围。

第二，坚持严格执法确保法律规定落到实处。公共文化服务保障法的一个核心内容是，规定了政府及有关部门在建设公共文化设施、提供公共文化服务、保障人民群众基本文化权益等方面的职责。各级政府及有关部门要充分认识公共文化服务在经济社会发展、社会主义精神文明建设中的重要地位和作用，强化建设法治政府、服务型政府的意识，严格依法履行职责，根据法律规定开展好各项工作，以坚定的文化自信和高度的文化自觉担负起构建现代公共文化服务体系的历史重任。各级人大要根据法律规定适时开展监督工作，督促和支持政府及有关部门依法履职、改进工作，推动法律的正确有效实施。新闻媒体也要依法加强对公共文化服务的舆论监督。

公共文化服务保障法虽然明确规定了文化主管部门、新闻出版广电主管部门负责公共文化服务工作，但这并不是说开展公共文化服务工作只是这两个部门的责任，法律中许多条款把相关工作规定为政府的职责，政府在这些方面一定要有担当、有作为。县级以上人民政府应当按照法律规定把公共文化服务纳入本级国民经济和社会发展规划，将其作为推动经济社会发展的一项重要工作统筹安排部署。各级人民政府应当根据公共文化服务的事权和支出责任，将公共文化服务经费纳入本级预算，并根据法律规定的相应职责，履行好制定基本公共文化服务指导标准和实施标准、建设公共文化服务设施网络、提供公共文化服务、安排公共文化服务所需资金、建立反映公众文化需求的征询反馈制度和有公众参与的公共文化服务考核评价制度等方面的职责。政府其他有关部门也要在各自职责范围内依法开展工作，形成合力共同推动公共文化服务保障法的贯彻实施。

公共文化服务保障法第五十八条规定，“违反本法规定，地方各级人民政府和县级以上人民政府有关部门未履行公共文化服务保障职责的，由其上级机关或者监察机关责令限期改正；情节严重的，对直接负责的主管人员和其他直接责任人员依法给予处分。”也就是说，未依法履职的政府及有关部门和相关人员，是要承担法律责任的，这一点一定要引起大家重视。

第三，抓紧制定配套法规规章。公共文化服务保障法确立了多项制度，如建设公共文化设施征求公众意见制度、地方公共文化服务目录制度、有公众参与的公共文化服务考核评价制度、公共文化设施资产统计报告制度、公共文化服务开展情况的年报制度等，这些制度的实行需要在内容、方法、程序等方面加以细化。此外，公共文化服务涉及多行业、多领域，公共文化服务保障法不可能对所有问题都面面俱到地作出详细规定。有关单位和部门应抓紧研究起草相关法规规章并及时出台，让法律规定的各项制度落地生根，把法律的有关规定落细落实，为法律的有效实施提供支撑。地方人大和政府也应根据公共文化服务保障法，结合当地实际情况，抓紧出台地方性法规规章，推动法律的贯彻实施。要按照立法法的规定，做好相关法规规章的备案审查工作，维护国家法制统一。总之，要以公共文化服务保障法为核心，形成多方位、多层次的公共文化服务法律制度体系，使公共文化服务工作更加规范化和制度化。

进一步推进文化立法工作

文化法律是中国特色社会主义法律体系不可或缺的重要组成部分。但是，总的看文化立法还较为滞后。截至2016年底，我国宪法和现行有效法律共257部，而文化领域只有6部法律，即文物保护法、档案法、著作权法、非物质文化遗产法、电影产业促进法、公共文化服务保障法，这6部法律占现行有效法律总数的2.3%，这与统筹推进“五位一体”总体布局、协调推进“四个全面”战略布局，建设社会主义文化强国的要求是不相适应的。对这个问题必须予以重视，着力加以解决，要尽快拿出实实在在的工作成果补齐我国文化立法的“短板”。

党的十八大以来，以习近平同志为核心的党中央高度重视文化立法工作。党的十八届四中全会提出，要“建立健全坚持社会主义先进文化前进方向、遵循文化发展规律、有利于激发文化创造活力、保障人民基本文化权益的文化法律制度”，明确部署了制定公共文化服务保障法、文化产业促进法等立法任务。十二届全国人大常委会贯彻落实党中央决策部署，积极推进文化领域立法，在立法规划中加大了文化方面法律的比重，列入了制定公共文化服务保障法、文化产业促进法、电影产业促进法、公共图书馆法以及修改著作权法、文物保护法等立法项目；2016年一年之内审议通过公共文化服务保障法、电影产业促进法，2015年还对文物保护法部分条款进行了修改，文化立法力度之大、成效之巨，是多年来少有的。同时，也要看到，本届全国人大的任期还有一年多的时间，列入立法规划的部分文化立法项目仍然处于“进行时”，需要尽快“开花结果”，我们的工作任务艰巨繁重，决不能放松懈怠。法律草案的牵头起草单位要抓紧时间，加快立法步伐，加大工作力度，在确保立法质量的前提下，尽快形成较为成熟的法律草案提请全国人大常委会审议，确保党中央的有关决策部署得到贯彻落实，确保全国人大常委会立法规划中的立法任务如期完成。

公共文化服务保障法的制定和颁布实施，开启了中国特色社会主义文化法治建设的新篇章。让我们在以习近平同志为核心的党中央坚强领导下，同心协力，宣传贯彻实施好这部法律，实现好、维护好、发展好人民群众基本文化权益，并以此为新起点进一步推进文化法治建设，为建设社会主义文化强国、全面建成小康社会、实现中华民族伟大复兴的中国梦作出新贡献，以优异成绩迎接党的十九大胜利召开！

（本文为全国人大常委会副委员长兼秘书长王晨在宣传贯彻公共文化服务保障法座谈会上的讲话，有删节，发表于2017年2月22日《人民日报》）

关于《中华人民共和国公共文化服务保障法（草案）》的说明

——2016年4月25日在第十二届全国人民代表大会常务委员会第二十次会议上

柳斌杰

委员长、各位副委员长、秘书长、各位委员：

我受全国人大教科文卫委员会的委托，作关于《中华人民共和国公共文化服务保障法（草案）》的说明。

制定公共文化服务保障法，是党中央提出的明确要求，也是全国人大代表多次提出的议案，十二届全国人大常委会把它列入立法规划的第一类项目。本届全国人大教科文卫委员会履职伊始，就把做好公共文化服务保障法的立法工作作为重要任务之一。2014年4月，全国人大教科文卫委员会牵头，成立了由中宣部、文化部、新闻出版广电总局、国家发改委、财政部、国务院法制办公室等有关部门负责同志组成的领导小组，同时成立了工作小组和专家咨询组，制定了立法工作方案，正式启动立法工作。此后，起草工作机构先后赴陕西、广东、云南、四川、新疆等地开展调研，召开了10多次座谈会、研讨会，听取有关部门和专家学者的意见建议，在深入实际了解情况、组织有关部门和专家学者认真研究讨论、借鉴地方立法和国外有益经验的基础上，当年底形成了法律草案稿。此后，教科文卫委员会多次听取中央有关部门、地方人大和政府的意见，并根据各方面的意见对法律草案稿进行了反复修改。2015年3月，教科文卫委员会召开第二十二次全体会议，对法律草案稿进行了深入研究讨论，并于5—6月向社会公开征求意见，各方反响积极，普遍认为法律草案稿已经较为成熟，符合促进公共文化事业发展、加强公共文化服务体系建设的需要。此后，起草工作机构对各方意见再次研究、反复论证、充分吸收、协商沟通，对法律草案稿作了进一步的修改完善。2015年11月，教科文卫委员会专门听取了中央相关部门主要负责同志的意见。12月2日，教科文卫委员会召开第三十次全体会议，审议通过了公共文化服务保障法草案，决定提请全国人大常委会审议。

一、立法的必要性

我国宪法第二十二条规定了国家发展为人民服务、为社会主义服务的各项文化事业，开展群众性的文化活动。改革开放以来，我国明确提出了建设公共文化服务体系的目标，文化建设取得了显著成绩，但与人民日益增长的精神文化需求相比还有一定差距。发展公共文化事业，让人民享有健康丰富的精神文化生活，是全面建成小康社会的重要内容。构建现代公共文化服务体系，保障人民基本文化权益，丰富群众文化生活，提高全民族文化素质，迫切需要制定公共文化服务保障法。这是推动宪法深入实施、补齐文化领域立法“短板”的重要举措，是促进公共文化事业规范、有序、健康发展的必由之路，也是建设服务型政府、实现文化领域国家治理体系和治理能力现代化的必然要求。

二、立法总体思路

制定本法的总体思路：一是坚决贯彻党中央有关决策部署，将党中央关于加强公共文化服务体系建设的方针政策转化为国家意志体现在法律中。二是坚持以人为本，推动基本公共文化服务标准化、均等化发展。三是坚持政府主导，明确政府在公共文化服务组织、管理、提供、保障等工作中的职责。四是鼓励社会力量广泛参与，坚持共建共享。五是确立公共文化服务的基本原则和保障制度，促进和规范公共文化事业发展。六是坚持实践基础，认真总结经验，把现有行政法规、地方性法规中的有益经验提炼出来上升为法律。

三、草案主要内容

公共文化服务保障法草案分总则、公共文化设施建设、公共文化服务提供、保障措施、法律责任、附则6章，共63条。

（一）**明确法律的调整范围**。根据党中央有关文件精神、现行政策和有关方面的意见，草案规定："本法所称公共文化服务，是指由政府主导、社会力量参与，以满足公民基本文化需求为主要目的而提供的公共文化设施、文化产品、文化活动以及其他相关服务。"（草案第二条）

（二）**明确公共文化服务应当遵循的原则**。我国的公共文化服务是社会主义的公共文化服务，应当坚持社会主义先进文化前进方向；公共文化服务是全体人民普惠性的服务，应当坚持以人民为中心；公共文化服务是建设社会主义文化强国的重要措施，应当坚持以社会主义核心价值观为引领。据此，草案规定："公共文化服务应当坚持社会主义先进文化前进方向，坚持以人民为中心，坚持以社会主义核心价值观为引领；坚持'百花齐放、百家争鸣'的方针，支持优秀公共文化产品的创作生产，丰富公共文化服务内容。"（草案第三条）

（三）**明确标准和制定相关制度**。为推动公共文化服务规范有序发展，草案规定国务院制定国家基本公共文化服务指导标准，省、自治区、直辖市人民政府根据国家基本公共文化服务指导标准，结合当地实际，制定本行政区域的基本公共文化服务实施标准，给不同地区留有工作余地。

同时，草案建立了公共文化服务公示制度和目录提供制度、公共文化设施免费或者优惠开放制度、公益性文化单位提供免费或者优惠的公共文化服务制度、特定场所服务制度、征询和评价等制度。(草案第五条、第二十六条、第二十七条、第三十一条、第三十三条、第三十五条、第五十五条)

（四）**规定政府建设公共文化设施的责任。**公共文化设施是开展公共文化服务的重要载体和阵地。为使公共文化设施的建设得到保证，草案规定县级以上地方各级人民政府应当将公共文化设施建设纳入本级城乡规划，合理确定公共文化设施的种类、数量、规模以及布局，形成场馆服务、流动服务和数字服务相结合的公共文化设施网络。为解决目前基层文化设施建设存在的“散、乱”问题，草案规定：“地方人民政府应当加强乡镇（街道)、村（社区）基层综合性文化服务中心建设，可以采取新建、改建、扩建、合建、租赁、利用现有公共设施等多种方式，推动基层有关公共设施的统一管理、综合利用，并保障其正常运行。”草案还规定了公共文化设施建设用地的有关要求。(草案第十四条、第十五条、第十六条)

（五）**规定公共文化设施拆除与重建的程序。**当前，一些地方的公共文化设施常被拆除，有的地方在拆除后没有重建，或者重建的公共文化设施位置偏远、规模缩小，不能达到原有公共文化设施的服务水平。针对这些问题，草案规定因城乡建设确需拆除公共文化设施，或者改变其功能、用途的，应当依照法律、行政法规的规定重建，并坚持先建设后拆除或者建设拆除同时进行的原则。草案还规定，新建公共文化设施的选址，应当征求公众意见，符合其功能和特点，有利于发挥其作用。(草案第十四条、第十七条)

(六)规定加强公共文化服务数字化和网络建设。为充分利用数字和网络技术创新公共文化服务方式，草案规定国家鼓励和支持公共文化服务和科技融合，推动运用数字技术、现代信息技术和传播技术，提高公共文化服务水平；规定国家统筹规划公共数字文化建设，构建标准统一、互联互通的公共数字文化服务网络，建设公共文化信息资源库，实现基层网络服务共建共享，支持开发数字文化产品，推动利用宽带互联网、移动互联网、广播电视网和卫星网络提供公共文化服务；规定地方人民政府应当加强基层公共文化设施的数字化和网络建设，提高数字化和网络服务能力。(草案第十一条、第十五条、第三十二条)

(七)规定提高公共文化服务效能。目前，一些地方的公共文化服务工作存在“重设施建设、轻管理使用”的现象，公共文化服务效能不高，活力不足。为此，草案将“提高公共文化服务效能”作为“加强公共文化设施建设，完善公共文化服务体系”的一项重要原则写入总则；规定各级人民政府应当建立公众参与的公共文化设施使用效能考核评价制度，公共文化设施管理单位应当根据评价结果改进工作，提高服务质量，坚决避免公共文化设施建而不用、用而不当等问题；规定基层综合性文化服务中心应当加强资源整合，发挥统筹服务功能。(草案第四条、第二十二条、第三十条)

（八）**规定政府提供公共文化服务的责任**。公共文化服务的内容和质量，关系到人民群众基本文化权益的实现和文化发展成果的共享程度，政府有直接的采购和供给责任。为此，草案第三章明确规定了政府提供公共文化服务的各项责任。例如，草案规定各级人民政府应当促进优秀公共文化产品的供给和传播，支持开展全民阅读、全民普法、全民健身、全民科普和艺术普及、优秀传统文化传承活动；规定国务院和省、自治区、直辖市人民政府制定政府购买公共文化服务的指导性意见和目录；规定地方各级人民政府应当采取多种方式因地制宜提供流动文化服务，加强面向在校学生的公共文化服务，支持军队基层文化建设；规定国家加强优秀公共文化产品的民族语言文字译制和在民族地区的传播，鼓励和扶助民族文化产品的创作生产，支持开展具有民族特色的群众性文化体育活动。同时，草案对鼓励社会力量参与提供公共文化服务作出了明确规定。(草案第二十五条、第三十三条、第三十四条、第三十六

条、第三十七条、第三十八条、第三十九条、第四十条、第四十一条、第四十二条)

此外，草案还对公共文化服务的经费保障、监督管理、队伍建设以及违法行为的法律责任等作了相应规定。

四、对几个问题的说明

（一）**关于公共文化服务综合协调机制**。为避免政出多门、多头管理，推动公共文化服务工作协调、有序开展，草案规定：“国务院建立公共文化服务综合协调机制，指导、协调、推动全国公共文化服务工作。国务院文化主管部门承担综合协调职责。地方各级人民政府应当加强公共文化服务的统筹协调、共建共享。”（草案第六条)

（二）**关于对特定地区的支持和对特殊群体的服务**。为推动公共文化服务均等化发展，草案规定对革命老区、民族地区、边疆地区、贫困地区的公共文化服务给予扶持，对未成年人、老年人、残疾人、流动人口等群体的特殊需求提供公共文化服务，国家重点向农村地区提供公共文化产品。(草案第八条、第九条、第三十四条、第三十五条、第三十六条、第五十条)

（三）**关于社会力量参与公共文化服务**。为充分调动社会力量参与公共文化服务，草案明确了相关原则，并对国家鼓励和支持公民、法人和其他组织出资兴建、捐建公共文化设施，参与公共文化设施运营和管理，参与提供公共文化产品等作了具体规定。（草案第十二条、第二十四条、第二十八条、第三十一条、第三十七条、第四十一条、第四十二条、第四十六条、第四十八条、第四十九条、第五十二条）

《中华人民共和国公共文化服务保障法（草案）》和以上说明是否妥当，请审议。

（本文为全国人大教科文卫委员会主任委员柳斌杰在第十二届全国人民代表大会常务委员会第二十次会议上的草案说明，发表于中国人大网2016年4月27日）

学习贯彻公共文化服务保障法 加快推动现代公共文化服务体系建设

雒树刚

《中华人民共和国公共文化服务保障法》（以下简称公共文化服务保障法）将于2017年3月1日起正式施行。公共文化服务保障法的出台，是以习近平同志为核心的党中央全面推进依法治国的重要实践，对统筹推进“五位一体”总体布局和协调推进“四个全面”战略布局，进一步完善中国特色社会主义文化法律制度，加快公共文化服务体系建设，更好地保障人民群众基本文化权益，深入推进社会主义文化强国建设，将产生重要影响。

充分认识公共文化服务保障法的重要意义

全面推进依法治国，加快文化立法的重要突破。文化法律法规是中国特色社会主义法律体系不可或缺的重要内容，在文化建设中具有基础性和全局性的作用。党的十八届四中全会明确提出，要“建立健全坚持社会主义先进文化前进方向、遵循文化发展规律、有利于激发文化创造活力、保障人民基本文化权益的文化法律制度”。经过多年的努力，文化法律法规体系已经初步建立，但与建设社会主义文化强国的要求相比，与其他领域相比，文化立法工作仍然存在立法总量偏少、层次偏低等问题。党中央、全国人大和国务院高度重视文化立法工作，将公共文化服务保障法立法作为重要任务，在较短的时间内推动了法律出台。该法是文化领域一部具有“四梁八柱”性质的基础性法律，也是全国人大牵头的首部文化立法，在文化立法中具有重要意义。

推进全面深化改革，提高文化治理能力的重要法律。习近平总书记指出，法治是国家治理体系和治理能力的重要依托。通观公共文化服务保障法全篇，按照建设法治政府和服务型政府的要求，将党中央关于加快构建公共文化服务体系的指导思想、方针政策转化为国家意志；坚持实践基础，充分吸收了现有行政法规、地方性法规中的重要成果和地方在实践中取得的有益经验。法律进一步规范和界定了各级政府在公共文化服务中的权力和责任，明确了公共文化服务中的若干重要制度，为各级政府推进文化治理能力现代化，确保行政权力不越位、不错位、不缺位提供了基本的法律依据，为现代公共文化服务体系建设提供了坚实保障。

维护人民群众基本文化权益，满足精神文化需求的重要保障。公共文化服务的根本目的，是更好地满足人民群众的基本文化需求，实现好、维护好、发展好广大人民群众的基本文化权益。公共文化服务保障法立法工作坚持以人民为中心的工作导向，坚持文化发展为了人民、文化发展依靠人民、文化成果由人民共享，突出强调要满足公民的基本文化需求，丰富人民群众的精神文化生活，支持开展全民阅读、全民普法、全民健身、全民科普和艺术普及、优秀传统文化传承活动，为更好地促进广大人民群众的文化参与，享受看电视、听广播、读书看报、参加公共文化活动等基本公共文化服务，提供了有力的法律支撑。

准确理解和把握公共文化服务保障法的主要原则

坚持以社会主义核心价值观为引领。习近平总书记指出，核心价值观是一个民族赖以维系的精神纽带，是一个国家共同的思想道德基础。“要用法律来推动核心价值观建设”。公共文化服务保障法明确提出，公共文化服务要坚持社会主义先进文化前进方向，坚持以人民为中心，坚持以社会主义核心价值观为引领。这是由我国社会主义的性质决定的，也是在立法中始终坚持的首要的、基本的原则。构建覆盖全社会的现代公共文化服务体系，要始终贯彻这一重要原则，坚持“以文化人”，通过教育引导、舆论宣传、文化熏陶、实践养成、制度保障，使社会主义核心价值观内化为人们的精神追求，外化为人们的自觉行动，充分发挥中国特色社会主义文化凝聚核心价值、巩固共同理想、培育精神文明、促进文化认同的作用，使公共文化服务真正成为重要的思想文化阵地。

坚持政府主导，社会参与。政府主导、社会参与是构建现代公共文化服务体系的重要原则。提供公共文化服务是现代服务型政府的重要职能。公共文化服务保障法首次以法律的形式明确了各级人民政府是承担公共文化服务工作的责任主体，规定了政府在公共文化设施建设和公共文化服务组织、管理、提供、保障中的职责。特别是以强化各级政府的保障职责为核心，对今后各级政府根据事权和支出责任有效保障公共文化服务提出了要求，为监督考核各级地方政府履责情况提供了法律依据。同时，法律高度重视公共文化服务社会化发展，将鼓励和支持社会力量参与上升为法定原则，这对于增强公共文化事业发展壮大的内生动力，激发全社会的文化创造活力，具有十分重要的意义。

坚持保障基本，促进均等。公共文化服务以保障广大人民群众的基本文化权益为主要目标，重在保基本、兜底线、促均等。保基本、兜底线，关键是要根据群众文化需求和经济社会发展水平，明确政府保障的边界。法律所确立的基本公共文化服务标准制度，为明确政府保障什么、保障多少、怎么保障提供了基本准则和范围尺度，为制定和落实国家指导标准和各地实施标准提供了坚实的法律依据，可以说是构建现代公共文化服务体系的制度基础。同时，法律坚持问题导向，在建立基本标准制度的基础上，围绕如何推动城乡均等、区域均等、群体均等做出了一系列重要规定，为统筹推进公共文化服务均衡、协调发展指引了方向。公共文化服务保障法的实施，将进一步强化政府的兜底作用，加快推进基本公共文化服务标准化均等化，为全体人民提供系统性、制度性、公平性、可持续的公共文化服务，保障人民群众公平、均等地享有基本公共文化服务。

坚持统筹协调，共建共享。加强对公共文化资源的统筹整合和协调发展，实现共建共享，是在公共文化服务体系建设实践中形成的高度共识。长期以来，由于在公共文化领域还存在条块分割、多头管理等问题，各类公共文化资源缺乏有效整合，整体效益得不到充分发挥。2014 年以来，根据中央要求，文化部等 26 个部门建立了国家公共文化服务体系建设协调组，各地也建立了相应的协调机制，为加强部门统筹协作提供了良好平台。公共文化服务保障法不仅将公共文化服务综合协调机制作为重要内容在法律上予以明确，而且将科技馆、工人文化宫、青少年宫、妇女儿童活动中心、老年人活动中心等纳入公共文化设施范畴，进一步拓展了公共文化设施的范围；同时规定在基层要统筹建设综合性文化服务中心，促进基层公共文化设施资源的整合利用。法律的实施，将进一步明确各部门的责任，促进协同合作，推动各类公共文化机构在设施上的互联互通，在资源上的相互融通，在服务上的相互借鉴，实现综合利用、融合发展、提高效能。

切实加强公共文化服务保障法的贯彻落实

深入开展学习宣传和贯彻工作。各级文化部门全面贯彻党的十八大和十八届三中、四中、五中、六中全会精神，深入学习贯彻习近平总书记系列重要讲话精神和治国理政新理念新思想新战略，牢牢树立“四个意识”，把学习贯彻公共文化服务保障法作为当前的一项重要工作，切实加大宣传教育力度，进一步统一思想、凝聚共识，坚持依法治文、依法推进公共文化服务体系建设的理念，切实履行好法律赋予的职能职责，强化政府保障作用，创新管理和服务方式，提高依法行政能力和水平，更好地保障人民群众的基本文化权益。

加快研究出台相衔接、相配套的文化法规和政策。文化部将组织专门力量，会同有关方面，推动做好与公共文化服务保障法相衔接、相配套的法规、规章的制定工作。积极推动公共图书馆法立法进程，加快文化产业促进法立法步伐，启动古籍保护相关法规制定工作，进一步完善中国特色社会主义文化法律制度体系。同时，要进一步加强对地方文化立法的指导，实现中央和地方立法的协调推进。

加强法律实施情况的督察。习近平总书记指出，法律的生命力在于实施，法律的权威也在于实施。为推进公共文化服务保障法的实施，文化部将积极配合全国人大有关部门和国务院法制办，以国家公共文化服务体系建设协调组为依托，扎实开展执法监督工作。重点对地方各级政府履行政府保障职责情况、文化行政部门推进业务建设情况、公共文化设施管理单位开展服务情况等进行督察。同时，文化系统也要以做好贯彻落实工作为契机，积极作为，依法加快推进现代公共文化服务体系建设。

（本文为文化部部长雒树刚署名文章，发表于2017年2月27日《人民日报》）

第一章　总　　则

本章是法律的总则，是法律基本原则、基本内容的纲领性、概括性表述，起统领和指导整部法律的作用。

在本章中，阐述了立法宗旨，明确了公共文化服务要坚持社会主义先进文化前进方向、坚持以人民为中心、坚持以社会主义核心价值观为引领的发展方向，以及坚持“百花齐放、百家争鸣”的工作方针；对公共文化服务内涵作出了法律界定，提出了各级政府保障公共文化服务的基本责任，明确了政府保障基本公共文化服务的标准制度，规定了我国公共文化服务的管理体制。本章还对公共文化服务标准化均等化、与学校教育相结合、发挥科技作用、开展国际合作与交流、社会力量参与等作出了原则规定。

第一条　**为了加强公共文化服务体系建设，丰富人民群众精神文化生活，传承中华优秀传统文化，弘扬社会主义核心价值观，增强文化自信，促进中国特色社会主义文化繁荣发展，提高全民族文明素质，制定本法。**

条文解读

本条是关于立法宗旨的规定。

一、加强公共文化服务体系建设

2005年，党的十六届五中全会提出建设公共文化服务体系的构想，要求逐步形成覆盖全社会的比较完备的公共文化服务体系。2006年9月，《国家“十一五”时期文化改革发展规划纲要》出台，提出要切实把政府职能由办文化转到社会管理和公共文化服务上来，完善公共文化服务体系，形成实用、便捷、高效的公共文化服务网络。2007年6月，中央政治局会议专题研究公共文化服务体系建设，要求按照结构合理、发展平衡、网络健全、运行有效、惠及全民的原则，以政府为主导，以公益性文化单位为骨干，鼓励全社会积极参与，努力建设以公共文化产品生产供给、设施网络、资金人才技术保障、组织支撑和运行评估为基本框架的覆盖全社会的公共文化服务体系。2007年8月，中办国办下发《关于加强公共文化服务体系建设的若干意见》。2007年10月，党的十七大报告将“覆盖全社会的公共文化服务体系基本建立”纳入实现全面建设小康社会奋斗目标的新要求。2010年，党的十七届五中全会又将其纳入“十二五”时期我国文化建设的战略任务。2011年3月，在国家发布的《国民经济和社会发展第十二个五年规划纲要》中，公共文化服务被明确纳入政府提供的基本公共服务范畴。2011年10月，党的十七届六中全会通过的《中共中央关于深化文化体制改革推动社会主义文化大发展大繁荣若干重大问题的决定》，确立了公共文化服务体系建设是社会主义文化建设的重要任务，明确了公共文化服务体系的建设方式、建设内容、建设目标和重点任务，标志着我国新时期公共文化服务体系建设的思想、理论基本形成。2012年，党的十八大报告对推进社会主义文化强国建设作出全面部署，提出了完善公共文化服务体系、提高服务效能的新要求。2013年，党的十八届三中全会站在历史发展的新起点，在全面深化改革的背景下，提出了推进文化体制机制创新、构建现代公共文化服务体系的时代任务。2015年1月，中办国办印发《关于加快构建现代公共文化服务体系的意见》，全面落实党的十八届三中全会精神，部署了新时期公共文化服务着力推进标准化、均等化、数字化、社会化和体制机制改革的重点任务，提出了到2020年，基本建成覆盖城乡、便捷高效、保基本、促公平的现代公共文化服务的发展目标。进入“十三五”，在创新、协调、绿色、开放、共享发展新理念的指引下，我国现代公共文化服务体系建设呈现整体推进、重点突破、全面提升的良好发展态势，步入持续、快速、深入发展的新阶段。

在党和政府的高度重视下，我国公共文化服务体系建设取得了举世瞩目的历史性成就。2015年与2005年相比，全国公共图书馆、文化馆（站）、博物馆总数由45938个增加到51280个，增长11.63%；全国文化事业费由133.82亿元增加到682.97亿元，增长4.1倍；全国人均文化事业费由10.23元增加到49.68元，增长3.9倍。2015年全国人均拥有公共图书馆藏书0.61册，比2005年增长65%，人均公共图书馆购书费1.43元，比2005年增长2.1倍，全国公共图书馆服务总人次5.89亿，比2005年增长1.5倍；2015年全国文化馆（站）服务总人次5.4亿；组织各类文艺活动96万次，比2005年增长1.5倍，各类文化艺术培训受益人次3871万，比2005年增长4.8倍；2015年全国博物馆参观总人次达到7.8亿人次，比2005年增长3.4倍。截至2015年年底，全国共批准设立广播电台、电视台和广播电视台2564个（含教育电视台42个），其中，中央级4个，省级53个，地级492个，县级1999个；全国共开办广播电视节目4278套，其中，中央级广播节目23套、电视30套，省级广播节目264套、电视290套，地级广播节目817套、电视907套，县级广播节目1823套、电视96套。此外，全国还有一大批活跃在基层的乡镇广播电视站，截至2011年年底全国经批准设立了9837个。“十二五”期末，全国广播综合人口覆盖率达98.17%，全国电视综合人口覆盖率达98.77%，较2010年分别提高了1.39%和1.15%。其中，边疆民族地区的广播电视覆盖水平提升更为明显，如青海全省广播、电视综合人口覆盖率同比分别提高8%和3%，西藏自治区广播电视综合人口覆盖率同比均提高4.55%。同时，农村地区和边疆民族地区的覆盖效果也显著提升。全国共成立农村数字电影院线252条，农村数字电影放映队5万余支，“十二五”期间年度放映电影均在800万场左右，年观众人次15亿左右，超额完成年度公益放映目标任务。经过改革开放三十多年发展，特别是近十多年来大力推进公共文化服务体系建设，我国的公共文化服务体系建设取得了显著成绩，创造了许多“中国经验”。公共文化服务保障法的颁布，为我国公共文化服务体系建设提供了法律保障。

二、丰富人民群众精神文化生活

全面建成小康社会，既要让人民群众过上殷实富足的物质生活，也要让人民群众享有健康丰富的精神文化生活。加强公共文化服务体系建设，是满足人民群众基本文化需求的主要途径。随着物质生活水平的提高，人民群众精神文化需求越来越迫切。按照发展经济学的观点，人均GDP在3000美元以下时，人们以维持生计的物质消费为主；人均GDP达到3000美元左右时，进入物质消费和精神消费并重时期；人均GDP达到5000美元时，进入文化消费活跃、迅速攀升阶段。2015年我国人均GDP达到8000美元以上，已经进入了人民群众文化需求空前高涨、文化消费潜能巨大的时期。但是，我们应该看到，与人民群众日益增长的精神文化需求相比，我国的公共文化服务还存在短板和不足，如城乡、地区发展不均衡、服务效能有待进一步提高、社会化发展不够充分、体制机制尚不能完全适应全面深化改革的需要等，公共文化服务体系建设水平仍需进一步提高。在全面依法治国的今天，制定公共文化服务保障法的主要目的，就是用法治思维、法律手段来推动公共文化服务补短板、强基础，让公共文化服务走上规范、有序、健康发展的法治化轨道，从而更好地满足人民群众的精神文化需求，提高人民群众的获得感和幸福感，增强民族凝聚力，为实现中华民族伟大复兴的中国梦提供强大的精神动力和文化支撑。

三、传承中华优秀传统文化

中华民族有着五千多年连绵不断的文明历史，创造了博大精深的中华文化。讲仁爱、重民本、守诚信、崇正义、尚和合、求大同，是中华民族优秀品质和聪明智慧的结晶，具有超越时空、跨越历史的永恒魅力，成为涵养社会主义核心价值观的重要源泉。党的十八大以来，习近平总书记对弘扬中华优秀传统文化作出一系列重要论述，提出三个“讲清楚”，即要讲清楚中华文化积淀着中华民族最深沉的精神追求，是中华民族生生不息、发展壮大的丰厚滋养；讲清楚中华优秀传统文化是中华民族的突出优势，是我们最深厚的文化软实力；讲清楚中国特色社会主义植根于中华文化沃土、反映中国人民意愿、适应中国和时代发展进步要求，有着深厚历史渊源和广泛现实基础。在“讲清楚”的基础上，努力实现中华优秀传统文化的创造性转化、创新性发展。

公共文化是植根于人民群众日常生活的文化。优秀传统文化往往以群众喜闻乐见的形式传承下来，又在群众喜闻乐见的传承形式中实现创造性转化、创新性发展。传承中华优秀传统文化是构建现代公共文化服务体系的重要任务之一。公共文化服务保障法把传承优秀传统文化写入立法宗旨，明确规定各级人民政府要充分利用公共文化设施，通过支持开展全民阅读、全民普法、全民健身、全民科普和全民艺术普及等公共文化活动，传承中华文化基因，弘扬优秀传统文化，从而引导人民群众树立和坚持正确的历史观、民族观、国家观、文化观，奠定文化自信的坚实基础。这体现了当代公共文化的民族基因和历史延续，体现了我国公共文化服务的历史责任和使命。

四、弘扬社会主义核心价值观

社会主义核心价值观是社会主义先进文化的灵魂，是决定我国文化性质和方向的最深层次要素。中共中央办公厅印发的《关于培育和践行社会主义核心价值观的意见》要求，一切文化产品、文化服务和文化活动，都要弘扬社会主义核心价值观，发挥精神文化产品育人化人的重要功能。公共文化具有融入百姓生活、形式丰富多样、内容潜移默化的特点，在群众喜闻乐见的节庆文化活动、广场文化活动、传统民俗活动、志愿服务活动、社区文化活动、家庭邻里文化活动等中嵌入社会主义核心价值观的理念和思想，践行体现社会主义核心价值观的行为准则，是我国公共文化服务体系建设的重要任务。通过公共文化服务传播社会主义核心价值观，达到价值理念高度认同、社会共识高度凝聚，对社会系统正常运行、社会秩序有效维护、建立以共有价值观和文化认同为基础的和谐社会，实现国家的长治久安，具有深远意义。以社会主义核心价值观引领公共文化发展，就是中华传统文化“以文化人”思想的时代表达和时代任务。

五、增强文化自信

文化自信是一个民族、一个国家以及一个政党对自身所禀赋和拥有的文化价值的充分肯定和积极践行。党的十八大以来，习近平总书记多次强调文化自信，深刻阐述坚定中国特色社会主义道路自信、理论自信、制度自信，说到底是要坚定文化自信，文化自信是更基础、更广泛、更深厚的自信，是更基本、更深沉、更持久的力量。文化自信从哪里来？我们在五千多年文明发展中孕育出了光辉灿烂的中华优秀传统文化，在党和人民伟大斗争中孕育出了革命文化和社会主义先进文化，它们积淀着中华民族最深层的精神追求，代表着中华民族独特的精神标识，是我们文化自信的根基和底气。公共文化服务通过人民群众喜闻乐见的文化艺术形式传播和展现中华优秀传统文化的博大精深，弘扬党和人民在长期革命斗争中孕育而成的革命文化和社会主义先进文化，这是人民群众坚定文化自信的重要渠道。同时，我国公共文化服务所取得的举世瞩目的成就，党和政府对社会主义先进文化的自觉担当和积极践行，人民群众精神文化需求通过日益丰富的公共文化服务得到更好满足，也为全体人民树立文化自信增加了切身感受、信心来源和实践基础。公共文化服务保障法把坚定文化自信作为立法宗旨之一，体现了公共文化服务在坚定中国特色社会主义道路自信、理论自信、制度自信、文化自信方面的独特作用。

六、促进中国特色社会主义文化繁荣发展

中国特色社会主义文化大发展大繁荣的基本标志是，社会主义核心价值体系建设深入推进，适应人民群众需要的文化产品更加丰富，精品力作不断涌现；文化事业全面繁荣，覆盖全社会的公共文化服务体系基本建立，基本公共文化服务均等化水平显著提高；文化产业成为国民经济支柱产业，整体实力和国际竞争力显著增强；推动中华文化走向世界的文化开放格局进一步完善；高素质的文化人才队伍发展壮大。在中国特色社会主义文化建设的总体格局中，公共文化服务体系建设以满足人民群众基本文化需求为目标，是社会主义文化建设的重要任务。党的十八届四中全会部署全面推进依法治国，在文化领域首先要求建立健全坚持社会主义文化先进方向、遵循文化发展规律、有利于激发文化创造活力、保障人民基本文化权益的文化法律制度，具体任务就是制定公共文化服务保障法。通过法律全面强化政府保障责任，鼓励全社会广泛参与，大力

促进基本公共文化服务标准化均等化。现代公共文化服务体系建设有了法律支撑，必将促进中国特色社会主义文化走向进一步繁荣发展。

七、提高全民族文明素质

推动经济社会发展的根本目的是为了人的全面发展。人的全面发展的重要体现是文明素质的全面提升。文明素质融化在日常生活的思维方式、言谈举止、行为规范中。公共文化服务的重要功能，就是通过深入开展全民阅读、全民普法、全民科普、全民健身、全民艺术普及活动、优秀传统文化传承活动，全面滋养和培育人的文明素质，全面提升人的科学文化素养，锻造合格公民。公共文化服务保障法把提高全民族文明素质作为立法宗旨之一，体现了公共文化服务的社会教化功能。

第二条　本法所称公共文化服务，是指由政府主导、社会力量参与，以满足公民基本文化需求为主要目的而提供的公共文化设施、文化产品、文化活动以及其他相关服务。

条文解读

本条是关于公共文化服务概念的规定。

法律界定的公共文化服务包括三大要素：责任主体、服务目的和提供内容。

一、责任主体

公共文化服务的责任主体是各级政府，公共文化服务纳入各级政府经济社会发展规划，主要以公共财政为支撑；公民、法人和其他组织等社会力量，是公共文化服务的重要参与者。

政府主导公共文化服务有宪法依据。我国宪法规定公民有进行科学研究、文学艺术创作和其他文化活动的自由，这是公民的基本权利之一。为了保障公民这一基本权利的实现，宪法规定国家发展为人民服务、为社会主义服务的文学艺术事业、新闻广播电视事业、出版发行事业、图书馆博物馆文化馆和其他文化事业，开展群众性的文化活动。发展各类文化事业、开展群众性文化活动，就是今天所说的公共文化服务，这是宪法赋予各级政府的责任和义务。

政府主导公共文化服务是政府履行基本职能的体现。在现代社会，享受基本公共服务是公民的权利，提供基本公共服务是政府的责任。改革开放以来，伴随着政府职能的转变，与我国当今经济社会发展水平相适应的基本公共服务的内容、范畴逐渐明确。国家“十二五”规划纲要将公共文化纳入基本公共服务范围。2012 年发布的《国家基本公共服务体系“十二五”规划》也将公共文化纳入其中，并提出了重点任务和基本标准。这表明，中国政府将向全民提供基本公共文化服务作为基本职能之一。

公共文化服务由政府主导，并不等于政府包揽、政府包办，社会力量是公共文化服务的重要参与者。所谓社会力量，包括公民、法人和其他组织。社会力量参与公共文化服务的主要方式：一是通过投资或捐助设施设备、兴办实体、资助项目、赞助活动、提供产品和服务等方式参与公共文化服务；二是文化类社会组织通过承接政府转移事项、指导行业发展、促进行业交流、加强行业自律等方式参与公共文化服务；三是引入竞争机制、采用市场手段提供基本公共文化服务，如政府购买服务或管理运营、政府和社会资本合作等；四是公民参加文化志愿服务。公共文化服务是人民群众基本文化需求和多样性文化需求的有机统一，是标准化服务和个性化服务的有机统一，社会力量参与是丰富公共文化服务内容与形式的必然要求，对增强公共文化发展动力具有重要意义。

总之，政府主导不等于政府包办，社会力量参与不等于政府推责任、“甩包袱”。政府对公共文化服务承担主体责任，社会力量是公共文化服务的积极参与者。正确认识和践行公共文化服务政府主导、社会力量参与的原则，对确保公共文化服务沿着正确方向持续健康发展至关重要。

二、服务目的

公共文化服务以满足人民群众基本文化需求为主要目的。中国特色社会主义必须坚持以人民为中心，满足人民群众日益增长的精神文化需求。人民群众的精神文化需求是多样化的，满足人民群众精神文化需求的方式也是多样化的，既包括政府提供的公共文化服务，也包括市场提供的种类繁多的文化产品和服务。政府所提供的公共文化服务，一定要与经济社会发展和政府财政能力相适应，所以，政府提供的公共文化服务强调“基本”。“基本”是一个提供内容的范围尺度，但也要因地制宜、与时俱进、动态调整、不断提升。2011 年，党的十七届六中全会通过的《中共中央关于深化文化体制改革推动社会主义文化大发展大繁荣若干重大问题的决定》，将人民群众的基本文化权益概括为看电视、听广播、读书看报、进行公共文化鉴赏、参与公共文化活动等。2015 年年初出台的《国家基本公共文化服务指导标准（2015—2020 年）》，提出了包括基本公共文化服务项目、硬件设施和人员配备在内的 3 大类、14 项、22 条基本公共文化服务指导标准。2015 年以来，全国各省、自治区、直辖市相继出台落实中办国办《关于加快构建现代公共文化服务体系的意见》和《国家基本公共文化服务指导标准（2015—2020 年）》的地方性实施意见和实施标准，提出的服务项目和标准指标在国家指导标准的基础上，体现出了鲜明的地方特色和地方发展水平。总的来看，目前我国已经建立起了与经济社会发展水平相适应的基本公共文化服务标准指标体系，公共文化服务在内容、种类、数量和水平等方面已经有了基本的标准和要求。

三、提供内容

法律规定公共文化服务提供的内容包括三大类：公共文化设施、文化产品和文化活动、其他相关服务。

公共文化设施是公共文化服务的基础条件。本法第十四条对公共文化设施的内涵和外延作出了界定和列举。文化产品和文化活动，是指应用于公共文化服务的各种样态、形式、种类的文化资源、文化活动、文化产品。从形式上说，不论是图书、影视等实体性的文化产品，还是阅读指导、培训等服务，抑或是形式多样的文化艺术活动，只要是用于公益目的，均属于公共文化服务。其他相关服务，是指一些与公共文化服务相关的辅助性服务。

第三条　公共文化服务应当坚持社会主义先进文化前进方向，坚持以人民为中心，坚持以社会主义核心价值观为引领；应当按照“百花齐放、百家争鸣”的方针，支持优秀公共文化产品的创作生产，丰富公共文化服务内容。

条文解读

本条是关于公共文化服务发展方向和指导方针的规定。

一、公共文化服务的发展方向

坚持社会主义先进文化前进方向。社会主义先进文化植根于中国优秀传统文化，吸收国外文化有益成果，以马克思主义为指导，以培养有理想、有道德、有文化、有纪律的公民为目标，构建面向现代化、面向世界、面向未来的，民族的、科学的、大众的社会主义文化。坚持社会主义先进文化前进方向，就要求公共文化服务以符合自身发展规律的方式方法，通过融入老百姓日常生活的喜闻乐见的文化艺术形式，充分发挥引领风尚、教育人民、服务社会、推动发展的作用，促进在全社会形成积极向上的精神追求和健康文明的生活方式，为实现中华民族伟大复兴的中国梦提供强大的精神动力和文化支撑。

坚持以人民为中心。公共文化服务的根本目的是满足人民群众日益增长的精神文化需求。以人民为中心，首先，要求公共文化服务确立人民创造文化、人民共享文化的理念，以人为本，尊重人民群众的文化创造和文化表现。其次，要求以满足人民群众的精神文化需求为出发点和落脚点，公共文化产品和服务要努力适应人民群众日益增长、不断提高的精神文化需求，实现公共文化服务与人民群众文化需求的有效对接。

坚持以社会主义核心价值观为引领。党的十八大提出了社会主义核心价值观的基本内容：国家层面的价值目标是富强、民主、文明、和谐；社会层面的价值取向是自由、平等、公正、法治；公民个人层面的价值准则是爱国、敬业、诚信、友善。社会主义核心价值观与中国特色社会主义发展要求相契合，与中华优秀传统文化和人类文明优秀成果相承接，是社会主义先进文化的精神内核，是当代中国的价值共识。公共文化服务以社会主义核心价值观为引领，首先要求提供的一切资源、产品、活动和服务具有正确的价值导向、思想品格和群众喜闻乐见的表现形式，传递积极的人生追求、高尚的思想境界和健康的生活情趣，弘扬真善美，贬斥假恶丑。同时，公共文化服务应充分发挥自身特点，通过开展群众喜闻乐见的文化活动，践行公民的价值准则，提升公民的文明素质，让社会主义核心价值观的培育、传播和践行融入公共文化服务全过程。

二、公共文化建设的指导方针

公共文化服务坚持社会主义先进文化前进方向，坚持以人民为中心，坚持以社会主义核心价值观为引领，内容建设是根本。产品的创作和生产是内容建设的源头，只有创作和生产出一大批思想性、艺术性、观赏性有机统一的优秀产品，公共文化服务的内容丰富多彩，才能充分满足人民群众的精神文化需求，“以文化人”的目的才能真正实现。怎样才能让全民族的文化创造活力充分迸发？“百花齐放、百家争鸣”是基本的指导方针。

“百花齐放、百家争鸣”是毛泽东主席 1956 年在中共中央政治局扩大会议上提出的党领导科学文化工作的指导方针。这一方针体现了社会主义先进文化海纳百川、推陈出新的广阔胸怀。“百花齐放”是说文学艺术上的不同形式和风格可以自由发展；“百家争鸣”是说科学研究上的不同学派可以自由争论。“双百”方针应用于公共文化产品创作和生产有两层含义：第一，与人民群众精神文化需求的多层次、多样性、个性化相适应，公共文化产品和服务要不拘一格，既要有阳春白雪，也要有下里巴人；既要顶天立地，也要铺天盖地，以具有广泛包容性的产品和服务来适应老百姓多样化的需求。第二，文化的本质功能是“以文化人”。作为政府主导的公共文化服务，在倡导产品和服务多样化的同时，对弘扬核心价值观、传播正能量、体现主旋律的产品和服务应给予明确的鼓励、有力的支持。发展先进文化，创新传统文化，扶持通俗文化，引导流行文化，改造落后文化，抵制有害文化，是公共文化服务对不同内容、不同样态文化现象的基本态度。

第四条　县级以上人民政府应当将公共文化服务纳入本级国民经济和社会发展规划，按照公益性、基本性、均等性、便利性的要求，加强公共文化设施建设，完善公共文化服务体系，提高公共文化服务效能。

条文解读

本条是关于政府保障责任的规定。

一、关于县级以上人民政府

按我国现行体制，县级以上人民政府包括国务院，即中央人民政府；省、自治区、直辖市的人民政府；自治州、设区的市的人民政府；县、自治县、不设区的市、市辖区的人民政府。

我国宪法和有关中央、地方人民政府组织的相关法律规定，全国人民代表大会行使审查和批准国民经济和社会发展计划和计划执行情况报告的职权，国务院编制和执行国民经济和社会发展计划，领导和管理全国的教育、科学、文化、卫生、体育等工作；县级以上地方各级人民代表大会审查和批准本行政区域内的国民经济和社会发展计划，县级以上地方各级人民政府依照法律规定的权限，管理本行政区域内的教育、科学、文化、卫生、体育事业等行政工作。就公共文化服务工作来说，县级以上人民政府承担着编制和执行辖区内发展规划、制定保障政策、落实保障措施的职责，具有统筹本行政区域内公共文化服务均衡发展的完整权力，因此，法律将履行公共文化服务保障责任的主体确定为县级以上人民政府。

二、保障方式

县级以上人民政府履行保障公共文化服务职责最重要的方式，是将公共文化服务纳入本级国民经济和社会发展规划。这是因为国民经济和社会发展规划是全国或者某一地区经济、社会发展的总体纲要，它统筹安排和指导区域内经济、社会、文化建设工作，是具有战略意义的纲领性文件。同时，国民经济和社会发展规划由县级以上人民政府编制、提出，经同级人民代表大会审查、批准，再由同级人民政府组织实施，同级人民代表大会还具有审查和批准执行的职权。不论国家的还是地方的国民经济和社会发展规划，其内容均经过了广泛深入的研究与审查，其产生经过了完整的法律程序，其执行情况受同级人民代表大会的监督，具有法定约束力。县级以上人民政府对公共文化服务的保障方式，首先强调纳入本级国民经济和社会发展规划，是把公共文化服务纳入法治化轨道的举措，是全面依法治国在公共文化服务中的具体体现。

在我国，“五年规划”是国民经济和社会发展规划的重要形式。2016 年年初发布的《中华人民共和国国民经济和社会发展第十三个五年规划纲要》，贯彻落实创新、协调、绿色、开放、共享的发展新理念，部署了全面建成小康社会决胜阶段构建现代公共文化服务体系的重点任务，主要包括推进基本公共文化服务标准化、均等化；完善公共文化设施网络，加强基层文化服务能力建设；加大对老少边穷地区文化建设帮扶力度；加快公共数字文化建设；加强文化产品、惠民服务与群众文化需求对接；鼓励社会力量参与公共文化服务；继续推进公共文化设施免费开放；加强老年人、未成年人、农民工、残疾人等群体的文化权益保障；深化公益性文化单位改革等，并规划了“十三五”期间我国公共文化服务体系建设的重大项目。“十三五”规划纲要提出的重点任务，为到 2020 年前基本建成覆盖城乡、便捷高效、保基本、促公平的现代公共文化服务体系指明了方向。

三、保障原则

公益性、基本性、均等性、便利性（简称“四性”）是公共文化服务的突出特点。政府履行公共文化服务保障责任，应体现与公共文化服务的特点相适应、与公共文化服务的本质要求相适应的原则。

公益性是说公共文化服务由政府主导，主要由公共财政支撑，为人民群众提供免费的或优惠的基本公共文化服务。公益性是公共文化服务区别于其他文化服务最主要的特征，是实现基本公共文化服务均等化的前提和保障。

基本性是指由政府主导的公共文化服务的范围和尺度。公共文化服务以保障公民基本文化权益、满足公民基本文化需求为目标，主要靠公共财政支撑的公共文化服务不可能满足所有公民的所有文化需求，“基本”就是公共文化服务的范围和尺度。什么是“基本”？目前阶段，纳入《国家基本公共文化服务指导标准（2015—2020年）》和地方实施标准的内容，就指明了“基本”的具体内容、种类、数量和水平。

均等性是政府主导的公共文化服务的核心要求。公共文化服务由政府主导、主要由公共财政支撑，本质上是由全体公民共同承担成本。因为社会的文明进步、和谐发展，有赖于全体人民道德素质、文化素养的提升；反过来，社会实现了文明进步、和谐发展，每一个社会成员都是受益者。所以说文化发展由全体人民共同创造，文化发展的成果也理应由全体人民共享，这是社会公平正义的体现。政府作为社会的管理者，承担着为全体公民创造文化享有环境和条件的责任。普遍均等、惠及全民，让文化的阳光普照到每一个人，是公共文化服务的本质要求。

便利性是公共文化服务的前提条件。公共文化服务是老百姓身边的文化服务，是融入老百姓日常生活中的文化服务，方便利用是基本要求，也是公共文化服务可及性、有效性的体现。公共文化服务便利性的主要标志是，公共文化服务设施散布在老百姓身边，公共文化服务内容紧贴老百姓需求，公共文化服务方式和手段便于老百姓享用。没有便利性的公共文化服务，就没有公共文化服务的可及性，公共文化服务的应有作用也难以发挥。

公共文化服务的“四性”特点，有着内在的逻辑联系：公益是保障，基本是尺度，均等是核心，便利是前提。“四性”特点是在提炼总结我国公共文化服务实践基础上形成的理论概括。党的十七届六中全会通过的《中共中央关于深化文化体制改革推动社会主义文化大发展大繁荣若干重大问题的决定》明确指出，按照公益性、基本性、均等性、便利性的要求，加强文化基础设施建设，完善公共文化服务网络，让群众广泛享有免费的或优惠的基本公共文化服务。中办国办《关于加快构建现代公共文化服务体系的意见》提出，到2020年基本建成覆盖城乡、便捷高效、保基本、促公平的现代公共文化服务体系，“四性”的特点仍然蕴含其中。以“四性”写入法律为标志，公共文化服务的基本特点由理论概括、政策表达上升为法律规定，成为政府履行公共文化服务保障责任的指导原则。

四、保障内容

县级以上人民政府对公共文化服务的保障内容，主要是三大方面：一是加强公共文化设施建设，二是完善公共文化服务体系，三是提高公共文化服务效能。

设施是公共文化服务的载体，是提供公共文化服务的阵地。公共文化服务体系以设施体系为基础。公共文化设施属于典型的公共设施，因此，规划、建设和投资主体是各级政府。为加强各级政府对公共文化设施建设的保障，我国已经出台了一些行政法规、标准或规范，如 2003 年国务院发布了《公共文化体育设施条例》，2008 年以来，国家发改委、住房城乡建设部、国土资源部、文化部等部门陆续出台了《公共图书馆建设用地指标》（建标〔2008〕74 号）、《公共图书馆建设标准》（建标 108—2008）、《文化馆建设用地指标》（建标〔2008〕128 号）、《文化馆建设标准》（建标 136—2010）、《乡镇综合文化站建设标准》（建标 160—2012）等。本法第二章用 6 条（第十四条至第十九条）专门对公共文化设施建设作出规定，有的是将以往行政法规、标准规范中行之有效的规定上升为法律，提高了规制力，有的是适应新形势、新发展的新规定。

公共文化服务体系是公共文化产品和服务提供、制度和系统建设的统称，是政府向人民群众提供公共文化服务的实现途径和保障体系。一般认为，公共文化服务体系主要包括五大子系统：设施网络体系、产品生产供给体系、人才资金技术保障体系、组织支撑体系和评估体系。现代公共文化服务体系建设的总体要求是，公共文化设施网络全面覆盖、互联互通；公共文化服务的内容和手段更加丰富，服务质量显著提升；公共文化管理、运行和保障机制进一步完善；政府、市场、社会共同参与公共文化服务体系建设的格局逐步形成。目前我国公共文化服务的重要短板，就是"体系化"程度不高。就设施来说，"一级政府办一个图书馆文化馆""一个县城只有一个图书馆文化馆"，设施"孤岛运行"、单打独斗还是比较普遍的现象；就服务提供来说，场馆服务、流动服务、数字服务相互脱节的现象不时可见，许多公共文化服务机构不具备分众化、立体化的覆盖所有人的服务能力；就管理体制和运行机制来说，多头管理、资源分散，甚至行业壁垒、部门割据的现象依然存在；就制度建设来说，现有的法律法规、政策标准还没有完全覆盖公共文化服务的所有方面。所有这些，都是公共文化服务"体系化"程度不高的表现，造成的结果，一方面是人民群众的基本文化需求没有得到很好的满足，另一方面存在设施闲置、资源浪费、效益不高的现象。所以，政府履行对公共文化服务的保障责任，必须着眼于完善服务体系，切实弥补体系建设上的短板。

公共文化服务效能，是指公共文化服务的效率和效果。提高服务效能和完善服务体系是二位一体的事情。完善服务体系是为了提高服务效能；服务效能稳步提高，标志着服务体系走向完善。服务效能不高是目前我国公共文化服务的又一突出短板。在一些地方，公共文化服务存在“重设施建设，轻管理使用”的现象，为此，法律将提高公共文化服务效能纳入政府保障的职责范围内。服务效能的提升，不仅仅取决于公共文化服务机构自身的努力，更取决于制约服务效能提升的关键性要素是否得到高度重视和有效保障。比如，公共图书馆要取得良好的服务效能，必须以数量充足、结构合理的文献资源为基础，否则“巧妇难为无米之炊”，而文献资源的占有就是一个保障问题。再如，拥有数量和结构合理的人才队伍，是公共文化服务取得良好效能的又一重要制约因素，而人才队伍建设也是一个保障问题。所以，提高公共文化服务效能，必须从解决制约公共文化服务效能提升的关键要素做起，这就要求各级政府应建立起一种理念：提升服务效能是一个系统工程，提升服务效能必须从强化保障、完善体系、突破制约性要素做起。

第五条　国务院根据公民基本文化需求和经济社会发展水平，制定并调整国家基本公共文化服务指导标准。

省、自治区、直辖市人民政府根据国家基本公共文化服务指导标准，结合当地实际需求、财政能力和文化特色，制定并调整本行政区域的基本公共文化服务实施标准。

条文解读

本条是关于建立基本公共文化服务标准制度的规定。

公共文化服务保障法构筑了我国公共文化服务基本制度体系的框架，其中具有基础性、体现公共文化服务中国特色、堪称我国现代公共文化服务体系基石的制度，就是本条所规定的基本公共文化服务标准制度。综观当今世界，政府以制定和公布标准的形式向老百姓公开承诺普遍均等的公共文化服务的内容、种类、数量和水平，为中国所独有，充分体现了我国由政府主导的公共文化服务以人民为中心的坚定信念和鲜明特色。

一、以基本公共文化服务的标准化促进均等化

公共文化服务的目标，是保障公民基本文化权益，满足公民基本文化需求，因此要求公共文化服务体现公益性、基本性、均等性、便利性的特点，实现公共文化服务的普遍均等、惠及全民。关于怎样实现基本公共文化服务的普遍均等、全民共享的问题，党的十八届三中全会作出促进基本公共文化服务标准化、均等化的战略部署，形成了以基本公共文化服务的标准化促进均等化的思路，明确了构建现代公共文化服务体系的主攻方向。2015 年年初出台的《关于加快构建现代公共文化服务体系的意见》将统筹推进公共文化服务均衡发展列为首要任务。为了有效解决我国当前公共文化服务发展城乡不均衡、地区不均衡和人群不均衡的问题，该意见提出建立基本公共文化服务标准体系，具体要求是：(1) 根据国家经济社会发展水平和供给能力，明确国家基本公共文化服务的内容、种类、数量和水平，以及应具备的公共文化服务基本条件和各级政府的保障责任，确立国家基本公共文化服务指导标准，明确政府保障底线，做到保障基本、统一规范。(2) 各地根据国家指导标准，制定与当地经济社会发展水平相适应、具有地域特色的地方实施标准，逐步形成既有基本共性又有特色个性、上下衔接的标准指标体系。(3) 标准以县为基本单位推进落实。(4) 建立基本公共文化服务标准动态调整机制，根据经济社会的发展变化，适时调整提高具体指标。这是关于国家基本公共文化服务标准体系的顶层设计，是十八届三中全会以公共文化服务的标准化促进均等化战略思想的具体化。本条规定是将该意见提出的政策构想和要求上升为法律规定，从而形成了我国基本公共文化服务标准的法律制度。

二、国家基本公共文化服务指导标准

本条规定，国务院制定国家基本公共文化服务指导标准。指导标准有四大要点。第一，制定主体是国务院，即中央人民政府，这决定了指导标准具有在全国范围内保障基本、统一规范的效力。第二，标准的性质是指导标准。所谓指导标准，其特点是重点规范公共文化服务的内容、种类，明确我国基本公共文化服务的主要事项和政府的保障底线，淡化数量和水平指标。这是因为我国人口和民族众多、幅员辽阔、发展不平衡，作为国家层面的“底线标准”，很难完全适应各地的实际情况，应给各地留出因地制宜、创新发展的足够空间。另一方面，在我国，公共文化服务属于中央和地方共同财政事权，但与基本养老保险、基本公共卫生服务、义务教育等基本公共服务相比，公共文化服务具有受益范围广、信息复杂、地方特色鲜明等特点，地方政府承担的财政事权外溢程度相对较低，因此，与当地经济社会发展水平相适应的公共文化服务标准，主要应由地方政府决定。国家层面的指导标准，主要发挥兜底线、指方向、做示范的作用。第三，制定指导标准的依据是公民基本文化需求和经济社会发展水平。既要充分考虑满足人民群众基本文化需求，又要充分考虑由经济社会发展水平决定的财政支撑能力，实现二者的相互适应。第四，指导标准应动态调整。随着经济社会发展水平的提高，人民群众的精神文化需求不断增长，指导标准不能一成不变，应动态调整，与时俱进。

我国首个《国家基本公共文化服务指导标准（2015—2020年）》作为《关于加快构建现代公共文化服务体系的

意见》的附件，和该意见同时发布。其内容包括 3 类、14 项、22 条，具体如下：

国家基本公共文化服务指导标准（2015—2020 年）

项目	内容	标准
基本服务项目	读书看报	1. 公共图书馆（室）、文化馆（站）和村（社区）（村指行政村，下同）综合文化服务中心（含农家书屋）等配备图书、报刊和电子书刊，并免费提供借阅服务。 2. 在城镇主要街道、公共场所、居民小区等人流密集地点设置阅报栏或电子阅报屏，提供时政、“三农”、科普、文化、生活等方面的信息服务。
	收听广播	3. 为全民提供突发事件应急广播服务。 4. 通过直播卫星提供不少于 17 套广播节目，通过无线模拟提供不少于 6 套广播节目，通过数字音频提供不少于 15 套广播节目。
	观看电视	5. 通过直播卫星提供 25 套电视节目，通过地面数字电视提供不少于 15 套电视节目，未完成无线数字化转换的地区，提供不少于 5 套电视节目。
	观赏电影	6. 为农村群众提供数字电影放映服务，其中每年国产新片（院线上映不超过 2 年）比例不少于 1/3。 7. 为中小学生每学期提供 2 部爱国主义教育影片。
	送地方戏	8. 根据群众实际需求，采取政府采购等方式，为农村乡镇每年送戏曲等文艺演出。
	设施开放	9. 公共图书馆、文化馆（站）、公共博物馆（非文物建筑及遗址）、公共美术馆等公共文化设施免费开放，基本服务项目健全。 10. 未成年人、老年人、现役军人、残疾人和低收入人群参观文物建筑及遗址类博物馆实行门票减免，文化遗产日免费参观。
	文体活动	11. 城乡居民依托村（社区）综合文化服务中心、文体广场、公园、健身路径等公共设施就近方便参加各类文体活动。 12. 各级文化馆（站）等开展文化艺术知识普及和培训，培养群众健康向上的文艺爱好。

续 表

项目	内容	标准
硬件设施	文化设施	13. 县级以上（含县级，下同）在辖区内设立公共图书馆、文化馆，乡镇（街道）设置综合文化站，按照国家颁布的建设标准等进行规划建设。 14. 公共博物馆、公共美术馆依据国家有关标准进行规划建设。 15. 结合基层公共服务综合设施建设，整合闲置中小学校等资源，在村（社区）统筹建设综合文化服务中心，因地制宜配置文体器材。
	广电设施	16. 县级以上设立广播电视播出机构和广播电视发射（监测）台，按照广播电视工程建设标准等进行建设。
	体育设施	17. 县级以上设立公共体育场；乡镇（街道）和村（社区）配置群众体育活动器材设备，或纳入基层综合文化设施整合设置。
	流动设施	18. 根据基层实际，为每个县配备用于图书借阅、文艺演出、电影放映等服务的流动文化车，开展流动文化服务。
	辅助设施	19. 各级公共文化设施为残疾人配备无障碍设施，有条件的配备安全检查设备。
人员配备	人员编制	20. 县级以上公共文化机构按照职能和当地人力资源社会保障、编办等部门核准的编制数配齐工作人员。 21. 乡镇综合文化站每站配备有编制人员 1 至 2 人，规模较大的乡镇适当增加；村（社区）公共服务中心设有由政府购买的公益文化岗位。
	业务培训	22. 县级以上公共文化机构从业人员每年参加脱产培训时间不少于 15 天，乡镇（街道）和村（社区）文化专兼职人员每年参加集中培训时间不少于 5 天。

……

三、地方基本公共文化服务实施标准

本条规定，地方基本公共文化服务实施标准的制定和调整主体是省级人民政府。地方实施标准的特点是，所提供的基本公共文化服务的内容、种类，依据国家指导标准，体现地方文化特色；所提供的基本公共文化服务的数量和指标明确、具体、易操作、可核查。

省级人民政府制定和调整地方实施标准，主要考虑四大因素。一是根据国家基本公共文化服务指导标准。其含义是所提供的基本公共文化服务的内容、种类不能少于国家指导标准，数量和水平不能低于国家指导标准。二是结合当地实际需求。服务项目的具体内容、新增项目的遴选确定、服务的数量和水平指标，要有效对接当地群众的实际需求。三是财政支撑能力。原则是所提供的基本公共文化服务与当地经济社会发展水平相适应，与公共财政的支撑能力相匹配。基本公共文化服务的保障对象是当地常住人口，对纳入标准的服务所需资金应进行科学测算，确保落实。既不提过高指标，也不能人为压低标准，要确保基本公共文化服务标准随经济社会发展不断提高。四是地方文化特色。文化具有强烈的地域性，文化享有具有强烈的选择性。基本公共文化服务所提供的项目、内容，要充分考虑挖掘和利用地方文化资源，传承和弘扬地方文化特色，把更多的植根于老百姓生活的、群众喜闻乐见的文化样式、文化活动纳入地方实施标准。

截至 2016 年年底，全国 31 个省区市以及新疆生产建设兵团都已经出台了当地的实施标准。综观全国已出台的地方基本公共文化服务实施标准，有以下主要特点：第一，全面落实了以国家指导标准为依据的要求。所有省份的实施标准所规定的基本公共文化服务项目、内容，均高于国家指导标准所规定的量化指标，没有低于国家指导标准的现象。第二，结合当地实际，普遍增加了基本公共文化服务项目。增加较多的服务项目主要有公共数字文化服务、面向特殊群体的服务项目、讲座展览演出类服务项目、地方特色文化服务项目等。第三，根据当地经济社会发展水平，适当提高了服务项目指标的水平。如人均拥有公共图书馆藏书指标，绝大多数省份的指标都明显高于现有平均水平；公共文化机构的人员配备标准，部分省规定的乡镇综合文化站的编制人员数量高于国家指导标准；一些省还规定图书馆、文化馆的人员配备依服务人口数量核定。

第六条　国务院建立公共文化服务综合协调机制，指导、协调、推动全国公共文化服务工作。国务院文化主管部门承担综合协调具体职责。

地方各级人民政府应当加强对公共文化服务的统筹协调，推动实现共建共享。

条文解读

本条是关于建立公共文化服务协调机制的规定。

长期以来，我国的公共文化服务存在着多头管理、条块分割、资源分散、效能不高的现象。横向看，同一层级的不同管理部门都涉及公共文化服务工作，但往往自成体系、各自为政，导致重复建设和服务空白并存；纵向看，不同层级的公共文化服务机构分级管理、封闭运行，资源共建共享难以实现，设施互联互通存在障碍。这些现象严重影响了公共文化服务资源的有效利用、效能的充分发挥。鉴于此，党的十八届三中全会部署构建现代公共文化服务体系的重点任务，首先就是建立公共文化服务体系建设协调机制。中办国办《关于加快构建现代公共文化服务体系的意见》也把建立公共文化服务体系协调机制作为创新公共文化管理体制和运行机制的重要措施，明确了协调机制建设的目标：完善党委领导、政府管理、部门协同、权责明确、统筹推进的公共文化服务体系建设管理体制。由此可见，本条有关建立公共文化服务综合协调机制的规定，是将党中央的重大方针政策转化为法律规定。

一、国家层面的综合协调机制

关于国家层面的公共文化服务综合协调机制，本条规定有四大要点。第一，协调机制的建立主体是国务院，体现了协调机制的权威性。第二，协调的范围是“综合”。所谓综合，一方面是说协调机制要容纳和公共文化服务工作相关的所有中央部委，体现协调机制的综合性；另一方面是说协调的事项范围广泛，从规划编制、政策衔接到标准规范的制定和实施，都要加强统筹、整体设计、协调推进。第三，协调机制的功能是指导、协调和推动。不改变现行公共文化管理体制，不替代、不削弱有关部门现行职责分工，不替代国务院决策，按照“集体讨论、协商一致”的原则，对重大问题达成共识，用以指导、协调和推动各部门职责范围内的公共文化服务工作。第四，国务院文化主管部门承担综合协调具体职责，也就是要求文化部承担协调机制牵头单位的职责，负责协调机制日常的具体工作。

目前，国家层面的公共文化服务综合协调机制已经建立。2014 年 3 月 19 日，国家公共文化服务体系建设协调组正式成立。到 2016 年年底，协调组的组成单位已经达到 26 个，分别是中宣部、中央编办、中央文明办、中央网信办、发展改革委、教育部、科技部、国家民委、民政部、财政部、人力资源社会保障部、国土资源部、住房城乡建设部、文化部、税务总局、质检总局、新闻出版广电总局、体育总局、国家文物局、国务院扶贫办、全国总工会、共青团中央、全国妇联、中国残联、中国科协、国家标准委。协调组办公室设在文化部。协调组承担的主要职责是：（1）协调推进重大公共文化政策、规划的制定和实施；（2）协调推进基本公共文化服务标准的制定和实施；（3）协调建立稳定的公共文化服务投入保障机制；（4）统筹推进基层文化设施和文化项目的建设与管理；（5）协调推进公共文化服务重点惠民项目；（6）协调推进公共文化人才队伍建设；（7）建立健全基层公共文化服务体系监督评估机制；（8）统筹推进公共文化服务体系建设其他重大事项。国家公共文化服务体系建设协调组成立以来，各成员单位对公共文化服务重大事项、重大政策保持密切沟通合作，探索建立了行之有效的会商机制、共同调研机制和督察机制，增强了公共文化服务工作的系统性、协同性和整体性，成为整合各部门优势资源、共同推进现代公共文化服务体系建设的良好平台。

二、地方政府的统筹协调职责

本条规定地方各级政府应承担起统筹协调公共文化服务、推动实现共建共享的职责。

地方政府统筹协调公共文化服务工作的重点任务，中办国办《关于加快构建现代公共文化服务体系的意见》中有明确要求。首先，要求发挥基层党委和政府作用，建立统一的基层公共文化服务平台，包括文化馆、图书馆总分馆体系，综合性“一站式”数字服务平台等。其次，加强各类重大文化项目在基层的统筹实施，如文化共享工程、数字图书馆博物馆建设、直播卫星广播电视公共服务、农村数字电影放映、数字农家书屋、城乡电子阅报屏建设等项目的统筹实施。再次，国家公共文化服务体系示范区（项目）创建城市按“创建标准”要求，建立由党政主要领导牵头、相关职能部门参与的公共文化服务体系建设协调机制，发挥引领示范作用。地方政府加强公共文化服务统筹协调的目标，是探索整合基层公共文化服务资源的方式和途径，实现共建共享，提升综合效益。

党的十八届三中全会之后，地方各级政府结合自身实际，在加强公共文化服务统筹协调方面迈出了坚实步伐。截至2016年年底，全国所有的省级政府和大量的地（市）、县（市）政府都组建了当地的公共文化服务协调机制，政府通过协调机制统筹推进公共文化服务体系建设的格局正在形成。

第七条 **国务院文化主管部门、新闻出版广电主管部门依照本法和国务院规定的职责负责全国的公共文化服务工作；国务院其他有关部门在各自职责范围内负责相关公共文化服务工作。**

县级以上地方人民政府文化、新闻出版广电主管部门根据其职责负责本行政区域内的公共文化服务工作；县级以上地方人民政府其他有关部门在各自职责范围内负责相关公共文化服务工作。

条文解读

本条是关于公共文化服务工作管理体制的规定。

一、国务院主管部门

本条规定，国务院文化主管部门、新闻出版广电主管部门负责全国的公共文化服务工作，明确了公共文化服务工作在中央政府的主管部门。

国务院文化主管部门是文化部。依据2008年国务院办公厅《关于印发文化部主要职责内设机构和人员编制规定的通知》（国办发〔2008〕79号），文化部有关公共文化服务工作的职责主要包括：（1）拟订公共文化服务方面的方针政策，起草相关法律法规草案；（2）拟订公共文化事业发展规划并组织实施，推进公共文化领域的体制机制改革；（3）推进文化艺术领域的公共文化服务，规划、引导公共文化产品生产，指导国家重点文化设施建设和基层文化设施建设；（4）指导、管理社会文化事业，指导图书馆、文化馆（站）事业和基层文化建设；（5）组织实施非物质文化遗产保护和优秀民族文化的传承普及工作；（6）拟订公共文化与科技融合发展规划并监督实施，推进公共文化信息化建设；（7）指导、管理公共文化服务领域国际交流合作，组织实施大型对外公共文化交流活动；（8）管理国家文物局。依据国务院办公厅《关于印发文物局主要职责内设机构和人员编制规定的通知》（国办发〔2009〕24号），国家文物局承担的拟订博物馆事业发展规划、推动完善文物和博物馆公共服务体系建设、指导全国博物馆的业务工作、推动博物馆信息化和标准化建设等有关公共文化服务方面的职责，也属于文化部主管的范畴。在国务院批准的文化部主要职责中，特别强调推进公共文化服务、指导基层文化建设是应重点加强的职责。

国务院新闻出版广电主管部门是国家新闻出版广电总局。依据2013年国务院办公厅《关于印发国家新闻出版广电总局主要职责内设机构和人员编制规定的通知》（国办发〔2013〕76号），国家新闻出版广电总局有关公共文化服务工作的主要职责是：（1）拟订新闻出版广播影视基本公共服务规划、政策和保障标准；（2）组织实施重大公益工程和公益活动，扶助老少边穷地区新闻出版广播影视建设和发展；（3）公共文化服务方面的互联网出版和开办手机书刊、手机文学业务等数字出版内容和活动的监管；（4）公共文化服务方面网络视听节目、公共视听载体播放的广播影视节目的监管；（5）广播电视节目传输覆盖、监测和安全播出的监管，推进广电网与电信网、互联网三网融合，推进应急广播建设。

国务院批准的新闻出版广电总局主要职责中，特别强调要重点强化组织推进新闻出版广播影视领域公共服务，大力促进城乡公共服务一体化发展。

由此可见，目前我国公共文化服务方面的主要任务集中在文化部和新闻出版广电总局的职责范围内，所以法律规定国务院文化主管部门、新闻出版广电主管部门负责全国的公共文化服务工作。

二、国务院相关部门

现代公共文化服务是“大文化”理念下的公共文化服务。就公共文化服务的内容来看，涉及思想宣传、文化、新闻出版、广播、电影、电视、戏曲、全民普法、全民健身、全民科普等；就公共文化服务的保障来说，涉及发展改革、财政税收、人事编制、设施建设、信息化发展、人才培养、审计监督等多个部门。有效实施对公共文化服务的保障，政府各有关部门必须各司其职、形成合力，共同推动现代公共文化服务体系建设。因此，法律规定国务院其他有关部门在各自职责范围内负责相关公共文化服务工作。

三、地方各级政府

本条规定，县以上地方人民政府文化、新闻出版广电主管部门负责本行政区域内的公共文化服务工作，政府其他有关部门在各自职责范围内负责相关公共文化服务工作。根据本法规定，在地方负责公共文化服务的主管部门包括省、地（市）、县（市）三级具体承担公共文化服务职责的文化、新闻出版广电主管部门，无论是其单独设立还是合并设立，都应依法履行本法规定的职责。

第八条　国家扶助革命老区、民族地区、边疆地区、贫困地区的公共文化服务，促进公共文化服务均衡协调发展。

条文解读

本条是关于国家扶助老少边穷地区公共文化服务的规定。

革命老区是指土地革命战争和抗日战争时期，在中国共产党和毛泽东等老一辈无产阶级革命家领导下创建的革命根据地，它分布在 27 个省、自治区、直辖市的 1300 多个县（市、区）。

民族地区是指各少数民族聚居的地方。依据我国宪法，各少数民族聚居的地方实行区域自治。行政区域划分为自治区、自治州、自治县、民族乡。截至 2015 年年底，我国共有 5 个民族自治区、30 个民族自治州和 120 个民族自治县（旗）。

边疆地区是指我国边境沿线地区。我国陆疆省区包括黑龙江省、吉林省、辽宁省、内蒙古自治区、甘肃省、新疆维吾尔自治区、西藏自治区、广西壮族自治区和云南省。

贫困地区是对经济社会发展相对滞后地区的统称。文化部、国家发展改革委、国家民委、财政部、新闻出版广电总局、体育总局、国务院扶贫办七部委制定的《“十三五”时期贫困地区公共文化服务体系建设规划纲要》明确提出，纲要的实施范围包括六盘山区、秦巴山区、武陵山区、乌蒙山区、滇桂黔石漠化区、滇西边境山区、大兴安岭南麓山区、燕山—太行山区、吕梁山区、大别山区、罗霄山区等区域的集中连片特困地区和已经明确实施特殊政策的西藏、四省藏区、新疆南疆四地州，以及连片特困地区以外的国家扶贫开发工作重点县，共计 839 个县，含民族自治地方县 426 个、革命老区县 357 个、陆地边境县 72 个，共有乡镇（街道）1.29 万个，行政村 14.2 万个，总人口3.26亿，占全国人口的23.8%；总面积479.6万平方公里，占国土面积的49.9%，涉及22个省级行政区、167个地级行政区。

革命老区、民族地区、边疆地区和贫困地区统称为“四区”。主要集中在我国中西部地区，由于自然、历史等原因，经济社会发展水平相对滞后。以全国公共文化服务经费投入而论，2015年东部9省占总投入的42.1%，中部10省区占24.1%，西部12省区占28.4%。据对2015年开展的全国第四次文化馆评估定级数据统计分析，全国县级以上文化馆经费投入总量，贫困县只及县级文化馆平均水平的43.1%，馆舍建筑面积贫困县是县级文化馆平均水平的77.4%。截至2015年年底，建筑面积小于800平方米的县级公共图书馆，中西部地区占了88%；人均拥有公共图书馆藏书，东部地区达到0.89册，西部地区人均0.47册，中部地区0.39册；人均公共图书馆购书费，东部地区为2.26元，西部地区人均0.83元，中部地区人均0.73元。

促进我国公共文化服务均衡协调发展，关键之一是补齐老少边穷地区的短板。它关系到全面建成小康社会目标的实现，关系到维护国家文化安全和民族团结，关系到社会公平正义和公共文化服务普遍均等的落实，关系到现代公共文化服务体系建设任务的全面完成。习近平总书记多次强调，全面建成小康社会，最艰巨最繁重的任务在农村，特别是在贫困地区。没有农村的小康，特别是没有贫困地区的小康，就不能叫全面建成小康社会。党中央、国务院对老少边穷地区的建设和发展极为重视，通过中央财政转移支付对老少边穷地区的扶助不断加强。数据显示，2015年中央财政支持革命老区的转移支付资金达到78亿元，支持民族地区转移支付资金达到582亿元，支持边境地区转移支付资金136亿元，落实中共中央、国务院《中国农村扶贫开发纲要（2011—2020年）》的中央财政专项扶贫资金，2011年至2015年累计已达1898亿元。

中办国办《关于加快构建现代公共文化服务体系的意见》把推动老少边穷地区公共文化建设实现跨越式发展，作为统筹推进公共文化服务均衡发展的重点任务之一，明确提出了力争在较短时间内使老少边穷地区公共文化服务能力和水平有明显改善的发展目标，要求按照精准扶贫的原则，以广播电视服务网络、数字文化服务、乡土人才培养、流动文化服务、农村留守妇女儿童文化帮扶为重点，集中实施一批文化扶贫项目。《“十三五”时期贫困地区公共文化服务体系建设规划纲要》进一步明确和细化了“十三五”时期贫困地区公共文化服务体系建设的总体目标：公共文化服务能力和水平有明显改善，群众基本文化权益得到有效保障，基本公共文化服务主要指标接近全国平均水平，扭转发展差距扩大趋势，公共文化在提高贫困地区群众科学文化素质、促进当地经济社会全面发展方面发挥更大作用。为实现这一目标，部署了“十三五”时期加快完善公共文化设施网络、全面推进基本公共文化服务均衡发展、有效增强公共文化发展活力、切实提高公共文化服务效能、大力推进公共数字文化建设、不断加强公共文化人才队伍建设、大力开展文化帮扶工作、积极推动群众脱贫致富等八大方面的重点任务和项目。“十三五”时期，贫困地区公共文化服务体系建设纳入了全面建成小康社会奋斗目标和国家扶贫开发总体战略，纳入了新型城镇化建设、新农村建设和国家扶贫开发工作总体布局，纳入了专项扶贫、行业扶贫、社会扶贫“三位一体”大扶贫格局。“十三五”时期是我国扶贫攻坚的决胜阶段，也是贫困地区公共文化服务体系建设实现跨越式发展的关键时期。

本条规定实际上是把党中央、国务院长期以来对老少边穷地区实行扶助的方针政策上升为法律规定。这一规定在总则中是原则性、方向性的，本法第三十五条关于国家重点加强农村地区公共文化产品供给的规定，第四十条关于国家加强民族语言文字文化产品供给的规定，第四十六条关于各级人民政府对老少边穷地区公共文化服务增加投入的规定，以及国家鼓励和支持经济发达地区对老少边穷地区的公共文化服务提供援助的规定，第五十二条关于鼓励和支持专业人才、高校毕业生到基层从事公共文化服务工作的规定等，都是原则性规定的具体化。这些具体规定标志着多年来被实践证明行之有效的扶助“四区”公共文化服务的政策措施实现了法律化。

第九条 各级人民政府应当根据未成年人、老年人、残疾人和流动人口等群体的特点与需求，提供相应的公共文化服务。

条文解读

本条是关于政府为特殊群体提供针对性服务的规定。

在我国，未成年人是指未满十八周岁的公民，共有3.67亿人，约占总人口的28%。老年人是指六十岁以上的公民，共有2.22亿人，约占总人口的16.1%。残疾人包括在心理、生理、人体结构上某种组织、功能丧失或者不正常，全部或者部分丧失以正常方式从事某种活动能力的人，目前全国总数8500万人，约占总人口的6.2%。流动人口主要是进城务工的农民工，目前共有2.74亿人，约占总人口的20%。未成年人、老年人、残疾人和流动人口，是目前我国特殊人群的主要部分。

公共文化服务的突出特点之一是均等性，所谓人不分老幼、地不分南北、普遍均等，公共文化的阳光应当普照到每一个人。从理论上说，所有的公共文化服务，特殊人群都可以和其他人一样参与或享受，但是，由于主客观条件的限制，许多常规的公共文化服务对特殊人群来说往往是可望而不可即。为了保证社会公平正义的实现，保证经济社会发展成果为全体社会成员所分享，充分体现社会的文明进步，现代社会普遍实行对特殊人群的经济社会文化权利给予特殊保障的方针。我国宪法确立了公民在法律面前一律平等的原则，制定了未成年人保护法、老年人权益保障法、残疾人保障法，以及保障农民工权益的方针政策，对特殊群体的权益给予了特别关注和保护。本条规定从根本上说是在公共文化服务方面落实宪法原则，与保障未成年人、老年人、残疾人权益的现行法律以及保障农民工权益的现行政策相衔接，确立了我国公共文化服务在推进均衡发展过程中消除人群差距的基本方针。

本条规定有两个要点。第一，明确了满足特殊群体文化需求的责任主体是各级政府。本法第十四条将青少年宫、妇女儿童活动中心、老年人活动中心等主要面向特殊人群的设施纳入公共文化设施范畴，第十五条规定县级以上人民政府建设公共文化设施要考虑“人口状况”，第十七条规定公共文化设施建设要配置无障碍设施设备，第三十一条规定收取费用的公共文化设施应定期向中小学生免费开放，第三十六条规定在务工人员较为集中的区域以及留守妇女儿童较为集中的农村地区配备必要的公共文化服务设施，第三十八条规定地方各级人民政府应当加强面向在校学生的公共文化服务等，都是对政府承担为特殊人群提供相应的公共文化服务责任的具体化。第二，强调面向特殊人群的公共文化服务必须根据特殊人群的特点与需求。为特殊人群提供公共文化服务，没有针对性就没有必要性，更没有有效性。中办国办《关于加快构建现代公共文化服务体系的意见》部署了保障特殊群体基本文化权益有针对性的重点任务。对未成年人，重点是加强思想道德教育和提升科学文化素质，公共文化机构开展向中小学生推荐优秀出版物、影片、戏曲工作，开展学龄前儿童基础阅读促进工作；互联网站、互联网文化企业开发制作有利于青少年身心健康的优秀作品；建立中小学生定期参观博物馆、美术馆、纪念馆、科技馆的活动计划，实施青少年体育活动促进计划等。对老年人，重点是积极开展公益性的文化艺术培训、展演和科学普及活动。对残疾人，首先是设施无障碍，同时，实施盲文出版项目，开发视听读物、建设有声图书馆，鼓励和支持电视台增加手语节目或加配字幕，加强对残疾人文化艺术的扶持力度。新生代农民工已经成为农民工的主体，也是城市流动人口的主体，满足他们的基本文化需求，重点是解决好文化融入、城市融入、社区融入的问题，基本路径是把农民工纳入城市公共文化服务体系，全面落实公共文化服务以常住人口为保障范围的政策。

第十条　国家鼓励和支持公共文化服务与学校教育相结合，充分发挥公共文化服务的社会教育功能，提高青少年思想道德和科学文化素质。

条文解读

本条是关于国家鼓励和支持公共文化服务与学校教育相结合的规定。

本条规定表达了三层意思：首先，公共文化服务和学校教育相结合，是我国公共文化服务的基本原则之一；其次，公共文化服务与学校教育结合的实现方式，是充分发挥公共文化服务的社会教育功能；最后，公共文化服务与学校教育相结合的目的，是提高青少年的思想道德和科学文化素质。

社会教育是相对于学校教育的一个概念，指学校以外的社会文化机构、团体或组织对社会成员实施的教育。相对于学校教育，社会教育具有内容丰富、形式多样、受众广泛、约束性相对较弱等特点。公共文化机构和社会教育有着天然的联系。国外有的国家直接把图书馆、博物馆等公共文化机构定义为社会教育机构。如日本的社会教育法就把图书馆、博物馆、公民馆（类似于我国的文化馆）界定为社会教育机构。在我国，图书馆、文化馆、博物馆等公共文化机构一直承担着开展社会教育的职能，许多现行有效的法律法规对此都有明确规定。如教育法规定，图书馆、博物馆、科技馆、文化馆、美术馆、体育馆（场）等社会公共文化体育设施，以及历史文化古迹和革命纪念馆（地），应当对教师、学生实行优待，为受教育者接受教育提供便利。广播、电视台（站）应当开设教育节目，促进受教育者思想品德、文化和科学技术素质的提高。未成年人保护法规定，爱国主义教育基地、图书馆、青少年宫、儿童活动中心应当对未成年人免费开放；博物馆、纪念馆、科技馆、展览馆、美术馆、文化馆以及影剧院、体育场馆、动物园、公园等场所，应当按照有关规定对未成年人免费或者优惠开放。《博物馆条例》规定，博物馆应当根据自身特点、条件，运用现代信息技术，开展形式多样、生动活泼的社会教育和服务活动，参与社区文化建设和对外文化交流与合作；应当对学校开展各类相关教育教学活动提供支持和帮助。本条规定确立的原则，体现了与相关法律的有效衔接。

本法第三十八条对公共文化服务支持学校教育作出了专门规定，是本条原则规定的具体化。长期以来，我国的公共文化服务机构通过举办讲座、展览展示、开展丰富多彩的活动，打造青少年“第二课堂”，在提高青少年思想品德水平、开阔视野、增长知识、发展能力，培育兴趣、爱好和特长等方面发挥了重要作用。以提高青少年思想道德和科学文化素质为目标，进一步发挥公共文化服务的社会教育功能，完善家庭教育、学校教育和社会教育紧密结合、相辅相成的青少年教育体系，是我国公共文化服务的重要任务。

第十一条　国家鼓励和支持发挥科技在公共文化服务中的作用，推动运用现代信息技术和传播技术，提高公众的科学素养和公共文化服务水平。

条文解读

本条是关于国家鼓励和支持发挥科技在公共文化服务中作用的规定。

当今时代，科学技术迅猛发展。互联网改变了人们的思维方式、工作方法和生活习惯；大数据为推动经济发展、完善社会治理、提高公共服务能力开辟了新的途径；新媒体大大拓展了信息传播和利用的方式方法。集成和应用现代科技成果，充分发挥科技在公共文化服务中的作用，成为现代公共文化服务体系建设的时代任务，也是公共文化服务的时代特色。本条规定顺应时代发展趋势，明确了国家鼓励和支持公共文化服务与现代科技融合发展、充分发挥科技在公共文化服务中作用的基本原则，指出了推动现代信息技术和传播技术在公共文化服务中广泛应用的重点任务，揭示了国家鼓励和支持发挥科技在公共文化服务中应用的目的，在于提高公众的科学素养和公共文化服务水平。

现代信息技术是用于管理和处理信息所采用的各种技术的总称，主要包括电子技术、光电子技术、通信技术、网络技术、感测技术、控制技术、显示技术等。现代传播技术是指依托全媒体、互联网对信息进行高效快捷、安全有序传播的技术。现代信息技术和传播技术应用于公共文化服务，主要任务是推进公共文化服务数字化建设和现代传播能力建设。近十年来，我国的公共数字文化服务体系和现代传播体系建设充分发挥制度优势、体制优势，以农村和基层为重点，统筹实施国家重大数字公共文化工程，用较短的时间实现了跨越式发展。广播电视村村通工程到“十二五”末在全国已基本实现了20户以上自然村的全覆盖。2011年开始实施的直播卫星户户通工程，通过技术和管理创新，全面覆盖有线网络未通达的农村地区，有力提升了农村广播电视公共服务水平。目前，全国直播卫星公共服务用户总数超过1亿户，直播卫星专营服务网点3万余个，中国的直播卫星平台规模已经处于世界前列。2016年4月，国务院印发《国务院办公厅关于加快推进广播电视村村通向户户通升级工作的通知》，要求统筹无线、有线、卫星三种技术覆盖方式，到2020年，基本实现数字广播电视户户通，形成覆盖城乡、便捷高效、功能完备、服务到户的新型广播电视覆盖服务体系。2002年开始实施的全国文化信息资源共享工程，开创了由政府主导的面向农村、基层的公共文化服务数字化和传播方式网络化的“中国模式”，编织出了一张覆盖全国农村和基层的公共数字文化服务网。到2015年年底，已经建成3.2万个以上的乡镇基层服务点，70多万个村（社区）基层服务点，6.2万个基层公共电子阅览室，数字资源总量达到530TB以上，年均投放资源量10TB、2万小时以上。2011年以来实施的数字图书馆推广工程，构建起了以一库（分布式公共文化资源库群）、一网（以各级数字图书馆为节点的数字图书馆虚拟网）、三平台（中华文化集中展示平台、开放式信息服务平台和国际文化交流平台）为主要内容的覆盖全国的数字图书馆虚拟网，实现了全国数字图书馆资源总量10000TB以上、手机用户8亿人以上、数字电视用户8000万户以上、互联网用户4.2亿人以上的目标。“十二五”以来，农家书屋工程开始向数字化转型升级，目前全国基于卫星网络传输的数字农家书屋已有3万多家，服务3000万以上的农村人口。伴随着移动互联网的迅速发展，近年来我国的公共数字文化服务在打造区域“一站式”综合服务平台、开发适应移动服务的数字资源、建设具有互动和智能特点的体验空间方面，快速推进，成果丰硕。

近几年，国家在许多重要政策性文件中，对推动现代信息技术和传播技术在公共文化服务中应用作出了相应部署。2013年8月，国务院印发《“宽带中国”战略及实施方案》，明确提出加快文化馆（站）、图书馆、博物馆等公益性文化机构和重大文化工程的宽带联网，实施“数字文化宽带应用示范工程”，主要内容包括建设可智能适配不同宽带接入网络和终端的广播影视、文化馆、图书馆、博物馆等数字文化内容平台，提高数字文化内容平台的宽带联网和互联互通水平，结合宽带网络能力提升创新数字文化服务业态，丰富各类数字文化应用，开发数字文化应用智能终端，开展各类数字文化宽带应用示范，促进宽带网络和文化发展融合，增强文化传播能力。2015 年 8 月，国务院印发《促进大数据发展行动纲要》，明确了加强数字图书馆、档案馆、博物馆、美术馆和文化馆等公益设施建设，构建文化传播大数据综合服务平台，是教育文化领域大数据应用的重点任务之一。中办国办《关于加快构建现代公共文化服务体系的意见》提出了新时期推进公共文化服务与科技融合发展的三大任务：一是加大文化科技创新力度。研究制定公共文化服务领域科技标准规范，开展文化专用装备、软件、系统的研发应用，加强科技成果应用转化。二是加快推进公共文化服务数字化建设。提升公共文化机构数字化建设水平，统筹实施国家重大数字文化工程，构建标准统一、互联互通的公共数字文化服务网络，在基层实现共建共享。提高资源供给能力，建设分布式资源库群，开发特色数字文化产品。加强公共文化大数据采集、存储和分析处理，实现“一站式”服务。三是提升公共文化服务现代传播能力。拓宽公共文化资源传输渠道，大力推进“三网融合”，促进新媒体、新业态发展，构建数字出版物传播平台，加强广播电视播出传输覆盖设施建设。由此可见，本条规定实际上也是将长期以来我国公共文化服务体系建设贯彻执行的方针政策上升为法律规范。在本法中，这一原则规定主要通过第十四条、第十五条落实在公共文化设施建设上，主要通过第三十三条落实在公共文化服务提供上。

公共文化服务广泛应用现代信息技术和传播技术，是提高公众科学素养的重要途径。公众的科学素养，一般是指公众了解必要的科学技术知识、掌握基本的科学方法、树立科学思想、崇尚科学精神，并具有一定的应用它们处理实际问题、参与公共事务的能力。2006 年国务院印发《全民科学素质行动计划纲要（2006—2010—2020 年）》，提出到 2020 年科学技术教育、传播与普及有长足发展，形成比较完善的公民科学素质建设的组织实施、基础设施、条件保障、监测评估等体系，公民科学素质在整体上有大幅度的提高，达到世界主要发达国家 21 世纪初的水平。2016 年，由科技部、财政部、中宣部牵头，中央组织部等 20 个部门参与制定的《中国公民科学素质基准》发布，内容包括 26 条基准、132 个基准点，涵盖了公民需要具有的科学精神、掌握或了解的知识、具备的能力。公共文化服务集成和应用现代信息技术和传播技术，使公共文化服务设施具有了科学普及阵地的功能，全民科普成为公共文化服务的重要内容之一。公众获取和利用公共文化服务资源、服务的过程，就是运用现代信息技术、体验现代科技应用、接受科技传播内容、学习和了解现代科技知识的过程。

公共文化服务广泛应用现代信息技术和传播技术，是提高公共文化服务水平的重要手段。我国公共文化服务长期存在的目标人群覆盖率偏低、服务的可及性尚有差距、资源和服务与需求的有效对接还不够贴切等“老大难”问题，在传统服务方式和手段下很难完全彻底解决。现代信息技术和传播技术的广泛应用，可以实现公共文化服务的无处不在、触手可得，大数据分析应用于公共文化服务，为精准服务、针对性服务提供可靠依据，技术创新带来了服务方式和手段的创新，为提高公共文化服务水平开辟了新天地。

第十二条　国家鼓励和支持在公共文化服务领域开展国际合作与交流。

条文解读

本条是关于国家鼓励和支持公共文化服务开展国际合作与交流的规定。

社会主义先进文化是面向现代化、面向世界、面向未来的，民族的、科学的、大众的文化，民族性与开放性是有机的统一。一方面，社会主义先进文化与我国的优秀文化传统相承接，与我国经济状况、社会制度、发展道路高度契合，具有鲜明的中国风格、中国气派；另一方面，社会主义先进文化积极吸收人类一切文明进步成果，学习借鉴一切有利于加强我国社会主义文化建设的有益经验、一切有利于丰富我国人民群众文化生活的积极成果、一切有利于发展我国文化事业和文化产业的管理理念和机制，体现鲜明的开放性和包容性。新时期中国特色现代公共文化服务体系建设，要求体现出顺应时代发展趋势、适应基本国情和市场经济要求、符合文化发展规律的特点，同样是中国特色和时代发展趋势、文化发展规律的有机统一。因此，法律将鼓励和支持公共文化服务领域开展国际合作与交流，确立为我国公共文化服务建设的一个重要内容。

合作与交流，行为方式的侧重点有所不同。合作是为了达到共同目的彼此之间相互配合的联合行动；交流是将自身创造、拥有的成果提供给对方。不论合作还是交流，双向互动、有来有往是基本特征，因此，公共文化服务领域开展国际合作与交流具有双重意义。一方面，通过国际合作与交流，推动优秀群众文化活动成果走出去，在国际舞台上展示中国老百姓的文化创造和文化表现，以文化的、民间的交流夯实“民心相通”的基础，建立向世界讲好中国故事的话语体系和表现体系；另一方面，通过国际合作与交流，把国外优秀的民族民间文化活动成果引进来，既能活跃和丰富群众文化生活，又为吸收借鉴国外公共文化服务的成功做法和经验提供样本。

近年来，我国公共文化服务领域的国际合作与交流开创了新局面。“一带一路”文化合作与交流、海外中国文化中心建设、双边或多边文化交流年、“东亚文化之都”创建、以“相约北京”“上海国际艺术节”为代表的国际文化交流品牌，丰富多彩的群众文化活动都在其中发挥了重要作用。面向全球的“欢乐春节”活动，更是以各地广泛的参与度、浓厚的民族性和群众性，成为中华文化走出去的样板。数据显示，2016 年“欢乐春节”活动遍及全球140 个国家和地区的400 多座城市，举办的文化活动涉及十多个门类共计2100 多项，海外受众超过2.5 亿人次，包括国家元首、首脑在内的1000 多位外国政要参与其中。公共文化服务保障法明确规定了鼓励和支持公共文化服务领域开展国际合作和交流，提升了公共文化服务对外合作交流的保障力度，对进一步完善我国多层次的对外文化交流格局具有重要意义。

第十三条　国家鼓励和支持公民、法人和其他组织参与公共文化服务。

对在公共文化服务中作出突出贡献的公民、法人和其他组织，依法给予表彰和奖励。

条文解读

本条是关于国家鼓励和支持社会力量参与公共文化服务，以及对作出突出贡献者给予表彰和奖励的规定。

一、确立社会力量参与公共文化服务体系建设的基本方针

公民是指享有权利和承担义务的自然人。法人是指依法独立享有民事权利和承担民事义务的组织。其他组织是指合法成立、有一定的组织机构和财产，但又不具备法人资格的组织，如经民政部门核准登记领取社会团体登记证的社会团体。本条所称的公民、法人和其他组织，涵盖了社会上参与公共文化服务的各种力量，也就是通常所说的社会力量。

本法第二条界定公共文化服务的责任主体是政府主导、社会力量参与。本条规定将国家鼓励和支持社会力量参与公共文化服务的方针政策法律化，表明社会力量是我国公共文化服务体系建设不可或缺的重要力量，社会力量参与是我国公共文化服务体系建设的基本方针，为社会力量参与公共文化服务提供了法律依据。总则中的这一规定是原则性的，相关法条则使这一原则进一步具体化：本法第二十五条对社会力量参与公共文化设施建设和运营管理作出了具体规定；第三十二条、第三十七条、第四十二条、第四十三条对社会力量参与公共文化服务作出了具体规定；第四十八条、第四十九条、第五十条、第五十三条对社会力量参与的方式以及国家的鼓励支持政策作出了具体规定。

二、对社会力量参与公共文化服务的理解和认识不断深化

在政府主导的基础上引导和鼓励社会力量广泛参与，是我国公共文化服务体系建设长期倡导并坚持的方针。

2007年我国提出研究加强公共文化服务体系建设，明确以政府为主导、以公益性文化单位为骨干、鼓励全社会积极参与。2011年党的十七届六中全会通过的《中共中央关于深化文化体制改革推动社会主义文化大发展大繁荣若干重大问题的决定》进一步指出，引导和鼓励社会力量通过兴办实体、资助项目、赞助活动、提供设施等形式参与公共文化服务。党的十八届三中全会部署构建现代公共文化服务体系，提出引入竞争机制，推动公共文化服务社会化发展，鼓励社会力量、社会资本参与公共文化服务体系建设。这进一步扩展和深化了社会力量参与的内涵与外延。2015年初中办国办出台《关于加快构建现代公共文化服务体系的意见》，把鼓励和引导社会力量参与提升到增强公共文化服务发展动力的高度，从理论上明确了社会力量参与是促进公共文化服务发展的内生动力，在实践上提出了创新社会力量参与方式的要求，主要是建立健全政府向社会力量购买公共文化服务机制、推广运用政府和社会资本合作模式、推动建立健全公开透明的社会捐赠管理制度、探索开展公共文化设施社会化运营方式等。从以上发展进程可以看出，伴随着我国公共文化服务体系建设的不断推进，我们对社会力量参与公共文化服务的理解和认识也在不断深化。本法对社会力量参与公共文化服务作出了较为全面系统的规定，落实了党的十八届三中全会推进公共文化服务社会化发展的思想，彰显了现代公共文化服务体系的突出特点，成为本法的一大亮点。

三、建立公共文化服务领域的表彰和奖励制度

表彰是侧重于精神层面的褒扬，奖励是侧重于物质层面的鼓励。本条第二款的规定包含三层意思。一是表彰和奖励的实施主体，承接第一款的规定，是“国家”，具体由各级人民政府实施。二是表彰和奖励的对象，是公民、法人和其他组织，承接第一款的规定，也就是参与公共文化服务的社会力量。三是表彰和奖励的前提条件，是在公共文化服务中作出突出贡献。

表彰和奖励是国家鼓励和引导社会力量参与公共文化服务的重要激励手段。党的十七届六中全会通过的《中共中央关于深化文化体制改革推动社会主义文化大发展大繁荣若干重大问题的决定》，提出了抓紧设立国家级文化荣誉称号、表彰奖励成就卓著的文化工作者的任务，建立国家荣誉制度的问题提上了日程。2015 年 12 月 14 日，中共中央政治局审议通过了《关于建立健全党和国家功勋荣誉表彰制度的意见》，同年 12 月 27 日，第十二届全国人大常委会第十八次会议表决通过了《中华人民共和国国家勋章和国家荣誉称号法》，建立起了我国最高层次国家荣誉制度。截至目前，我国各级政府对积极参与公共文化服务并作出突出贡献的各种社会力量的表彰和奖励，还没有形成常态、规范的制度。本条确立了国家对作出突出贡献的社会力量给予表彰和奖励的法律原则，以此为契机，抓紧制定实施

细则，明确“突出贡献”的条件、“依法”的内涵、表彰和奖励的程序与方式，尽快建立健全对在公共文化服务中作出突出贡献的社会力量的表彰和奖励制度，是一项紧迫的任务。

第二章　公共文化设施建设与管理

本章是关于公共文化设施建设与管理的规定。

公共文化设施是公共文化服务的重要载体。公共文化设施体系，以及以公共文化设施为依托的公共文化服务机构组织体系，是公共文化服务体系的基础。

本章包括十三条，共十八款，主要规定了公共文化设施的种类和范围，公共文化设施建设的标准、依据和原则，公共文化设施选址、用地与重建、改建的原则和要求，居民区配套建设公共文化设施和基层综合性文化服务中心建设的原则与要求，以及公共文化设施运行管理的原则和要求。

本章明确了在公共文化设施建设与管理中政府、社会、管理者和公众的责任与义务。各级政府是公共文化服务设施建设和管理的责任主体；国家鼓励和支持社会力量通过各种方式参与公共文化设施的建设与管理；公共文化设施管理单位承担公共文化设施运行管理的职责；公众是公共文化设施的使用者，承担遵守公共秩序、爱护公共文化设施的责任和义务，同时，通过公共文化设施选址、使用效能考核评价、法人治理结构建设等方面的制度保障，参与公共文化设施的建设与管理。

第十四条 本法所称公共文化设施是指用于提供公共文化服务的建筑物、场地和设备，主要包括图书馆、博物馆、文化馆（站）、美术馆、科技馆、纪念馆、体育场馆、工人文化宫、青少年宫、妇女儿童活动中心、老年人活动中心、乡镇（街道）和村（社区）基层综合性文化服务中心、农家（职工）书屋、公共阅报栏（屏）、广播电视播出传输覆盖设施、公共数字文化服务点等。

县级以上地方人民政府应当将本行政区域内的公共文化设施目录及有关信息予以公布。

条文解读

本条是关于公共文化设施的规定。

作为公共文化设施的建筑物，包括房屋建筑和附属设施等其他建筑物。公共文化设施的功能用房建筑，是公共文化设施的主体。公共文化设施的功能不同，其对功能用房的要求也不相同，应当根据其具有的功能、承担的任务、形成的特点来建设功能用房。作为公共文化设施的场地，包括室外活动场地（含运动场地）、人员集散场地、道路、停车场、绿化用地等，是公共文化设施的重要组成部分。公共文化服务的性质决定了有些公共文化设施应配建专用的室外活动场地，以便于开展适宜的文化体育活动；优美的环境、通畅的道路、必要的停车场和人员的集散场地，对于保障安全、方便公众十分重要。作为公共文化设施的设备，包括建筑设备和专用设备。建筑设备是指与房屋建筑紧密联系的设备，包括给水排水、通风空调、供热消防、照明通讯、强弱电、网络布线和建筑智能化系统等。专用设备是指根据公共文化设施不同功能需要配置的专用技术设备，如图书阅览设备，演出和展览设备，数字采集加工和服务设备，体育设施设备，广播电视的信号发射、传输、监控设备等。

本条规定突破行政隶属界限，以“大文化”的观念界定公共文化设施，列举了16种公共文化设施，明确了其公共文化设施属性，多数为一般公众所熟知。其中，文化馆（站）的“站”，是指乡镇综合文化站，是设在乡镇的提供书报刊借阅、时政法制科普宣传、文艺演出活动、数字文化信息服务、公共文化资源配送和流动服务、体育健身和青少年校外活动等综合性服务的公共文化设施。工人文化宫、青少年宫、妇女儿童活动中心、老年人活动中心，在功能上都是提供综合性的文化艺术服务，服务对象各有侧重。乡镇（街道）和村（社区）基层综合性文化服务中心，是集宣传文化、党员教育、科技普及、普法教育、体育健身等功能于一体，为基层群众提供综合性服务的公共文化设施。农家（职工）书屋是在行政村（或企业）建立的、农民（职工）自己管理的、能提供农民（职工）实用的书报刊和音像电子产品阅读视听条件的公共文化设施。公共阅报栏（屏）包括阅报栏和电子阅报屏，是在城乡公共场所设置的、为公众提供报纸阅览和其他信息服务的公共文化设施。广播电视播出传输覆盖设施是指广播电视信号的播出、发射、专用传输和监测等相关建筑物、场地及其附属设施设备。包括依法设立的广播电视台（站）、发射台、转播台（包括差转台、收转台）、广播电视卫星、卫星上行站、卫星收转站、微波站、监测台（站）、有线广播电视网络、直播卫星节目集成播控和地面数字电视覆盖、应急广播、农村广播等相关建筑物、场地及其附属设施设备。公共数字文化服务点是在基层和其他公共场所设立的、向公众提供数字文化服务的公共文化设施。本条列举的16种是主要的公共文化设施，除此以外，还有一些其他设施往往也具有公共文化设施的功能，如残疾人活动中心、城乡公园和广场等。

采取列举的方法来框定公共文化设施的范围有特殊作用。首先，使原则性、概括性界定具体化。通过列举，规定清晰明确，一目了然，方便公众利用。其次，有利于厘清对某些公共文化设施性质认识的分歧。例如文化馆，在发展过程中人们对它的属性的认识产生过分歧，有人认为文化馆服务是公益性的，属于公共文化设施；也有人认为文化馆服务是经营性的，应当企业化；还有人认为文化馆是半公益性半经营性的。认识的分歧往往会造成发展方向的迷失。本条的列举，实际上是以广泛深入的研究和实践为依据，对设施的公共文化服务属性作出了认定，具有法律权威性，有利于消除分歧、统一认识。

本条第二款是对公布公共文化设施目录和有关信息的规定。公布的主体是县级以上地方人民政府，公布的内容是本行政区域内的公共文化设施目录及有关信息。根据实践经验，设施目录和有关信息一般应包括设施的名称、地址、地图、功能区位分布、主要服务项目、开放时间、联系电话、联系人、网址和微信公众号，以及服务规则、乘车线路、停车设施等。

第十五条 县级以上地方人民政府应当将公共文化设施建设纳入本级城乡规划，根据国家基本公共文化服务指导标准、省级基本公共文化服务实施标准，结合当地经济社会发展水平、人口状况、环境条件、文化特色，合理确定公共文化设施的种类、数量、规模以及布局，形成场馆服务、流动服务和数字服务相结合的公共文化设施网络。

公共文化设施的选址，应当征求公众意见，符合公共文化设施的功能和特点，有利于发挥其作用。

条文解读

本条是关于公共文化设施建设的规定。

一、公共文化设施建设的责任主体

公共文化设施建设的责任主体是各级政府。政府应当鼓励社会力量参与公共文化设施建设，也可以采取政府与社会资本合作的方式建设公共文化设施，但是，政府始终是公共文化设施建设的责任主体，不能以公共文化设施建设的社会化来推卸政府的主体责任。

二、公共文化设施建设的依据

本条规定，公共文化设施建设依据两个标准，考虑四个因素。

（一）两个标准

一是国家基本公共文化服务指导标准，二是省级基本公共文化服务实施标准。

国家基本公共文化服务指导标准对“硬件设施”的规定包括：县级以上（含县级）在辖区内设立公共图书馆、文化馆，乡镇（街道）设置综合文化站，在村（社区）设置综合文化服务中心；公共博物馆、公共美术馆依据国家有关标准建设；县级以上设立广播电视播出机构和广播电视发射（监测）台；县级以上设立公共体育场，乡镇（街道）和村（社区）配置群众体育活动器材设备；根据基层实际为每个县配备用于图书借阅、文艺演出、电影放映等服务的流动文化车。

国家基本公共文化服务指导标准还规定，上述设施的建设应按照国家颁布的建设标准等进行规划建设。目前国家颁布的公共文化设施建设标准有：《公共图书馆建设标准》（建标 108—2008）、《文化馆建设标准》（建标 136—

2010）、《乡镇综合文化站建设标准》（建标160—2012）、《县级广播电视工程建设标准》（GY/5064—1999）、《公共体育场馆建设标准》（建标108—2008）等，《博物馆建设标准》《公共美术馆建设标准》正在制定过程中。这些建设标准规定了设施建设的原则、内容、面积指标和建设要求。

国家基本公共文化服务指导标准以及国家有关建设标准是全国适用的指导性标准，本法第五条第二款规定各省、自治区、直辖市人民政府根据国家基本公共文化服务指导标准，结合当地实际，制定本行政区域的基本公共文化服务实施标准。由于省级实施标准确定的基本公共文化服务项目和量化指标往往高于国家指导标准，所以本条把国家基本公共文化服务指导标准和省级基本公共文化服务实施标准同时列为公共文化设施建设的根据。

（二）四个因素

四个因素是：当地经济社会发展水平、人口状况、环境条件和文化特色。

当地经济社会发展水平是公共文化设施建设应考虑的重要因素。经济社会发展水平不同，人民群众的基本文化需求也有区别。一般来说，经济社会发展水平高的地方，公共文化设施建设的数量和规模可以高于国家和本省的建设标准。但是，应该明确，经济社会发展水平并不是公共文化设施建设的决定性因素，国家和省规定的建设标准是“兜底线”的基本标准。对于社会经济发展水平相对较低、按照国家或省级标准建设公共文化设施有困难的地区，国家和省应给予一定的扶持，使其公共文化设施建设达到国家或省级标准。“十一五”以来，我国先后实施了一系列重点扶持项目，促进公共文化设施建设均衡发展。“十一五”乡镇综合文化站建设项目，中央财政投入39.48亿元补助全国2.67万个乡镇综合文化站建设。2008年至2010年中央财政连续三年安排乡镇文化站设备购置专项资金11.6亿元，为中西部22个省的17227个乡镇文化站配备必需的设备器材。从2009年开始，中央财政两年投入5.82亿元，对全国面积不达标的447个公共图书馆、1147个文化馆进行改扩建。2015年，文化部、国家发改委等五部委颁布了《“十三五”时期贫困地区公共文化服务体系建设规划纲要》，明确了“十三五”时期贫困地区公共文化设施建设项目。

人口状况。在四个因素中，人口状况是最重要的因素之一。公共文化设施建设以人为本，首先应考虑服务人口状况，包括服务人口的数量、分布等，据此来确定本地区公共文化设施建设的种类、数量、规模和布局。长期以来，我国的公共文化设施建设是按照行政级别进行建设，如县级建设一个公共图书馆，面积不少于2000平方米；乡镇（街道）建设一个综合文化站，面积不少于300平方米等。但实际上一个县的人口数量是不一样的，规模小的县人口不足一万人，规模大的县人口上百万人，同样建设2000平方米公共图书馆，显然难以适应不同的需求。再如乡镇(街道)，即使人口数量十几万甚至几十万，按传统标准也只能建设一个综合文化站。在人们的印象中，似乎西部地区公共文化设施建设相对滞后，但如果按照人均占有公共文化设施面积来比较，西部地区往往高于中东部地区，就是因为以行政级别作为公共文化设施建设标准造成的。所以，单纯按照行政级别确定公共文化设施建设的种类、数量、规模和布局，显然不符实际，也不符合公共文化服务均等化的要求，而按照服务人口的数量、分布来确定公共文化设施的种类、数量、规模和布局，符合我国的实际情况，符合公共文化服务均等化的原则，也与国际通行原则相一致。近年来我国颁布实施的公共文化设施建设标准，都明确了以服务人口为主要依据的原则。如文化馆建设标准规定：服务人口在250万以上的大城市设置大型文化馆，面积不少于8000平方米；50万~250万人口以上的大城市设置大型文化馆，面积6000平方米~8000平方米；20万~50万人口的中等城市以及城市中30万以上人口的区设置中型文化馆，面积4000平方米~6000平方米；5万~20万人口的小城市和城市中30万以下人口的区设置小型文化馆，面积2000平方米~4000平方米；服务人口在5万以下的设置小型文化馆，面积800平方米~2000平方米。

环境条件是指人们生产和生活的环境，是公共文化设施建设要考虑的重要因素。城区人口密集，应以场所设施建设为主。平原地区人口集中、分布比较均衡，交通便利，场所设施建设基本可以按照乡镇、村布局，并以流动文化服务作为补充。山区和海岛人口居住分散，牧区牧民流动放牧，场所设施受服务半径限制，利用率较低。因此，场所设施建设和布局要符合环境实际，有的不适宜建设场所设施，有的可以建设场所设施，但规模要适度，有的需要配置流动文化设施，有的甚至以流动服务为主要形式。

文化特色主要指的是地方特色文化。各个地区由于地理环境、区位特点、民族传统和经济发展状况不同，形成了各具特色的文化资源和特点。公共文化设施建设要考虑地方文化特色，可以建设地方特色文化资源设施（如博物馆），或在图书馆、文化馆（站）内设置特色文化展示室、阅览室、活动室等，满足地方特色文化群体需求。

三、公共文化设施的种类、数量、规模和布局

本条规定要求县级以上地方人民政府合理确定公共文化设施的种类、数量、规模和布局。

合理确定公共文化设施的种类，是指本区域应当建设的公共文化设施类型要科学合理、符合实际。本法第十四条列举了16种公共文化设施，根据两个标准要求，有一些是必须建设的，如县级在辖区内要设立公共图书馆、文化馆、广播电视播出机构和广播电视发射（监测）台、公共体育场，这是为保障基本文化服务必须要建设的公共文化设施。除此以外，还应当根据本地文化特色等建设相应的公共文化设施，如本地有某方面人类活动和自然环境的见证物遗址或大量遗存物的，可以建设遗址类博物馆或综合性博物馆；本地有卓越贡献的人物或重大历史事件纪念地的，可以建设纪念馆；被命名为美术类民间文化艺术之乡（如农民画之乡、剪纸之乡）的，可以建设美术馆等。

合理确定公共文化设施的数量，是强调本区域每种公共文化设施的数量要科学合理、满足需求。本条规定打破了行政化的一个城市建设一个公共图书馆、一个文化馆的模式，要求依据国家标准，结合服务人口等因素，科学确定每类公共文化设施的数量。如依据《公共图书馆建设标准》，服务人口在 150 万以上的大城市，应设置 1 处 ~ 2 处大型公共图书馆，每 50 万人口设置一处中型公共图书馆，每 20 万人口设置一处小型公共图书馆。

合理确定公共文化设施的规模，是强调公共文化设施的建设规模要科学合理、大小适当。本条规定打破了按照行政级别确定公共文化设施规模的模式，要求根据建设标准，以服务人口为主要依据，综合考虑四个因素来确定公共文化设施的规模和面积。现行有效的公共文化设施建设标准对建设规模有具体规定，如公共图书馆，同样是县级行政区域，服务人口在 3 万以下的，应建设面积为 800 平方米的小型公共图书馆；服务人口达到 10 万的，应建设面积为 2300 平方米的小型公共图书馆；服务人口达到 20 万的，应建设面积为 4500 平方米的中型公共图书馆；服务人口达到100万的，应建设面积为13500平方米的中型公共图书馆。

合理确定公共文化设施的布局，是指本区域公共文化设施的总体布局要科学合理、有效覆盖。在公共文化设施建设的种类、数量、规模和布局四要素中，布局具有宏观统领作用。所谓合理布局，应满足以下几项要求：（1）根据城镇化发展趋势和城乡常住人口变化，统筹城乡公共文化设施布局，均衡配置公共文化资源。（2）按照“普遍均等”的要求，实现公共文化设施对全体公民的全覆盖，让所有公民都能公平、便捷地利用公共文化设施。（3）建立公共文化设施有效服务半径的理念，按照方便可及的原则，实现设施对所有人群的全覆盖。许多地区提出建设城市“15分钟文化圈”，真正的含义就应该是以居民大致步行15分钟可到达一处公共文化设施的距离为服务半径布局公共文化设施。（4）着眼于形成设施体系，即构建场所服务、流动服务和数字服务相结合的公共文化设施网络。（5）合理确定公共文化设施的选址，把公共文化设施建在人口聚集、交通方便的地方，以方便公众的利用。

四、公共文化设施建设的目标

形成场馆服务、流动服务和数字服务相结合的公共文化设施网络，是公共文化设施建设的目标。

目前我国公共文化设施建设最大的短板是体系化程度低。单体设施建设很现代化，但不成体系，没有互联互通，无法发挥公共文化设施的整体效能。设施布局缺乏设施有效覆盖面积和服务半径的理念，缺乏场馆服务、流动服务、数字服务设施相辅相成、互相补充的理念，无法解决公共文化服务全覆盖的问题。场馆服务、流动服务和数字服务是公共文化服务的三种主要形式。场馆服务，服务资源是固定的，服务对象是流动的，适于服务人口比较集中的地方。流动服务，服务资源是流动的，服务对象是固定的，适合于服务人口居住比较分散的偏远农村、山区、牧区和海岛地区，是场馆服务的补充和延伸。数字服务，是通过网络等现代传播手段提供数字化资源的服务，特点是远程获取利用，不受距离和资源量的限制。

场馆服务、流动服务、数字服务相结合的设施网络是以场馆设施和场馆服务为依托进行建设和开展服务的。公共图书馆、文化馆（站）、博物馆等公共文化设施具有两重性，既是公共文化服务场所，又是公共文化服务机构，具有流动服务和数字服务所必需的文化资源，是流动服务和数字服务的组织者和实施者。要加强县级公共文化服务场所设施的建设，要在场所建设的同时，为其配备必要的流动服务和数字服务设施、设备，提高其流动服务和数字服务的能力，使其成为连接场馆服务、流动服务和数字服务网络的支点。同时，也要加强流动服务和数字服务终端的设施建设，使流动服务和数字服务进村入户，形成以场馆为结点和平台、以流动服务点和数字服务点为终端的服务网络。

五、公共文化设施的选址

公共文化设施建在什么地方，关系到建成后能否发挥作用。有的地区公共文化设施建在远离居民居住地、交通不便的地方，使用效益很低，造成浪费。所以本条对公共文化设施的选址作了特别规定：应当征求公众意见，符合公共文化设施的功能和特点，有利于发挥其作用。

在本法颁布之前，有关公共文化设施的选址就有原则规定。如《公共文化体育设施条例》第十一条规定，公共文化体育设施的建设选址，应当符合人口集中、交通便利的原则。《公共图书馆建设标准》要求，公共图书馆选址宜位于人口集中、交通便利、环境相对安静、符合安全和卫生及环保标准的区域。《文化馆建设标准》要求，文化馆的选址应符合所在地的城市规划、城镇规划或相关专项规划，选择在城镇文化中心或人口集中、交通便利（大城市和特大城市应为公交便利）的地区。广播电视发射台站的选址，需要考虑满足相关标准和技术参数要求等，以保障广播电视设施的正常运转和信号传输。《广播电视设施保护条例》规定，新建、扩建广播电视设施，应当遵守城乡建设总体规划，按照国家有关规定选址，避开各种干扰源。对在广播电视设施周边进行建设和施工等作业的，也有明确的限制和要求。本条规定的一大突破，是第一次提出了公共文化设施的选址应当征求公众意见，既体现了公共文化服务以人民为中心的理念，又具有很强的现实针对性。

第一，公共文化服务以人为本，以满足人民群众的基本文化需求为出发点和落脚点。人民群众不仅是公共文化服务的享受者，也是公共文化服务的参与者。同样，人民群众不仅是公共文化设施建设的受益者，也应当是公共文化设施建设的参与者。在公共文化设施选址上征求公众意见，是人民群众参与公共文化设施建设的一种形式。

第二，公共文化设施是人们随时利用的公共设施，在确定基址时要以方便公众利用、多数服务对象满意为依据。事先征求公众意见，把基址选在公众满意的地点，有利于建成后公共文化设施真正发挥作用。

第三，公共文化设施一般要求建在人群聚集、位置适中、公交方便的区域，这种区域往往是寸土寸金地段，地方政府在土地商业价值、拆迁困难等现实问题面前，有时会作出背离公共文化设施选址规律的决定，最终导致设施建成后闲置浪费。规定公共文化设施的选址应当征求公众意见，就是加大老百姓在设施选址上的话语权，是对落实公共文化设施选址要求的保障，也是对设施选址随意性的一种制约。当然，对广播电视传输覆盖设施等具有特殊要求的设施，也应该遵循本行业规定的建设标准。

第四，许多公共文化设施都附有室外活动场地。室外活动场地广受群众欢迎，但有些室外活动也会产生扰民问题，如近年来频出的广场舞纠纷。公共文化设施选址事先征求公众意见，广泛听取各方面的诉求，有利于从源头上防止室外活动扰民问题的产生。

公共文化设施选址征求公众意见，应以服务对象为目标群体，特别是公共文化设施有效服务半径内的服务对象。征求意见应采取公开的方式进行。

第十六条 公共文化设施的建设用地，应当符合土地利用总体规划和城乡规划，并依照法定程序审批。

任何单位和个人不得侵占公共文化设施建设用地或者擅自改变其用途。因特殊情况需要调整公共文化设施建设用地的，应当重新确定建设用地。调整后的公共文化设施建设用地不得少于原有面积。

新建、改建、扩建居民住宅区，应当按照有关规定、标准，规划和建设配套的公共文化设施。

条文解读

本条是关于公共文化设施建设用地的规定。

一、公共文化设施建设用地与土地利用总体规划和城乡规划

公共文化设施建设用地包括建筑用地、室外活动场地和集散场地、绿化用地及停车场地。

（一）土地利用总体规划和城乡规划

土地利用总体规划是指在各级行政区域内，根据土地资源特点和经济社会发展要求，对今后一段时期内（通常为15年）土地利用的总安排。土地利用总体规划属于宏观土地利用规划，是各级人民政府依法组织对辖区内全部土地的利用以及土地开发、整治、保护所作的综合部署和统筹安排。根据我国行政管理体制，土地利用总体规划分为全国、省（自治区、直辖市）、地（市）、县（市）和乡（镇）五级，即五个层次。土地利用总体规划的成果包括规划文件、规划图件及相应的附件。《中华人民共和国城乡规划法》中所称的城乡规划，包括城镇体系规划、城市规划、镇规划、乡规划和村庄规划。土地利用总体规划和城乡规划是公共文化设施建设用地的依据。《公共文化体育设施条例》第十四条第一款规定，公共文化体育设施的建设预留地，由县级以上地方人民政府土地行政主管部门、城乡规划行政主管部门按照国家有关用地定额指标，纳入土地利用总体规划和城乡规划。这里涉及以下三个问题。

第一，什么是公共文化设施建设预留地。《中华人民共和国土地管理法》规定，我国实行土地用途管制制度。土地用途管制制度是指国家为保证土地资源的合理利用，促进经济、社会和环境的协调发展，通过编制土地利用规划，规定土地用途，明确土地使用限制条件，实行用途变更许可的一项强制性的管理制度，核心是依据土地利用总体规划对土地用途转变实行严格控制。公共文化设施建设的预留就是根据土地用途管理制度，在规划中为公共文化设施建设用地预留的土地。

第二，公共文化设施建设用地预留的标准。《公共文化体育设施条例》第十条第二款规定，公共文化体育设施用地定额指标，由国务院土地行政主管部门、建设行政主管部门分别会同国务院文化行政主管等部门制定。目前，《公共图书馆建设用地指标》（建标〔2008〕74 号）、《文化馆建设用地指标》（建标〔2008〕128 号）已经颁布，《博物馆建设用地指标》正在制定过程中。这些建设用地指标包括选址、用地面积、建筑面积、建筑密度、容积率指标，以及室外活动场地、绿化用地和停车场地的指标，是确定公共文化设施建设预留地和审批建设用地的依据。

第三，公共文化设施建设用地预留的方式。按照《公共文化体育设施条例》的规定，公共文化设施建设用地预留的方式是纳入土地利用总体规划和城乡规划。

（二）公共文化设施建设用地的审批

公共文化设施建设用地纳入土地利用总体规划和城乡规划，为公共文化设施建设保留了建设预留地。在进行公共文化设施建设时，还需要依照国土资源部《关于修改〈建设项日用地预审管理办法〉和〈建设用地审查报批管理办法〉的决定》（中华人民共和国国土资源部第 68、69 号令），履行建设用地的申报与审批手续。《公共文化体育设施条例》第十三条规定，建设公共文化体育设施使用国有土地的，经依法批准可以以划拨方式取得。政府出让土地一般有两种方式：划拨和出让。出让又分协议出让和拍卖出让。划拨土地的特点是，获得土地使用权的单位不需要缴纳土地出让金。划拨土地的对象，主要是政府公用配套事业、教育、军事用地。划拨土地在一定时期内得不到土地使用权证，土地及地上建筑物不能上市交易。根据有关规定，以划拨方式提供国有土地使用权的，由市、县国土资源主管部门向建设单位颁发《国有土地划拨决定书》和《建设用地批准书》，依照规定办理土地登记。《国有土地划拨决定书》应当包括划拨土地面积、土地用途、土地使用条件等内容。

二、公共文化设施建设预留地的保护

按照公共文化设施选址的要求，公共文化设施建设用地一般安排在人口相对集中、交通便利的地段，往往是黄金地段。在城市开发建设过程中，侵占或者擅自改变土地用途的情况时有发生。为此，本条规定任何单位和个人不得侵占公共文化设施建设用地或者擅自改变其用途。侵占，是指以非法手段侵夺或占有公共文化设施建设用地，构成侵占国有土地的违法行为。擅自改变其用途，是指取得出让国有土地使用权或划拨土地使用权的单位和个人，局部、大部分或整宗地全部改变使用用途和建设用途，构成了非法改变土地用途的违法行为。

三、公共文化设施建设用地的调整

随着城市改造和小城镇建设的迅速发展，因特殊情况需要调整建设用地甚至调整土地利用总体规划和城乡规划的情况经常发生。本条规定，因特殊情况需要调整公共文化设施建设用地的，应当依法调整城乡规划，并依照第一款的规定重新确定建设用地。重新确定的公共文化体育设施建设预留地不得少于原有面积，同时，也要符合公共文化设施选址的要求。这一规定有三个要点：一是调整建设用地要按照法定程序进行。因特殊情况需要占用公共文化设施建设用地，不仅要经有关人民政府土地管理部门同意，报经原批准用地的人民政府批准，而且要求在报批前先经政府规划管理部门同意，规划部门应首先依法调整城乡规划，即在城乡规划中将公共文化设施预留地调整为其他用地，然后在城乡规划中按照有关规定，重新确定公共文化设施预留地的地段和面积。在调整城乡规划、重新确定公共文化设施预留地后，才能批准原公共文化设施预留地用于新的项目。二是重新确定的公共文化设施建设预留地不得少于原有面积，符合国家有关用地定额指标标准。三是符合公共文化设施的选址要求。总的来说，因特殊情况需要占用公共文化设施建设用地，不仅新的公共文化设施预留地的选址要符合本法关于选址的要求，而且新的公共文化设施预留地的选址地点，还应征求公众意见。

四、新建、改建、扩建居民住宅区配套建设公共文化设施

目前，新建、改建、扩建的居民住宅区越来越多。在

“陌生人社会”建设住宅小区，公共文化设施显得尤为必要。它不仅是小区居民集体文化活动的场所，也有助于增强邻里和谐，营造良好的居住环境，更能孕育出良好的街区文化氛围。早在2002年，当时的建设部与文化部就联合制定下发了《关于进一步做好基层公共文化设施规划和建设工作的通知》（建规〔2002〕196号），要求新建、扩建、改建城市居民住宅区，必须按照规划要求配套建设公共文化设施，保证公共文化设施的用地并严格管理。此后，许多地区也制定了有关的具体规定，并制定了配套文化设施的建设标准。2003年颁布的《公共文化体育设施条例》第十五条规定，新建、改建、扩建居民住宅区，应当按照国家有关规定规划和建设相应的文化体育设施。居民住宅区配套建设的文化体育设施，应当与居民住宅区的主体工程同时设计、同时施工、同时投入使用。任何单位或者个人不得擅自改变文化体育设施的建设项目和功能，不得缩小其建设规模和降低其用地指标。但是，这一规定并未得到很好贯彻的执行。许多居民区建成居住后，没有配套的公共文化设施，不仅居民的基本文化需求得不到保障，也影响了社区文化建设，造成了公共文化设施建设新的欠账。本条第三款重申新建、改建、扩建居民住宅区应配套建设公共文化设施，具有重要意义。

关于新建、改建、扩建居民区配套建设公共文化设施的有关具体标准，一般是由各地制定，大都包含在“新建、改建、改建居住区公共服务设施配套设置标准”之内。各地在贯彻落实本条规定时，应参照本地区的有关标准执行。

第十七条　公共文化设施的设计和建设，应当符合实用、安全、科学、美观、环保、节约的要求和国家规定的标准，并配置无障碍设施设备。

条文解读

本条是关于公共文化设施设计和建设应遵循原则的规定。

实用，包括服务者实用和服务对象实用，是公共文化设施设计和建设最优先考虑的原则。服务者实用，是指公共文化设施设计和建筑要符合该设施功能的要求，便于内部功能用房的布局和安排，便于服务的开展。服务对象实用，是指方便公众利用。如公共文化设施不同功能用房之间联系比较密切；适应公共文化设施人流量大的特点，建筑尽量采用水平联系而不是垂直联系；向公众开放的公共空间一般不宜采用高层等。再如，公众的文化需求和公共文化服务的模式在不断变化，公共文化设施建筑在设计时应充分考虑这些变化，强调空间使用的灵活性，空间环境的复合性，能够根据公众需求的变化灵活地调整功能用房。公共文化设施可以建成标志性建筑，但是不能为了标志性而影响实用，在实用与外形设计发生矛盾时，必须优先考虑实用。

安全，是公共文化设施建设必须要保证的原则。公共文化设施是人员集中活动的场所，人流量大、停留时间长，保障公众的安全是第一位的。安全，包括交通流线的组织、抗震级别和消防设计等。公共文化设施的交通流线组织应畅通便捷，主要出入口人、车分流，标识清晰，科学组织人流、物流和交通流线。要设计应对突发事件的安全疏散路线。公共文化设施抗震设防应按现行有效的《建筑工程抗震设防分类标准》（GB50223—2008）中有关一般性公共建筑的抗震规定执行，人员相对集中的用房，抗震设防类别应划为重点设防类。公共文化设施消防设计耐火等级不应低于现行有效的《建筑设计防火规范》（GB50016—2014）和《高层民用建筑设计防火规范》（GB50045—95）规定的二级耐火要求。

科学，包括建筑设计和公共文化设施功能设计的科学化。当代建筑无论是从技术体系、功能体系、直至思想体系均与现代科技有着紧密的联系。公共文化设施的设计与建筑要引入科学的设计理念，使用新技术、新材料。但是，要注意这些设计理念、新技术、新材料的科学性、实用性与可操作性，要以实用、安全、环保、节约为落脚点，采用新的建筑科技成果。随着数字技术的飞速发展，公共文化设施与现代数字技术相融合，数字图书馆、数字文化馆、数字博物馆等已经成为公共文化设施建设新的要求。公共文化设施设计和建设由主干网、局域网、信息点组成的网络系统，安排计算机和网络设备的中心机房，以及数据加工、网络维护管理的专门空间，配备数字设备，使建成后的公共文化设施具备提供数字资源、网络服务的能力，是公共文化设施设计和建设科学化的必然要求。

美观，是对公共文化设施建筑特色的要求。公共文化设施的外观、室外环境以及室内环境设计，均应体现公共文化建筑的特色，亲切、活泼、简洁、大方并应尽可能体现中国文化特色。同时，不同地区特别是少数民族地区的公共文化设施，应充分体现地方建筑风格和文化特色，使建筑更具地方特色和文化气质，更受当地群众喜爱。

环保、节约，是公共文化设施体现绿色发展理念的要求。公共文化设施是文化的载体、文明的标志，应充分体现以人为本、建设节约型社会的绿色发展理念，关注公众健康，减少能源消耗。如坚持以自然通风和自然采光为主，充分利用自然资源，节约能源；根据功能需求优化平面布局，做好动静分区；采用适当隔音降噪措施，保证各项功能用房的允许噪声级都满足有关技术标准的控制要求，降低交通噪声、生活噪声、工厂生产及施工噪声等对公众活动的影响等。室内环境、建筑热工和暖通空调设计，是公共文化设施建筑节能设计的三个主要方面，应按照《公共建筑节能设计标准》（GB50189—2005）及其他有关环境保护的规范和规定，做好公共文化设施的环保和节能设计。

配置无障碍设施设备，是公共文化设施对残疾人、老年人等特殊群体关怀的具体体现，是社会走向文明的标志。2003 年颁布的《公共文化体育设施条例》第十二条就规定，公共文化体育设施的设计，应采取无障碍措施，方便残疾人使用。此后陆续颁布的《图书馆建设标准》《图书馆建筑设计规范》《文化馆建设标准》《文化馆建筑设计规范》等，也对公共图书馆、文化馆的无障碍设计和建设作出了具体规定。《无障碍设计规范》是现行有效的城市建筑物无障碍设施设备规划与配置标准。本条规定与现行有效的相关法律法规实现了对接。

第十八条　地方各级人民政府可以采取新建、改建、扩建、合建、租赁、利用现有公共设施等多种方式，加强乡镇（街道）、村（社区）基层综合性文化服务中心建设，推动基层有关公共设施的统一管理、综合利用，并保障其正常运行。

条文解读

本条是关于乡镇（街道）和村（社区）基层综合性文化服务中心建设的规定。

一、基层综合性文化服务中心建设的重要性

近年来，我国公共文化服务体系建设加快推进，公共文化设施网络建设成效明显，基层公共文化设施条件得到较大改善。但总体上看，公共文化服务的薄弱环节仍然在基层、在农村，现有的基层文化设施和服务与广大人民群众的需求相比还有差距。主要表现为：一是基层特别是农村公共文化设施总量不足、布局不合理。尤其在老少边穷地区，基层文化设施不足的问题突出。二是由于缺少统筹协调和统一规划，公共文化资源难以有效整合，条块分割、重复建设、多头管理等问题普遍存在。党的十八届三中全会明确提出“建设综合性文化服务中心”的任务。推进基层综合性文化服务中心建设，有利于完善基层公共文化设施网络，补齐短板，打通公共文化服务的“最后一公里”；有利于增加基层公共文化产品和服务供给，丰富群众精神文化生活，充分发挥文化凝聚人心、增进认同、化解矛盾、促进和谐的积极作用；有利于统筹利用资源，促进共建共享，提升基层公共文化服务效能。2015 年国务院办公厅发布了《关于推进基层综合性文化服务中心建设的指导意见》（国办发〔2015〕74 号），各地贯彻指导意见，创造出了许多结合实际建设基层综合性文化服务中心的好做法、好经验。本法把基层综合性文化服务中心建设单独列条作出规定，体现了对基层综合性文化服务中心建设的高度重视，也说明了基层综合性文化服务中心建设在公共文化服务中具有的重要意义。

二、基层综合性文化服务中心的建设方式

基层综合性文化服务中心建设，既要加大建设力度，又要采取新的方式。本条对主要的新方式加以列举：新建、改建、扩建、合建、租赁、利用现有公共设施等。体现的思想是，不搞大拆大建，主要采取盘活存量、调整置换、集中利用等方式进行建设；在摸清情况、盘活存量的基础上，有针对性地进行新建、改建、扩建、合建。凡现有设施能够满足基本需求的，一律不再进行改扩建和新建。乡镇（街道）综合性文化设施重在完善、补缺和达标，少数尚未建成的进行集中建设。村（社区）综合性文化服务中心主要依托村（社区）党组织活动场所、城乡社区综合服务设施、文化活动室、闲置中小学校、新建住宅小区公共服务配套设施以及其他城乡综合公共服务设施，在明确产权归属、保证服务接续的基础上进行集合建设，配备相应器材设备。适应农村、基层群众文化活动的需求，基层综合性文化服务中心建设要配套建设文体广场、农家书屋，要有广播室、电影放映室和广播电视器材设备维修维护场所，配置阅报栏或电子阅报屏、公益广告牌，配备体育健身设施和灯光音响设备等，有条件的可搭建戏台舞台。鼓励支持企业、社会组织和其他社会力量，通过直接投资、捐助设备，以及采取公益创投、公益众筹等方式，参与基层综合性文化服务中心建设。这方面各地已经涌现出不少成功的做法，如有的地区利用中小学校腾退校舍，整合教育、文化资源，建设基层综合性文化服务中心；有的地区将农村家族祠堂改建成“文化礼堂”；有的地区通过“能人”带动，筹资建设“乡村舞台”等。

三、基层综合性文化服务中心的统一管理、综合利用

本条规定，地方各级人民政府推动基层有关公共设施的统一管理、综合利用，并保障其正常运行。基层综合性文化服务中心之所以实行“统一管理、综合利用”的原则，是由其功能和特点决定的。基层综合性文化服务中心是集宣传文化、党员教育、科技普及、普法教育、体育健身等多种功能于一体的公共文化设施，同时还根据实际条件，开展就业社保、养老助残、妇儿关爱、人口管理、就业技能培训等其他公共服务和社会管理工作。由于基层综合性文化服务中心功能的综合性，涉及许多系统和部门，上面千条线，下面一根针，必须实行统一管理、综合利用，才能有效避免条块分割、重复建设的弊端，从而最大限度地整合资源，提高综合服务效能。

根据各地的实践经验，基层综合性文化服务中心要在统一管理、综合利用上取得成效，以下几点应给予重视。一是建立统筹协调机制。县（市、区）人民政府要承担起管理主体责任，进行统筹协调；宣传文化部门要发挥牵头作用，协调指导；各相关部门应立足职责、分工合作；乡镇（街道）人民政府（办事处）负责日常管理，并指导村（社区）综合文化服务中心开展工作。二是加强资源整合。要整合各级各类面向基层的公共文化资源，发挥基层综合性文化服务中心的终端平台优势，推动分布在不同部门、分散孤立、用途单一的基层公共文化资源通过中心进行整

合，实现人、财、物的统筹使用。三是完善综合性文化服务中心基本服务项目目录制度。国务院办公厅《关于推进基层综合性文化服务中心建设的指导意见》(国办发〔2015〕74号）要求，要按照《国家基本公共文化服务指导标准(2015—2020年)》和各地实施标准，由县级人民政府结合自身财政能力和群众文化需求，制定本地基层综合性文化服务中心基本服务项目目录。各系统对基层的各项服务内容和服务要求，要统一纳入基层综合性文化服务中心基本服务项目目录。

第十九条 任何单位和个人不得擅自拆除公共文化设施，不得擅自改变公共文化设施的功能、用途或者妨碍其正常运行，不得侵占、挪用公共文化设施，不得将公共文化设施用于与公共文化服务无关的商业经营活动。

因城乡建设确需拆除公共文化设施，或者改变其功能、用途的，应当依照有关法律、行政法规的规定重建、改建，并坚持先建设后拆除或者建设拆除同时进行的原则。重建、改建的公共文化设施的设施配置标准、建筑面积等不得降低。

条文解读

本条是关于保护公共文化设施的规定。

一、关于保护公共文化设施正常运行的禁止性条款

本条规定，保护公共文化设施正常运行的禁止性行为有四项：第一，任何单位和个人不得擅自拆除公共文化设施；第二，任何单位和个人不得擅自改变公共文化设施的功能、用途或者妨碍其正常运行；第三，任何单位和个人不得侵占、挪用公共文化设施；第四，任何单位和个人不得将公共文化设施用于与公共文化服务无关的商业经营活动。

任何单位和个人不得擅自拆除公共文化设施，以及不得擅自改变公共文化设施的功能、用途或者妨碍其正常运行，这是对公共文化设施使用方面的保护。拆除公共文化设施或改变公共文化设施的功能、用途，必须同时符合两个必备条件，一是城乡建设确需，二是遵守有关法律法规的规定，遵循法定程序。不遵守有关法律法规的规定，不依照法定程序拆除公共文化设施或改变其功能、用途，不管是否因城乡建设确需，都属于“擅自”行为，都应被禁止。

关于不得侵占、挪用公共文化设施，其中侵占是指公民、法人或其他组织未经合法批准，利用便利条件，将公共文化设施占为己有。侵占的对象是公共文化设施，侵占所侵害的客体是公共文化设施的所有权。所谓挪用，是指公民、法人或其他组织未经合法批准，利用便利条件，将公共文化设施挪作其他用途，但准备日后退还。挪用的对象是公共文化设施，挪用所侵害的客体是公众对公共文化设施的使用权。侵占和挪用的区别在于，侵占涉及所有权，

挪用涉及使用权。所谓利用便利条件，是指利用在职务上主管、经管、调配、使用或经手的方便条件。侵占和挪用的对象包括公共文化设施的建设物、场地和设备。

关于不得将公共文化设施用于与公共文化服务无关的商业经营活动，需要注意两个要点。一是“无关”的概念。公共文化设施具有公益性，以开展公共文化服务为基本宗旨，以提供基本公共文化服务为主要内容，以免费和优惠服务为主要形式。同时，公共文化设施也可以采取有偿服务和商业经营形式提供一些非基本公共文化服务，不过这些通过有偿服务或商业经营形式提供的服务，应是与公共文化服务有关联的项目，属于基本公共文化服务的延伸与扩展，与基本公共文化服务有内在的关联。例如公共图书馆的文献打印、复印和图书销售，都是阅览服务的延伸与扩展。再如文化馆的考级培训，它是针对个体的、特殊的需求开展的，是文化馆艺术普及辅导和培训的延伸和扩展。又如博物馆通过商业化运作利用馆外资源举办的展览项目，是馆内展览展示服务的延伸和扩展。公共文化设施利用附属的剧场、音乐厅、电影厅等开展的经营活动，属于设施服务的延伸。公共文化设施中的轻食和饮料销售，开设餐厅、咖啡厅等，是为了满足服务对象在利用设施过程中的个性化需求，也是与公共文化服务有关的延伸与扩展。所以，对本条中所说的“无关”，不能简单、机械地理解。二是不得以营利为目的。具体表现是，首先，要求公共文化设施开展的商业经营活动项目和范围与公共文化服务的基本功能密切相关，商业经营活动的规模与公共文化服务的实际需要相适应；其次，不得违反和削弱公共文化服务的宗旨和功能；再次，商业经营活动的收费以开展该项服务的合理支出为限度，不以营利为目的，更不得以谋求公共文化机构或管理人员自身的利益为目的。

在现实中，以上四种行为都不同程度出现过。如政府机关占用公共文化设施的部分用房作为机关办公用房，公共文化设施建成后出卖或出租用于商业经营，将公共文化设施的门面房出租或自行开商店，利用公共文化设施开展展销活动，因城乡开发擅自拆除公共文化设施并迟迟不予重建，或者重建后的公共文化设施位置偏远、规模缩小等。本条就是针对这些问题而制定的。由于公共文化设施大都是政府建设和管理的，上述行为大都发生在政府或政府负责人身上，或者是发生在公共文化设施管理者身上，所以，本条规定主要是约束政府、政府负责人和公共文化设施管理者的，目的是保障公民正常使用公共文化设施的权利，保障公民享受基本公共文化服务的权益。

二、关于公共文化设施拆除、重建的条款

由于经济社会发展的需要，城乡建设过程中拆除公共文化设施或者改变其功能、用途的情况也经常发生。拆除公共文化设施或改变其功能、用途，必须符合两个必备条件，一是要符合“城乡建设确需”这一基本前提，除此以外，其他原因都不能成为拆除或改变功能、用途的依据；二是要遵守有关法律法规的规定，遵循法定程序。

本条第二款明确了拆除公共文化设施，或改变其功能、用途的三项原则。第一，应当依照有关法律、行政法规的规定重建、改建。根据《公共文化体育设施条例》的规定，决定重建、改建的程序要求是：（1）有关地方人民政府在作出决定前，应当组织专家论证，并征得上一级人民政府文化行政主管部门、体育行政主管部门同意，报上一级人民政府批准。（2）涉及大型公共文化设施的，上一级人民政府在批准前，应当举行听证会，听取公众意见。第二，坚持先建设后拆除或者建设拆除同时进行的原则。目的是保持公共文化服务的连续性，保证公共文化服务不受或尽可能少受重建、改建的影响。根据《公共文化体育设施条例》规定，迁建所需费用由造成迁建的单位承担。第三，重建、改建的公共文化设施的设施配置标准、建筑面积等不得降低。《公共文化体育设施条例》规定，经批准拆除公共文化体育设施或者改变其功能、用途的，应当依照国家有关法律、行政法规的规定择地重建。重新建设的公共文化体育设施，应当符合规划要求，一般不得小于原有规模。这一规定有三点不足：一是“一般”原则，为重建、改建降低公共文化设施规模开了口子；二是不得小于“原有规模”，有些公共文化设施原有的规模、面积就没有达到国家规定的建设标准，重建、改建不得小于原有规模，依然没有达到国家规定的建设标准；三是只提到建设规模，即建筑面积，没有提到设施配置。本条款规定重建、改建的公共文化设施的设施配置标准、建筑面积等不得降低，含义是既不得降低设施配置标准，也不得降低建筑面积标准，既不能低于原有建设规模，也不能低于国家建设标准，是对《公共文化体育设施条例》规定的补充和完善。

第二十条　公共文化设施管理单位应当按照国家规定的标准，配置和更新必需的服务内容和设备，加强公共文化设施经常性维护管理工作，保障公共文化设施的正常使用和运转。

条文解读

本条是关于公共文化设施管理单位配置和更新服务内容和设备的规定。

配置和更新必需的服务内容和设备，是公共文化设施正常使用和运转的基础条件。为了保障公共文化设施的正常使用和运转，本条规定了公共文化设施管理单位首先应当“配置”必需的服务内容和设备，其次应当“更新”必需的服务内容和设备。

配置和更新的主体是谁？根据什么标准进行配置和更新？应当配置和更新的是什么？这是本条规定解决的三个问题。

一、配置和更新的主体

本条明确规定，配置和更新的主体是公共文化设施管理单位。公共文化设施管理单位，是指负责公共文化设施的维护，为公众开展文化活动提供服务的社会公共文化机构，实际上指的就是负责管理本法第十四条列举的那些公共文化设施的单位。

二、配置和更新的标准

关于配置和更新的标准，本条明确规定，应当按照国家规定的标准。这里所说的“国家规定的标准”，并不是严格意义上的“国家标准”（代号冠以 GB 和 GB/T 的），而是既包括严格意义上的国家标准，也包括国务院以及国务院相关部门独立或联合制定的关于公共文化设施的各类全国统一标准。这些标准大体上可以分为四类。第一类是《国家基本公共文化服务指导标准（2015—2020 年）》；第二类是建设标准，包括《公共图书馆建设用地指标》《公共图书馆建设标准》《文化馆建设用地指标》《文化馆建设标准》，广播电视方面则有《广播电视工程项目建设用地指标》《省级电视中心建设规范》《省级广播中心建设标准》《省辖市广播电视中心建设规范》《县级广播电视工程建设标准》《卫星广播地球站建设标准》《调频广播、电视转播台（站）建设标准》等一系列工程建设标准，以及系统和设备配置、技术规范和参数指标要求、测量检测评价方法等相应的技术标准。第三类是服务标准，包括《公共图书馆服务规范》（GB/T28220—2011）等。广播电视方面除纳入基本公共文化服务指导标准的内容之外，技术标准的要求也起到保障所提供服务质量的作用。第四类是评估标准，包括文化部制定的公共图书馆评估标准、文化馆评估标准等。广播电视技术标准中也包括类似的质量评价标准，如《广播节目声音质量主观评价方法和技术指标要求》等。

三、配置和更新的内容

关于配置和更新的具体内容，本条明确规定了两类：第一类是配置和更新必需的服务内容。以农家书屋为例，按照《国家新闻出版广电总局贯彻落实〈关于加快构建现代公共文化服务体系的意见〉的实施方案》，每个农家书屋可供借阅的图书不少于1200种、1500册，报纸期刊不少于10种、音像制品和电子出版物不少于100种（张），农家书屋年新增图书不少于60种，报纸期刊及时更新。以公共图书馆为例，按《公共图书馆服务规范》（GB/T28220—2011）的规定，公共图书馆应提供基本服务、流动服务、远程服务、个性化服务、总分馆服务，为此，必须有与开展服务相适应的、数量和结构合理的文献资源、人力资源等。公共图书馆应保证服务项目的齐全，配置相应的文献资源和人力资源等，并保证文献资源按规律更新。第二类是配置和更新必需的设备。以文化馆为例，按照《文化馆建设标准》的规定，文化馆应配置和更新的设备包括两类：一是建筑设备，如给水排水系统及设备、电气系统及设备、暖通空调系统及设备等；二是文化馆开展业务必需的服务设备，如网络与通信系统及设备、舞台演出及展览设备等。就公共文化设施而言，配置和更新必需的建筑设备是实现功能的必要条件，配置和更新必要的服务设备才是实现功能的充要条件。

在配置和更新必需的服务内容和设备方面，有的公共文化设施管理单位存在着重配置、轻更新的现象，如有些公共图书馆购书经费不足，文献资源不能定期更新等。从公共文化设施有效利用的角度看，更新必需的服务内容和设备更为重要。公共文化设施管理单位必须根据其功能定位，特别是服务对象需求的发展变化，合理规划更新的周期和需要更新的服务内容、设备，以确保所管理的公共文化设施真正发挥作用。公共文化设施管理单位在履行本条规定的义务时，应该认真对待“更新”的责任和义务，对于尚不需要更新的服务内容，特别是服务设备，应加强经常性维护和管理工作，以确保公共文化设施的正常、高效和安全运转。

第二十一条　公共文化设施管理单位应当建立健全管理制度和服务规范，建立公共文化设施资产统计报告制度和公共文化服务开展情况的年报制度。

条文解读

本条是关于公共文化设施管理单位建立基本制度的规定。

为了充分发挥公共文化设施的作用，不断提高公共文化设施的服务效能，公共文化设施管理单位必须建立和健全各项管理的规章制度，以保证公共文化设施正常使用和运转的制度化、规范化和有序性，为管理单位管理能力的不断提升奠定制度基础。

公共文化设施的管理制度，是公共文化设施管理单位为了实现和提高公共文化设施服务效能，整合管理单位内外部资源，履行管理职能和建立管理质量良性循环所应遵循和依据的各类规范形式的统称。本条主要规定了公共文化设施管理单位必须建立的三项基本制度。第一项制度，是关于公共文化设施日常管理和服务的制度。第二项和第三项制度，是保障公共文化设施持续长效运转和效能不断提高、管理单位管理能力不断提升的约束性制度。

一、管理制度和服务规范

管理制度和服务规范，是公共文化设施日常运行的制度基础和开展服务的基本遵循。管理制度主要包括人、财、物使用和安全管理等方面的制度；服务规范有国家标准的应该执行国家标准，如《公共图书馆服务规范》，没有国家标准的应参照相应国家标准，根据其功能定位，确定服务规范。

二、资产统计报告制度

根据《事业单位国有资产管理暂行办法》(中华人民共和国财政部令第36号)，公共文化设施管理单位负责对公共文化设施占有、使用的国有资产实施具体管理。公共文化设施资产统计报告制度，是国有资产管理制度的重要组成部分，也是财务会计报告制度的重要组成部分。按照《事业单位国有资产管理暂行办法》的要求，公共文化设施资产统计报告制度应包括两部分内容：一是及时将资产变动信息录入管理信息系统，对本单位资产实行动态管理；二是应当按照财政部门规定的事业单位财务会计报告的格式、内容及要求，对占有、使用的国有资产状况定期作出报告。从原则上说，本条规定的公共文化设施资产统计报告，应该包括公共文化设施资产报表和年度使用情况报告两部分，并遵守和履行《行政事业单位资产清查核实管理办法》(财资〔2016〕1号)的相关规定和要求。

三、年报制度

建立公共文化服务开展情况的年度报告制度，是本条规定的公共文化设施管理单位必须建立的第三项制度。公共文化设施管理单位建立公共文化服务开展情况年报制度，是国际上的通行做法，体现的是公共文化机构对纳税人负责的精神。本条规定既是对国际经验的借鉴，也是对我国公共文化设施管理经验的科学总结。公共文化设施管理单位汇总、编制、公开公共文化服务开展情况的年度报告，对完善公共文化设施管理单位内部管理、接受公众监督、提升运营管理能力、提高服务效能具有较好的促进作用。目前，我国公共文化设施管理单位编制、公开公共文化服务开展情况年度报告的做法还不普遍。本条确立的该项制度，给公共文化设施管理单位提出了新的法定任务，是我国公共文化服务法律制度逐步走向完善的标志。

第二十二条　公共文化设施管理单位应当建立健全安全管理制度，开展公共文化设施及公众活动的安全评价，依法配备安全保护设备和人员，保障公共文化设施和公众活动安全。

条文解读

本条是关于公共文化设施管理单位建立安全管理制度的规定。

保障公共文化设施和公众活动安全，是公共文化设施管理单位履行管理职能最底线的要求。本条从建立健全安全管理制度、开展安全评价、配备安全保护设备和人员三个层面，对公共文化设施管理单位保障公共文化设施和公众活动安全作出了明确规定。

一、建立健全安全管理制度

本条规定的安全管理制度主要包括两大部分：一是关于公共文化设施日常运转的安全管理制度，包括消防安全、人员安全、设施设备安全（数据、计算机网络系统安全）等方面的制度；二是应急预案制度，主要是制定针对各类突发事件的应急预案。

二、开展安全评价

安全管理制度是保障公共文化设施和公众活动安全的制度基础，定期开展安全评价则是预防和防止安全事故发生的基本手段。本条关于安全评价的规定包括两个方面：一是对公共文化设施的安全评价，主要是关于公共文化设施安全现状的评价，也就是说，对公共文化设施使用和运转过程中可能存在的各种影响建筑物、人员和设施设备安全的风险进行排查和分析，判断其发生的可能性及危害等级，提出有针对性的解决方案和防范措施。二是对公众活动的安全评价，主要是活动前进行的预评价，也就是对大规模公众活动中各种可能存在的安全风险进行排查和分析，判断其发生的可能性及危害程度，提出有针对性的解决方案、防范措施和应急预案。虽然本条并没有规定公共文化设施管理单位应当定期开展安全评价，但是，为了切实保障公共文化设施和公众活动安全，防患于未然，公共文化设施管理单位应当定期开展安全评价，并根据不同设施和活动的实际，开发和运用行之有效的科学的安全评价方法。

三、配备安全保护设备和人员

本条规定，公共文化设施管理单位应当“依法”配备安全保护设备和人员。这里所说的法，包括《中华人民共和国消防法》《中华人民共和国网络安全法》等法律。这里所说的安全保护设备，包括消防安全保护设备，如按照国家标准、行业标准配置的消防设施、器材等；安全保护人员包括保安人员以及其他安全保护人员。

第二十三条　各级人民政府应当建立有公众参与的公共文化设施使用效能考核评价制度，公共文化设施管理单位应当根据评价结果改进工作，提高服务质量。

条文解读

本条是关于建立公共文化设施使用效能考核评价制度及评价结果应用的规定。

公共文化设施使用效能的高低，是公共文化设施运营和管理水平的体现，更关系到公共文化设施的作用是否得到有效发挥。目前，由于公共文化设施建设历史欠账过多，重建设、轻管理已成为一个普遍存在的现象。对公共文化设施粗放式的管理，影响了使用效能的发挥。在这一背景下，本条规定各级人民政府应当建立有公众参与的公共文化设施使用效能考核评价制度，同时要求公共文化设施管理单位应当根据评价结果改进工作，目的是促进提高服务质量、提升服务效能。

本条有两个要点。第一，规定了考核评价制度的建立主体是各级人民政府；第二，规定了考核评价制度必须有公众参与，也就是说，要把公众的满意度和意见反映在考核评价结果中。公共文化设施是政府主导建设、交由公共文化设施管理单位负责运营和管理的。因此，不论公共文化设施管理单位是事业单位，还是通过政府购买服务方式委托运营的社会力量，为了更好地发挥公共文化设施的作用，激发公共文化设施管理单位不断提高公共文化设施运营和管理水平，各级人民政府都应当建立使用效能的考核评价制度。之所以规定考核评价必须有公众参与，主要目的是敦促公共文化设施管理单位关注、反映和研究公众的需求、意见和建议，树立以人民为中心的工作导向，形成有效的公共文化需求表达机制，提高公共文化服务的针对性和有效性。

本条关于考核评价结果应用的规定，也包括两个要点。第一个要点是应用的主体，即公共文化设施管理单位。第二个要点是应用的目的，即改进工作和提高服务质量。从考核评价的目的来看，考核评价主要分为两种：一种是奖惩性考核评价，主要目的是区分考核评价客体的等级，以此作为奖励或惩罚的依据；另一种是发展性考核评价，主要目的是发现问题，找出解决问题的方向，促进发展。从本条规定来看，要求各级人民政府建立的公共文化设施考核评价制度，本质上是一种发展性的考核评价。因此，在考核评价制度的总体设计上，必须充分考虑这一规定的本质特征；在考核评价指标的筛选上，必须注重选择那些能够反映公共文化设施使用效能的影响指标，以及反映服务对象满意度和需求的指标。

第二十四条　国家推动公共图书馆、博物馆、文化馆等公共文化设施管理单位根据其功能定位建立健全法人治理结构，吸收有关方面代表、专业人士和公众参与管理。

条文解读

本条是关于公共文化设施管理单位建立健全法人治理结构的规定。本条规定将党的十八届三中全会决定中明确提出的推动公共文化机构建立法人治理结构的要求上升为法律规定，旨在建立公共文化设施完善的决策、执行和监督机制。

法人治理结构是指由利益相关方共同参与治理的组织架构和运行机制。法人治理结构源于公司，是现代企业制度中最重要的组织架构，涉及企业内部股东、董事、监事、经理间的关系，以及企业与利益相关者之间的关系。公共文化机构的法人治理结构和公司的法人治理结构原理上相通，形式上相近，但也有区别。首先，公司的根本目标是实现利润最大化，法人治理结构主要规范股东之间以及股东和经理等利益相关者之间的关系，而公共文化机构的根本目的是不断满足人民群众的文化需求，法人治理结构主要平衡政府和事业单位、事业单位和公众之间的关系，目的在于激发内部活力，高效能地实现公益目标。其次，公司的理事会决策突出财产和资本的决定性作用，而公共文化机构理事会决策强调利益相关方的协商共治，淡化财产和资本的作用，突出公共利益和公益目标。

按照一般原理，法人治理结构的组织架构由理事会和管理层构成。理事会是决策层的组织形式，是决策和监督机构。管理层是理事会的执行机构，主要职责是按照理事会的决策，独立自主地行使日常业务管理权、财务资产管理权和工作人员管理权。法人治理结构要求管理和运营实现“章程化”。章程是法人治理结构的制度载体。组建理事会、搭建管理层、制定机构章程，是公共文化设施建立法人治理结构的重要任务。

公共文化机构建立法人治理结构，是转变政府职能，创新事业单位体制机制的重要内容，是实现政事分开、管办分离的重要途径，是扩大决策和监督参与范围，确保公益目标实现的有效方式，是激发事业单位内部活力，提高运行效率的实现机制。党的十八届三中全会提出，全面深化改革的总目标是推进国家治理体系和治理能力的现代化。公共文化机构建立法人治理结构，就是由传统管理方式向现代治理体系的转变，是与国家治理体系和治理能力现代化相适应的体制机制改革。

本条规定强调国家“推动”公共图书馆、博物馆、文化馆等公共文化设施建立健全法人治理结构，但并未作出强制性规定。对于公共文化设施如何建立健全法人治理结构，本条规定提出了两点要求：一是根据其功能定位，不搞“一刀切”，允许多样化；二是吸收有关方面代表、专业人士和公众参与管理，着眼于建立决策、执行、监督相互制约又相互促进的体制机制。本条规定优先选择了在公共图书馆、博物馆、文化馆推动建立法人治理结构。

我国对公共文化设施建立法人治理结构的关注和研究发端于公共图书馆领域，始于二十一世纪之初。2007 年开始，结合事业单位分类改革，在山西、上海、浙江、广东、重庆五个省市开展了建立法人治理结构试点，试点单位中包括了一些公共文化设施。2011 年 7 月，国务院办公厅下发《关于印发分类推进事业单位改革配套文件的通知》(国办发〔2011〕37 号)，其中包括《关于建立和完善事业单位法人治理结构的意见》，对事业单位建立法人治理结构的基本原则、总体要求、主要内容、组织实施提出了较为明确具体的指导意见。十八届三中全会提出构建现代公共文化服务体系，文化事业单位建立法人治理结构是重点任务之一。2014 年，推进文化事业单位组建理事会试点被列入中央文化体制改革和发展工作领导小组工作要点。2014 年 7 月，文化部办公厅发出《关于开展公共文化服务标准化等试点工作的通知》，部署在全国开展公共文化机构法人治理试点工作，并确定了10个单位进行试点。2017年，深化公共文化机构法人治理结构改革又被列入推动公共文化服务体系建设再上新台阶的重点任务之一。我国公共文化设施建立法人治理结构在不断探索，稳步推进。

2014年以来各级政府主导的公共文化设施建立法人治理结构试点工作当中，出现了许多创新做法，积累了不少有益经验，但也发现了一些问题。如公共文化设施理事会的性质定位，目前有决策监督型、决策议事型、决策咨询型、辅助决策型等，呈现多样化状态；理事会的成员构成和理事长的产生，各地的做法也不尽相同；管理层负责人的产生方式，“党管干部”和理事会提名、审议或任命关系的处理，各地的理解、认识和做法也不一致；政府、理事会、管理层各自的权力范围和边界，以及理事会决策支持系统的建立，各地有不同的探索。总的来看，建立健全符合我国实际、具有中国特色的公共文化设施管理单位法人治理结构，还需要有更多的实践探索、理论研究和政策提炼，这也是本法规定国家推动公共文化设施管理单位建立健全法人治理结构的原因所在。

第二十五条　国家鼓励和支持公民、法人和其他组织兴建、捐建或者与政府部门合作建设公共文化设施，鼓励公民、法人和其他组织依法参与公共文化设施的运营和管理。

条文解读

本条是关于鼓励和支持社会力量参与公共文化设施建设和管理的规定。

本法第二条在界定公共文化服务时明确指出，社会力量是公共文化服务的参与者。综观本法，社会力量在公共文化服务中的角色定位是与政府的角色定位相对应的：政府是“主导”，社会力量是“参与”。社会力量参与，是公共文化服务改革发展的重要内容，也是现代公共文化服务体系的重要特征。

所谓社会力量，在本法中主要包括公民、法人和其他组织三部分。在公共文化设施建设与管理方面，社会力量参与的主基调，是“鼓励”和“支持”。

一、公共文化设施建设的社会力量参与

根据本条规定，国家鼓励和支持社会力量参与公共文化设施建设，具体的参与方式主要有三种：兴建、捐建或者与政府部门合作建设。

（一）兴建

兴建，主要是指社会力量出资建设公共文化设施的方式。在兴建方式中，社会力量参与，主要表现为社会力量成为公共文化设施的建设主体，公民、法人和其他组织可以是独立出资建设，也可以是联合出资建设。

（二）捐建

捐建，主要是指社会力量捐助或捐赠建设公共文化设施的方式。在捐建方式中，社会力量参与主要表现为社会力量成为公共文化设施建设的捐助或捐赠者，而不是建设主体。公民、法人和其他组织成为公共文化设施的捐助或捐赠者，可以是捐款（部分或全部资金）、捐物或捐力（如提供设计、施工、安装服务）等多种方式。社会力量不要求拥有捐建公共文化设施的产权。

（三）与政府部门合作建设

公民、法人和其他组织与政府部门合作建设公共文化设施，就是通常所说的政府和社会资本合作模式（PPP）在公共文化设施建设领域中的应用。政府和社会资本合作模式，是指政府为增强公共产品和服务供给能力、提高供给效率，通过特许经营、购买服务、股权合作等方式，与社会资本建立的利益共享、风险分担及长期合作关系。根据《国家发展改革委关于开展政府和社会资本合作的指导意见》（发改投资〔2014〕2724 号），在公共文化设施建设领域推广 PPP 项目，是切实解决公共文化设施薄弱问题的有效措施。但是，由于公共文化设施属于非经营性项目，缺乏"使用者付费"基础，主要依靠"政府付费"回收投资成本，因此上述指导意见建议，可通过政府购买服务，采用建设—拥有—运营（BOO）、委托运营等市场化模式推进。同时，依法依规为准经营性、非经营性项目配置土地、物业、广告等经营资源，为稳定投资回报、吸引社会投资创造条件。

二、公共文化设施运营和管理的社会力量参与

对于已经建成的公共文化设施，本条规定，社会力量可以参与运营和管理。就我国目前的情况而言，社会力量参与运营和管理的主要方式，是作为政府购买公共文化服务的承接主体，根据双方签订的合同，负责管理和运营公共文化设施。国务院办公厅转发文化部等部门《关于做好政府向社会力量购买公共文化服务工作意见》的通知（国办发〔2015〕37 号），已将公共文化设施的运营和管理项目列入《政府向社会力量购买公共文化服务指导性目录》，国内许多省份也都已将公共文化设施运营和管理项目列入了本省政府向社会力量购买公共文化服务指导目录。各地已经出现了不少社会力量运营管理基层公共文化设施的实践探索。但是，从总体上看，国内公共文化设施运营和管理社会化的实践尚处于起步阶段，一些先行探索的地区取得了一些经验，也面临着一些问题。因此，贯彻落实本条规定尚有许多工作要做，规范化、制度化和可持续性是需要重点研究和解决的问题，公共性的确保和社会力量的激励是其中的焦点问题。

第二十六条　公众在使用公共文化设施时，应当遵守公共秩序，爱护公共设施，不得损坏公共设施设备和物品。

条文解读

本条是关于公众使用公共文化设施应遵守的行为规范的规定。

公共文化设施是公共文化服务的阵地，是满足公民基本文化需求的载体。公共文化设施的公共性，决定了公众在使用时不得妨碍他人的使用。根据本条规定，公众在使用公共文化设施时必须遵守的基本行为规范主要包括三个方面：一是必须遵守公共秩序，二是必须爱护公共设施，三是不得损坏公共设施设备和物品。可以看出，本条规定其实也是一个合格公民基本素质的体现。公众在使用公共文化设施时必须遵守本条规定的基本行为规范，这既是公民的义务，也是保证公共文化设施使用的正常秩序，以及设施设备和物品完好的要求，归根结底，是为了维护和保证公共文化设施的正常、高效和安全运转，从而保障全体公民利用公共文化设施、享受公共文化服务的权利。

第三章　公共文化服务提供

本章对公共文化服务提供的主体、职责、内容、任务、方法以及工作重点作出了规定。公共文化服务提供是现代公共文化服务体系建设的重点领域和关键环节。本章明确了各级人民政府在公共文化服务提供方面的主体责任，主要包括：制定和发布公共文化服务标准、目录，完善管理、监督、评价、激励和保障机制，扩大优秀公共文化产品提供和传播，支持开展全民性的文化普及活动，统筹规划公共数字文化建设，鼓励和支持各级各部门文体设施向公众开放，指导和支持开展文化志愿服务，大力支持革命老区、民族地区、边疆地区和贫困地区公共文化服务，以及促进城乡、区域、人群基本公共文化服务均等化等。明确了各级各类公共文化设施和单位提供公共文化服务的基本职责，主要包括：免费或优惠提供基本公共文化服务，加强民族和地方特色文化服务，优化基层资源整合和服务网络建设，提高数字化和网络服务能力，组织开展文化志愿服务活动，不断提高公共文化服务效能等。明确了公民、法人和其他组织参与提供公共文化服务的主要方式。本章还对公共文化设施公示信息、收取费用等情况作出了规定。

第二十七条　各级人民政府应当充分利用公共文化设施，促进优秀公共文化产品的提供和传播，支持开展全民阅读、全民普法、全民健身、全民科普和艺术普及、优秀传统文化传承活动。

条文解读

本条是关于各级人民政府利用公共文化设施促进公共文化产品提供和传播、支持公共文化活动的开展的规定。

提供公共文化服务是服务型政府的基本职能之一，促进优秀公共文化产品的提供和传播是各级人民政府应尽的职责。本条主要对三个方面作了规定：一是各级人民政府应当充分利用公共文化设施；二是各级人民政府要促进优秀公共文化产品的提供和传播；三是各级人民政府要支持开展全民阅读、全民普法、全民健身、全民科普和艺术普及、优秀传统文化传承活动。

一、充分利用公共文化设施

各级各类公共文化设施建成之后，各级人民政府应当予以充分利用，不断优化与服务设施相关的资源配置，提高设施利用率和服务效能，避免闲置浪费。管好用好公共文化设施，政府应从以下方面履行基本职责。

（一）配备稳定、专业的管理运行主体

公共文化设施的管理运行主体，是指公共图书馆、文化馆、博物馆、美术馆的管理机构和管理队伍。为了充分

利用公共文化设施，各级人民政府必须为这些设施配备必要的管理机构和队伍，并持续加强指导和督促，以不断提高管理机构和队伍的运行能力和专业化水准。在现实条件下，公共文化设施的管理运行主体，大致分为两种：一种是与公共文化设施建设一体化的、定编定岗的公共文化事业机构；另一种是接受政府委托进行公共文化设施管理的社会组织或企业。对于前者，政府应足额拨付相关事业经费；对于后者，政府主要以购买服务方式予以实现。

（二）健全基本文化服务项目

管好用好公共文化设施，健全基本文化服务项目十分关键。一座公共文化设施，有了符合公众实际文化需求的基本服务项目，才能吸引公众参与和利用。以文化馆为例，必须配备群众文艺创作、群众文艺成果展演展示、群众文化活动组织策划、群众文艺辅导培训、群众文艺团队组织指导、非物质文化遗产保护传承等服务项目。各级人民政府应以《国家基本公共文化服务指导标准（2015—2020年)》为依据，落实基本保障职责，为公共文化设施配备健全、丰富与人民群众文化需求对接的基本文化服务项目。

（三）指导、监督和评估

对于公共文化设施管理运行的全过程和各方面，政府负有指导和监督职责，因此，政府应建立公共文化设施管理运行情况定期或不定期督查、抽查制度，及时掌握情况、发现问题、提出整改要求。为了提高运行效能，政府还应综合运用第三方评价、群众满意度调查等手段，对公共文化设施管理运行质量进行评估。

二、促进优秀公共文化产品的提供和传播

公共文化服务始终坚持培育和弘扬社会主义核心价值观，以保障人民群众基本文化权益、满足人民群众基本文化需求为出发点和立足点，致力于不断提高全体人民群众的精神文化素养，承担以文化人、以文育人，促进人的全面发展的重要社会责任。为此，各级人民政府必须以社会主义核心价值观为指导，大力促进优秀公共文化产品的提供和传播。要做到这一点，各级人民政府需要重点在以下三方面着力。

（一）组织好优秀公共文化产品的创作生产

各级人民政府应加强公共文化产品创作生产的规划工作，精心策划既有中华优秀传统文化特色和地方特点，又有鲜明时代意义的创作题材，深化中国梦主题文艺创作活动，重点推动爱国主义题材、现实题材、历史题材、青少年题材等作品的创作。应积极推进地方优质历史人文资源的整合利用，提炼公众认同度高的地方特色文化元素和独特艺术形象，融入现代理念，努力创作生产更多思想性、艺术性、观赏性相统一，符合人民群众审美情趣，有浓郁地方特色的公共文化精品。

（二）建立健全优秀公共文化产品供给机制

为了让各类优秀公共文化产品脱颖而出、顺畅进入百

姓日常文化生活，各级人民政府有必要会同公共文化机构和相关社会力量，健全公共文化产品遴选、采购、推介、供给机制，建立各类优秀文化产品进入公共文化服务平台、渠道、载体的快捷通道。各级公共财政要通过政府购买服务的形式，加大对内容健康、形式生动、风格独特、群众喜闻乐见的优秀文化产品的支持力度。

（三）加强优秀公共文化产品的传播推广

各级人民政府应统筹协调广播、电视、报纸和网络媒体，加强对重大优秀公共文化产品创作生产、重要优秀公共文化产品品牌的策划报道、动态跟踪、专题访谈和热点评论。应综合利用有广泛社会影响力的新媒体平台，制作播出优秀公共文化产品精品片段、视频推介和新闻话题，营造有利于优秀公共文化产品推广传播的社会环境和舆论氛围。

三、大力支持全民阅读、全民普法、全民健身、全民科普和艺术普及、优秀传统文化传承活动

2015 年 1 月，中办国办印发《关于加快构建现代公共文化服务体系的意见》，明确提出深入开展全民阅读活动，积极开展全民艺术普及、全民健身、全民科普和群众性法治文化活动。本条在充分体现“两办意见”精神和任务要求基础上，进一步增加了全民性的“优秀传统文化传承活动”。全民阅读、全民普法、全民健身、全民科普和艺术普及、优秀传统文化传承活动，是公共文化服务的基础工程、主干工程，大力支持这些全民性的文化活动，也是各级人民政府履行好公共文化服务职责的基本要务，对于培育和弘扬社会主义核心价值观，营造健康向上的社会风尚，提高全民族文明素质具有重要意义。

（一）全民阅读

2006年4月，中宣部、中央文明办、新闻出版总署等11个部委共同倡议，在“世界读书日”前后，开展“爱读书、读好书”全民阅读活动。多年来，全民阅读活动在全国各地蓬勃发展，活动规模不断扩大，内容不断充实，方式不断创新，影响日益扩大。

2012年11月，党的十八大报告提出“开展全民阅读活动”。2014年以来，“倡导全民阅读”连续3年写入国务院政府工作报告。《中华人民共和国国民经济和社会发展第十三个五年规划纲要》要求“推动全民阅读”，并将全民阅读工程列为“十三五”时期文化重大工程之一，将全民阅读提升到国家战略高度。2014年10月24日，习近平总书记在接受俄罗斯电视台采访时说：“读书可以让人保持思想活力，让人得到智慧启发，让人滋养浩然正气”。2015年3月15日，国务院总理李克强在会见中外记者并回答提问时表示，书籍和阅读是人类文明传承的主要载体，希望全民阅读能够融入生活，融入工作，形成氛围，无处不在。

2016年12月，国家新闻出版广电总局发布《全民阅读

“十三五”时期发展规划》，强调在新的历史条件下，深入开展全民阅读对于提高公民的思想道德素质和科学文化素质，培育和践行社会主义核心价值观，传承中华优秀传统文化，满足人民群众日益增长的精神文化需求，都具有重大而深远的意义，要求按照“政府主导、社会参与；重在内容、提升质量；少儿优先、保障重点；公益普惠、深入基层”的原则，抓好未来五年的十项主要任务：举办重大阅读活动，加强优质阅读内容供给，大力促进少年儿童阅读，保障特殊群体、困难群体的基本阅读需求，推动全民阅读深入基层、深入群众，完善全民阅读基础设施和服务体系，提高数字化阅读的质量和水平，组织引导社会各方力量共同参与，加强全民阅读宣传推广，加强组织领导和统筹实施。实现“十三五”时期的主要目标：各类阅读活动蓬勃开展，全民阅读氛围更加浓厚，全民阅读理念更加深入人心，优质阅读内容供给能力显著提升，全民阅读基础设施建设更加完善，阅读推广人队伍更加壮大，各类阅读推广机构不断涌现，全民阅读法制化建设取得积极进展，全民阅读工作体制机制更加健全，基本形成全面建成小康社会发展要求相适应的以人为本、面向基层、惠及大众、兼顾重点的全民阅读推广服务体系，推动国民素质和社会文明程度显著提高。

（二）全民普法

全民普法是全面推进依法治国、建设社会主义法治国家的基础性工作。1986年起，中央确定以五年为一个周期，实施全民普法活动。中宣部、司法部、全国普法办要求各地加强社会主义法治教育，开展法治城市（区、县）创建，做好法律“六进”（进机关、进乡村、进社区、进学校、进企业、进单位）活动，创新宣传的形式和载体，建立配套考核验收机制，落实督察责任制，深入开展形式多样的全民法制宣传教育活动。

到2015年年底，我国已经连续实施了6个全民普法五年规划，全体公民法律素质和全社会法治意识得到逐步提高。如今已进入“七五普法”时期。党的十八大以来，党中央对全面依法治国作出重要部署，对法治宣传教育提出了新的更高要求。党的十八届四中全会明确提出，坚持把全民普法和守法作为依法治国的长期基础性工作，深入开展法治宣传教育。

各级人民政府要以“全面依法治国”为基本遵循，把全民普法作为公共文化服务的重要内容和基本任务，做好全民普法活动的组织发动和支持保障工作，大力支持各级各类公共文化机构、基层综合文化服务中心开展各种行之有效的全民普法活动，推动全社会树立法治理念、培育法治精神、确立法治思维、提升法治能力。

（三）全民健身

1995年，《中华人民共和国体育法》正式颁布，同年，国务院出台《全民健身计划纲要》。2008年，为纪念北京奥运会成功举办，国务院批准从 2009 年起，确定每年 8 月 8 日为“全民健身日”。2015 年，中办国办《关于加快构建现代公共文化服务体系的意见》将全民健身纳入现代公共文化服务体系范畴。目前，全国绝大多数公共体育场馆已向社会开放，城市社区、公园广场、草坪路旁，以及乡村居民聚居地段，已普遍设立了便民健身场所，并配置形式多样的体育健身器械和设施。

2016 年 6 月，国务院印发《全民健身计划（2016—2020 年）》，全面部署“十三五”期间全民健身工作。计划要求，以增强人民体质、提高健康水平为根本目标，开展全民健身活动，提供丰富多彩的活动供给；统筹建设全民健身场地设施，方便群众就近就便健身。各级人民政府要切实贯彻落实国务院关于全民健身的决策部署，把全民健身作为公共文化服务的重要内容和基本任务，做好全民健身活动的组织发动和支持保障工作，大力支持各级各类体育场馆、公共文化机构、基层综合文化服务中心开展各种行之有效的全民健身活动。

（四）全民科普

2002 年 6 月，《中华人民共和国科学技术普及法》正式颁布。2003 年 6 月 29 日，在“科普法”正式颁布一周年之际，中国科协启动“科普日”活动。2005 年起，为便于广大群众、学生更好地参与科普活动，“科普日”改为每年 9 月第 3 个公休日。

围绕全民科普，中国科协在全国范围内开展了一系列活动。全民科普活动得到中央领导同志，特别是中央书记处的高度重视和关心。自2004年起，中央书记处领导同志每年都莅临全国科普日北京活动现场，与首都各界群众一起参与科普活动，起到了很好的表率作用，全国各地主要党政领导也随之都参加当地的科普日活动。2009年年底，中央书记处在听取中国科协党组工作汇报的时候，表示要继续深入推进全民科普活动，明确要求中央书记处全体同志都要继续参加全国科普日活动，体现了中央领导对全民科普活动的关心、重视和支持。

将全民科普纳入公共文化服务范畴，进一步明确了各级人民政府要大力支持全民科普的职责。各级人民政府应紧紧围绕科技强国、科教兴国的国家战略，致力于提升全民科技素养和能力，做好全民科普活动的组织指导、宣传推广和支持保障工作，大力支持科协、科技馆在全民科普活动中发挥核心作用，引导和鼓励各种社会力量参与全民科普活动。

（五）艺术普及

艺术普及是指全民艺术普及。艺术是人类文明的基本形式，是民族精神文化成果的集中体现，也是涵养人文精神、提升审美情趣、增强社会凝聚力和感召力的重要载体。开展全民艺术普及，是党和国家在新时期赋予公共文化服务的一项重要任务，也是各级人民政府不可推卸的重要责任。2015 年年初，中办国办《关于加快构建现代公共文化服务体系的意见》首次明确提出积极开展全民艺术普及活动。此后，一些地方实施“一人一艺”全民艺术普及工程，为开展全民艺术普及积累了经验、探索了路径。

面向全体人民群众的艺术普及，内容涉及文学、音乐、舞蹈、戏曲、曲艺、书法、美术、摄影、民间工艺等各种艺术门类和样式，方式主要包括艺术基础知识普及、艺术作品欣赏普及、艺术技能学习和训练、开展和参与艺术活动、组建艺术团队等。

各级人民政府应紧紧围绕保障人民群众基本文化权益，培育和践行社会主义核心价值观，提高全民文化艺术素养，建设社会主义文化强国的发展大局，做好全民艺术普及活动的社会动员、组织指导、宣传推广和支持保障工作，大力支持各级文化馆（站）在全民艺术普及活动中发挥核心作用，引导和鼓励各种社会力量参与全民艺术普及活动。

（六）优秀传统文化传承

中华文化源远流长、博大精深，为人类文明作出了不可磨灭的贡献，是中华民族生生不息、发展壮大的精神血脉。中华优秀传统文化是中华民族数千年智慧的结晶，是团结人民、凝神聚气、砥砺奋进的力量源泉。习近平总书记多次强调要弘扬和传承中华优秀传统文化，继承前人优秀价值理念、行为准则和道德规范。深刻学习领会习近平总书记系列讲话精神，深入贯彻落实党的十八大以来中央关于继承优秀传统，弘扬中华文化，加快实现中华民族伟大复兴中国梦的决策部署，对于进一步培育民族精神、增强理论自信、道路自信、制度自信和文化自信，具有十分重要的意义。

近年来，全国各地如火如荼的优秀文化传承活动已经取得积极成果。中华优秀文化理念、道德观念、行为规范、生活习俗逐步得到弘扬，各地有鲜明地方特色的文化正在得到有效保护和合理利用。尊重中华历史、加强文化认同、崇尚道德人文、追求向上向善，正在逐步成为新的社会风尚。在此基础上，各级人民政府应进一步贯彻落实习近平总书记系列讲话精神和中央决策部署，牢固树立新的发展理念，立足当前、着眼长远，把传承弘扬优秀传统文化和地方特色文化摆在公共文化服务各项工作的重要位置，扎实做好全民优秀传统文化传承活动的宣传发动、组织推进和支持保障工作，大力支持博物馆、公共图书馆、文化馆（站）等公共文化机构在优秀传统文化传承活动中发挥核心作用，积极引导和鼓励各种社会力量参与全民优秀传统文化传承活动。

第二十八条　设区的市级、县级地方人民政府应当根据国家基本公共文化服务指导标准和省、自治区、直辖市基本公共文化服务实施标准，结合当地实际，制定公布本行政区域公共文化服务目录并组织实施。

条文解读

本条是关于市、县人民政府制定并公布公共文化服务目录的规定。

本条根据本法第五条的规定，进一步对设区的市级和县级地方人民政府提出要求，以国家基本公共文化服务指导标准和所在省（区、市）基本公共文化服务实施标准为基本依据，结合本地实际，制定并公布适用于本行政区域的公共文化服务目录。

一、关于设区的市级人民政府和县级人民政府

根据我国宪法的规定，直辖市以外的市分为“设区的市”与“不设区的市”，其中多数为设区的市。设区的市与地级市概念类似，但地级市中有少数没有设区，直接下辖乡（镇、街道）。

县级人民政府是县以及行政地位与县基本相同的行政区划及行政机关的总称，下辖乡级行政区，为乡、镇的上一级行政区划单位，包括地级市的市辖区、县级市、县、自治县、旗、自治旗、特区、林区等。

二、结合当地实际制定、公布本行政区域公共文化服务目录并组织实施

（一）结合当地实际确定基本公共文化服务

设区的市级、县级地方人民政府，一方面要以国家基

本公共文化服务指导标准和所在省（区、市）基本公共文化服务实施标准为依据，另一方面要紧密结合当地实际，因地制宜地制定并发布符合当地经济社会发展水平和人民群众基本文化需求特点的公共文化服务目录。

结合当地实际，一是要结合当地经济社会发展实际，量力而行、尽力而为，以标准化促进基本公共文化服务均等化；二是要结合当地人民群众基本文化需求特点和行为偏好，消除无效供给，增加有效供给，实现精准提供基本公共文化服务；三是要结合经济社会发展和人民群众文化需求变化的实际，及时调整公共文化服务供给的内容和方式，不断提高供给的有效性。

（二）制定公共文化服务目录

公共文化服务目录是公共文化服务标准的具体化，是政府面向全社会公开基本公共文化服务信息，规范基本公共文化服务生产、提供、保障行为的制度安排。公共文化服务目录是政府根据当地人民群众实际文化需求制作并公开提交的公共文化服务“菜单”，人民群众从中可得知能够均等地享有哪些公共文化服务；公共文化服务目录也是政府向全社会作出的关于公共文化服务保障的承诺，公共财力投入将以此为依据；公共文化服务目录还是政府向公共文化产品和服务提供者发布的信息和提出的要求，各级各类公共文化机构以此为指导承担并履行具体的公共文化服务提供任务，相关社会力量也将以此为指引有序参与公共文化服务。

（三）向社会公布公共文化服务目录

公共文化服务目录制定后，由政府向全社会公开发布，并运用必要的宣传推广手段提高社会知晓度。在目录实施过程中，政府应主动采集社会各界的反馈意见，接受人民群众的监督。

（四）组织实施公共文化服务目录

设区的市级、县级地方人民政府，对所制定和公布的公共文化服务目录担负着组织实施的主体责任，应做好组织领导、规划指导、政策指引、任务落实、过程监管、检查验收、资金保障、队伍建设等方面工作。

第二十九条　公益性文化单位应当完善服务项目、丰富服务内容，创造条件向公众提供免费或者优惠的文艺演出、陈列展览、电影放映、广播电视节目收听收看、阅读服务、艺术培训等，并为公众开展文化活动提供支持和帮助。

国家鼓励经营性文化单位提供免费或者优惠的公共文化产品和文化活动。

条文解读

本条是关于公益性文化单位和经营性文化单位提供公共文化服务的规定。

公益性文化单位接受政府委托，具体承担着直接面向人民群众提供公共文化服务的主要任务，是我国现代公共文化服务体系建设的主力军。与此同时，为了丰富和优化公共文化服务供给的品种和结构，提升公共文化服务的质量和效益，国家鼓励经营性文化单位提供免费或者优惠的公共文化产品和文化活动。本条规定有六个要点需要把握：一是公益性文化单位；二是公益性文化单位的服务项目；三是公益性文化单位向公众免费或者优惠提供服务；四是公益性文化单位免费或者优惠服务内容；五是公益性文化单位支持和帮助公众开展文化活动；六是经营性文化单位参与提供公共文化产品和文化活动。

一、公益性文化单位

为保障好、实现好人民群众基本文化权益，满足人民群众基本文化需求，我国实行中国特色社会主义文化事业体制，各级人民政府在设立公共文化设施的同时，应相应设立负责设施管理运行和提供相应服务的公益性文化单位，主要包括图书馆、博物馆、文化馆（站）、美术馆、科技馆、纪念馆、体育场馆、工人文化宫、青少年宫、妇女儿童活动中心等。公益性文化单位基本属于公共财政全额保障的事业机构性质，各级各类公益性文化单位根据自身定位和专业特点提供具体的公共文化服务。

二、公益性文化单位的服务项目

公益性文化单位主要通过服务项目为公众提供公共文

化服务。公益性文化单位的服务项目可分为基本服务项目和非基本服务项目两大类。所谓基本服务项目，是指公益性文化单位根据当地人民政府制定的基本公共文化服务实施标准或者目录，结合当地群众文化需求特点和本机构服务范围、专业领域，相应设立的文化服务项目，重在接受政府委托，发挥各自专业服务功能，完成公共文化服务"保基本"的任务。所谓非基本服务项目，是指公益性文化单位可以在保质保量完成本单位基本公共文化服务任务的基础上，结合当地人民群众多层次、多样化、多变化的文化需求特点，开发和设立一些特色的、增值的服务项目。需要明确的是，二者之间，基本服务项目是前提、是基本任务，必须健全、足额提供；非基本服务项目的开发和设立，必须与本单位服务范围相吻合，不得以非基本服务项目冲击、削弱基本服务项目。基本服务项目和非基本服务项目均需遵循积极健康、对接需求、特色鲜明、效能优先的原则。

三、公益性文化单位向公众免费或者优惠提供服务

公益性文化单位的公益性，主要表现为向公众提供免费或者优惠的服务。2008 年 1 月，中宣部、财政部、文化部、国家文物局发布《关于全国博物馆、纪念馆免费开放的通知》（中宣发〔2008〕2 号），全国各级文化文物部门归口管理的公共博物馆、纪念馆，全国爱国主义教育示范基地全部免费开放。2011 年 1 月，文化部和财政部发布

《关于推进全国美术馆公共图书馆文化馆（站）免费开放工作的意见》（文财务发〔2011〕5号），全国美术馆、图书馆、文化馆、乡镇文化站免费开放。2015年3月，中国科协、中宣部、财政部发布《关于全国科技馆免费开放的通知》（科协发普字〔2015〕20号），全国科协系统所属县以上公益性科技馆分步实施免费开放。

公益性文化单位免费开放，主要含义有两点：一是场地设施免费开放，即各级各类公共文化场所面向公众免费开放；二是基本服务项目免费提供，即各级各类公共文化设施和机构，按照当地政府公布的基本公共文化服务实施标准或者目录，结合自身服务范围和专业特点，免费提供基本服务项目。

公益性文化单位免费开放，不等于所有服务项目都是免费的，也可以在健全基本服务项目基础上，结合当地人民群众多层次、多样化和多变化的文化需求，开发和设立一些内容丰富、价格优惠的文化服务项目或者增值服务项目。如比较个性化的咨询研究服务、艺术培训服务、艺术考级服务、非遗技艺传承服务、活动策划服务、作品编创指导服务等，但是这些服务仍然需要严格遵循非营利目的，所收取费用应用于公共文化设施的维护、管理和事业发展。

四、公益性文化单位免费或者优惠服务的主要内容

本条要求公益性文化单位应当创造条件向公众提供免费或者优惠的文艺演出、陈列展览、电影放映、广播电视节目收听收看、阅读服务、艺术培训等，这是结合我国现阶段经济社会发展情况和公众文化需求实际，对公益性文化单位向公众提供免费或者优惠服务主要内容的列举。这些服务内容及其提供方式，会随着经济社会发展和公众文化需求变化而不断改进和调整。

（一）文艺演出

文艺演出是广为公众喜爱的文化服务方式之一，也是政府文化惠民工程的重要内容。二十世纪八十年代初，团中央就号召全国大学生在暑期开展包括文化下乡在内的“三下乡”社会实践活动。1996 年 12 月，中央宣传部、文化部、国家科委、农业部等十部委联合下发《关于开展文化科技卫生“三下乡”活动的通知》，1997 年，“三下乡”活动在全国正式开展。“三下乡”即有关文化、科技、卫生方面的内容知识让农村知道，促进农村文化、科技、卫生的发展，提高基层文化服务能力，其中文艺演出下乡是文化下乡的主要形式。2011 年 10 月，党的十七届六中全会决议指出，基本公共文化服务以保障人民群众看电视、听广播、读书看报、进行公共文化鉴赏、参与公共文化活动等基本文化权益为主要内容，文艺演出作为公共文化鉴赏、公共文化活动的重要部分，纳入了基本公共文化服务范畴。2015 年 1 月，《国家基本公共文化服务指导标准（2015—2020 年）》明确，根据群众实际需求，采取政府采购等方式，为农村乡镇每年送戏曲等文艺演出；各级文化馆（站）

等开展文化艺术知识普及和培训，培养群众健康向上的文艺爱好；根据基层实际，为每个县配备用于图书借阅、文艺演出、电影放映等服务的流动文化车，开展流动文化服务。文艺演出正式列入国家基本公共文化服务指导标准。

为公众提供文艺演出服务的主体多元多样，但各级文化馆（站）是核心力量。各级文化馆（站）要在当地人民政府文化部门指导下，积极开展文艺演出精品创作生产，大力组织各种生动活泼、群众喜闻乐见的文艺演出活动，不断推进文艺演出服务方式和内容创新，丰富人民群众文化生活。

（二）陈列展览

陈列展览是公共文化服务机构的基本服务项目和服务方式之一，是面向公众传播历史、人文、科技、艺术、非遗等知识、技能、成果的重要载体。《国家基本公共文化服务指导标准（2015—2020 年）》中与“陈列展览”相关的内容包括：（1）公共图书馆、文化馆（站）、公共博物馆（非文物建筑及遗址）、公共美术馆等公共文化设施免费开放，基本服务项目健全；（2）未成年人、老年人、现役军人、残疾人和低收入人群参观文物建筑及遗址博物馆实行门票减免，文化遗产日免费参观；（3）公共博物馆、公共美术馆依据国家有关标准进行规划建设。

（三）电影放映

电影放映是我国城乡人民群众普遍喜爱的文化服务方

式，也是现阶段各级人民政府保障人民群众基本文化权益、满足人民群众基本文化需求的重要内容。鉴于目前城市电影放映市场发育比较充分，市场化的影院和院线建设、电影放映服务已基本覆盖，现阶段公益性电影放映服务提供主要以农村为主。《国家基本公共文化服务指导标准（2015—2020年)》规定，为农村群众提供数字电影放映服务，其中每年国产新片（院线上映不超过 2 年）比例不少于三分之一；配合加强中小学生爱国主义教育，规定为中小学生每学期提供 2 部爱国主义教育影片。电影产业促进法第二十七条、第二十八条分别规定，国家加大对农村电影放映的扶持力度，由政府出资建立完善农村电影公益放映服务网络，积极引导社会资金投资农村电影放映，不断改善农村地区观看电影条件，统筹保障农村地区群众观看电影需求。国家鼓励电影院以及从事电影流动放映活动的企业、个人采取票价优惠、建设不同条件的放映厅、设立社区放映点等多种措施，为未成年人、老年人、残疾人、城镇低收入居民以及进城务工人员等观看电影提供便利；电影院以及从事电影流动放映活动的企业、个人所在地人民政府可以对其发放奖励性补贴。

为解决农民看电影难的问题，1998 年文化部和当时的国家广播电影电视总局提出了农村电影放映“2131”目标，即在二十一世纪初，在广大农村实现一村一月放映一场电影的目标。2000 年 12 月，国家广电总局、文化部、国家计委、财政部在全国实施农村电影放映“2131 工程”。2006 年，“2131 工程”更名为“农村电影放映工程”。工程实施以来，农村电影放映的基础条件、工程规模、运行机制、服务质量等方面取得明显成效。遍布全国农村的电影数字放映网络已经形成，农村电影放映资源供给能力大幅提升，带动农村题材电影创作走向繁荣，形成了政府主导、社会参与、市场运作的格局。下一步，新闻出版广电部门将着力改善和创新包括农村电影放映工程在内的电影公益放映工作，进一步提升电影放映的公共服务水平。

（四）广播电视节目收听收看

广播电视节目收听收看，是公众获取文化信息、享受文化服务最主要的方式之一，也是各级人民政府保障人民群众基本文化权益、满足人民群众基本文化需求的主渠道之一。《国家基本公共文化服务指导标准（2015—2020年)》关于收听广播的规定是，为全民提供突发事件应急广播服务；通过直播卫星提供不少于 17 套广播节目，通过无线模拟提供不少于 6 套广播节目，通过数字音频提供不少于 15 套广播节目。关于观看电视的规定是，通过直播卫星提供 25 套电视节目，通过地面数字电视提供不少于 15 套电视节目，未完成无线数字化转换的地区，提供不少于 5 套电视节目。鉴于目前城市广播电视已全面覆盖，有线电视通向家家户户，公益性广播电视服务提供主要以农村为主。

为了让广大农村地区群众能够听广播看电视，1998 年党中央、国务院决定启动广播电视“村村通”工程。工程经历了四个阶段：第一阶段是1998年到2003年，完成了11.7万个已通电行政村“村村通”工程建设；第二阶段是2004年到2005年，实施完成10万个50户以上已通电自然村通广播电视；第三阶段是全面实现72万个20户以上已通电自然村通广播电视，全面加强农村广播电视无线覆盖；第四阶段是2006—2010年，全面实施完成82万个20户以下已通电自然村通广播电视，并推动“村村通”进一步向“户户通”跨越，推进基础设施、网络覆盖、传播质量和管理能力的全面提升。广播电视“村村通”、直播卫星“户户通”工程，采取有线联网、直播卫星接收、公用卫星传输等多种方式扩大信号覆盖，消除广播电视信号覆盖盲区，目的是在全国范围内全面彻底解决人民群众听广播难、看电视难的问题。

广播电视“村村通”、直播卫星“户户通”工程深受农民群众的拥护和欢迎，改变了农村封闭落后的状况，使边远地区农民群众便捷、及时、生动、形象地了解党和政府的方针政策与国内外大事，为农民群众修建了一条通向和谐小康的信息之路。广大农村群众通过听广播看电视，开阔了眼界，学到了知识，愉悦了身心，提高了素质，用农民群众的话说就是“广播电视开通后，群众的耳朵有听头、眼睛有看头、农闲有学头、生活有奔头”。

2016年4月，国务院办公厅印发《关于加快推进广播电视村村通向户户通升级工作的通知》（国办发〔2016〕20号），要求统筹无线、有线、卫星三种技术覆盖方式，在广播电视村村通基础上进一步提升水平、提质增效，实现由粗放式覆盖向精细化入户服务升级，由模拟信号覆盖向数字化清晰接收升级，由传统视听服务向多层次多方式多业态服务升级，到2020年，基本实现数字广播电视户户通，形成覆盖城乡、便捷高效、功能完备、服务到户的新型广播电视覆盖服务体系，为满足人民群众广播电视基本公共服务需求提供充分保障，为满足个性化多样化文化服务需求创造良好环境。

（五）阅读服务

阅读服务是城乡人民群众获取信息、增长知识、了解世界、提高素养的重要渠道，也是各级人民政府保障人民群众基本文化权益、满足人民群众基本文化需求的主要方式之一。《国家基本公共文化服务指导标准（2015—2020年）》关于阅读服务的相关规定是，公共图书馆（室）、文化馆（站）和村（社区）综合文化服务中心（含农家书屋）等配备图书、报刊和电子书刊，并免费提供借阅服务；在城镇主要街道、公共场所、居民小区等人流密集地点设置阅报栏或者电子阅报屏，提供时政、“三农”、科普、文化、生活等方面的信息服务；公共图书馆、文化馆（站）等公共文化设施免费开放，基本服务项目健全；县级以上（含县级）在辖区内设立公共图书馆、文化馆，乡镇（街道）设置综合文化站，按照国家颁布的建设标准等进行规划建设等。

党和国家倡导和支持的“全民阅读”活动，是各级人民政府面向公众提供阅读服务的主要方式。2015 年 1 月，中办国办《关于加快构建现代公共文化服务体系的意见》，将深入开展全民阅读活动列为重要的公共文化服务活动。2016 年 12 月，国家新闻出版广电总局发布《全民阅读“十三五”时期发展规划》，提出了加强全民阅读的重点任务和要求。一是强化政府责任，完善机制，健全制度，加强宏观指导和政策推动。同时，充分调动社会各界的积极性、主动性和创造性，鼓励、动员和引导社会力量共同参与。二是加强优秀作品的创作生产，进一步完善创作出版扶持和激励机制，加强对精品力作的宣传推广，拓宽传播渠道，推动传统阅读和数字阅读相融合，不断提升阅读服务的质量和水平。三是将保障和促进少年儿童阅读作为阅读服务的重点，从小培育阅读兴趣、阅读习惯、阅读能力，着力保障农村留守儿童、城市流动儿童和贫困家庭儿童的基本阅读需求，着力保障残疾人、进城务工人员等困难群体、特殊群体的基本阅读需求。四是加快推进阅读服务城乡一体化建设，坚持公益性、基本性、均等性和便利性相统一，面向基层、面向群众，保障全民平等享有基本阅读权益。

（六）艺术培训

艺术培训是面向全社会开展艺术普及、传授艺术技能的基本方式，是城乡人民群众丰富文化生活、陶冶审美情操、提升艺术素养的重要渠道，也是各级人民政府保障人民群众基本文化权益、满足人民群众基本文化需求的主要任务之一。《国家基本公共文化服务指导标准（2015—2020年)》关于艺术普及的规定是，各级文化馆（站）等开展文化艺术知识普及和培训，培养群众健康向上的文艺爱好。

2015 年 1 月，中办国办《关于加快构建现代公共文化服务体系的意见》首次正式提出“全民艺术普及”的任务和要求。大力推进“全民艺术普及”，全面开展艺术培训是基本途径。艺术培训可分为公益性和经营性两类。公益性艺术培训主要指面向基层群众、非特定对象的普及性艺术培训，重在培养公民艺术兴趣爱好的入门培训；经营性艺术培训主要指面向特定对象的、增值服务型或者与职业发展相关的艺术培训。本条所指是公益性艺术培训。但是也应当看到，以优惠或者低价方式提供的经营性艺术培训，也可以经由政府采购提供，或是经营性艺术培训机构与公益性文化单位结成联盟，提供准公益性的艺术培训服务。

综合目前各地开展公益性艺术培训的实践，各级人民政府、文化行政部门和公益性文化单位面向公众提供艺术培训服务，在内容上应当尽可能广泛涉及文学、音乐、舞蹈、书法、绘画、雕塑、影视、摄影、戏曲、曲艺、非物质文化遗产、民间工艺等各种艺术门类和样式，在方式上应尽可能扩展至艺术知识培训、艺术欣赏培训、艺术技能培训、艺术活动组织培训、艺术团队建设培训等多个方面。

五、公益性文化单位为公众开展文化活动提供支持和帮助

随着经济社会快速发展和人民生活水平不断提高，公众以自娱自乐、自编自演、自创自办、自我服务方式开展文化活动的需求日益凸显，公众获取文化信息、享受文化成果、开展文化活动、从事文化创造的诉求更加强烈，公益性文化单位要因势利导、顺势作为，为公众开展文化活动提供支持和帮助。首先是职责所在。作为公共文化服务的主力军，公益性文化单位支持和帮助公众开展文化活动，属于重要的基本服务项目，提供免费或者优惠服务应作为“其提供服务”的重要方式。其次是有利于提高服务效能。公益性文化单位为公众开展文化活动提供支持和帮助，有利于超越场地设施服务的局限，深化免费开放的内容和范围，提高软、硬件资源利用率，形成健全的面向全社会、扩大覆盖面的服务体系，从而推动服务效能不断提高。再次是有利于改进服务方式。党的十八大以来，以人民为中心成为公共文化服务的基本要求，这就要求改变过去“我选你读”“我演你看”“我讲你听”的格局，切实确立人民群众在公共文化服务中的主体地位和主人翁精神，结合实际需求，深入推进公共文化服务的供给侧结构性改革，变单一的产品供给为产品、要素、资金、技术复合式、立体化供给，尤其是策划、编导、创排、培训，以及装备、器材、技术、资金等多要素支持，重在提升公众开展文化活动的综合能力。

六、鼓励经营性文化单位提供免费或者优惠的公共文化产品和文化活动

经营性文化单位的概念与我国文化体制改革过程中经营性文化事业单位“转企改制”直接相关，大致有两种情况：一是指尚未改制或者处于改制过程中的经营性文化事业单位，包括电影电视制片、销售、发行、电影放映的事业单位，广播电视运营服务单位，图书、报纸、期刊制作、音像制品、电子出版物出版制作和销售等单位；二是指已改制的经营性文化单位，属于已转为文化企业的单位。根据中央一贯要求，经营性文化单位应当把社会效益摆在首位，坚持社会效益与经济效益相统一。因而，一方面国家鼓励经营性文化单位面向社会提供免费或者优惠的公共文化产品和文化活动，另一方面经营性文化单位也应致力于服务社会，实现好自身的经济效益和市场价值。

改革开放以来，特别是进入新世纪以来，人民群众文化需求日趋旺盛，文化需求的品种结构日益多样多变，各级政府举办的公益性文化单位虽然承担着提供基本文化服务项目的主要职责，但难以满足全社会多层次多品种多变化的文化需求，这就需要各种社会力量积极参与到公共文化服务中来。在各种社会力量之中，经营性文化单位业务相近、资源丰富、人才众多、要求明确，具有参与公共文化服务更为明显的优势。本条提出国家鼓励经营性文化单位参与提供免费或者优惠的公共文化产品和文化活动，对经营性文化单位来说，除了具有经营业务、专业领域方面的优势之外，也可以在奉献社会的同时，扩大企业的社会信誉和影响力，提高公众对企业品牌的认知度，增强企业的市场竞争能力。

第三十条　基层综合性文化服务中心应当加强资源整合，建立完善公共文化服务网络，充分发挥统筹服务功能，为公众提供书报阅读、影视观赏、戏曲表演、普法教育、艺术普及、科学普及、广播播送、互联网上网和群众性文化体育活动等公共文化服务，并根据其功能特点，因地制宜提供其他公共服务。

条文解读

本条是关于基层综合性文化服务中心服务内容和方式的规定。

基层综合性文化服务中心，是指乡镇（街道）和村（居）两个层级设立的综合性文化服务设施。俗话说，上面千条线，下面一根针。到了基层，无法事事细分、样样单列，综合性、集成性的文化服务符合基层实际。本条主要对基层综合性文化服务中心作了四个方面的规定：一是加强资源整合；二是建立完善公共文化服务网络；三是发挥统筹服务功能；四是因地制宜提供其他公共服务。

一、加强资源整合

改革开放初期到二十世纪末，我国为了适应经济社会高速发展的现实及基层群众不断增长的文化需求，采取扩大中央转移支付和中央各有关部门根据各自特点以“一竿子到底”的方式支持县以下基层开展文化服务，并且实施了旨在快速突破公共文化产品供给鸿沟、跨越式提升基层文化服务能力、有效丰富基层群众文化生活、大力改善中西部地区和老少边穷地区公共文化服务的一系列文化惠民工程，如广播电视村村通工程、直播卫星户户通工程、文化信息资源共享工程、乡镇（街道）文化站建设工程、农家书屋工程，以及加强村级文化建设的措施。这些工程和措施实施以来，在基层文化服务中发挥了主干功能和主渠道作用，基层乡镇（街道）、村（居）特别是老少边穷地区直接受益，得到了基层群众普遍称赞。但是时至今日，各级各部门资源、产品和服务分头下基层的做法，渐渐呈现出政出多门、多头管理、资源分散、效能不高的弊端，迫切需要加强整合、理顺关系、形成合力、提高效能。党的十八届五中全会提出“创新、协调、绿色、开放、共享”的发展新理念，为基层公共文化服务理念创新、方式创新和体制机制创新提出了清晰的路径，与此同时，基层信息化程度不断提高，数字网络技术广泛应用于基层社会文化事业，为贯彻落实新的发展理念，推动各级各类文化资源和力量协调整合、互联互通、共建共享创造了有利的技术环境和基础条件。

加强基层综合性文化服务中心资源整合，一是推动各级各部门支持基层开展文化服务的资源整合。党的十八届三中全会提出的《关于全面深化改革若干重大问题的决定》明确要求，整合基层文化宣传、党员教育、科学普及、体育健身等设施，建设综合性文化服务中心。二是推进县域范围内打破条块分割、各自为政，实行基层公共文化人、财、物统筹使用。三是统筹协调与基层公共文化服务相关的各类主体和各种资源，重点整合汇聚宣传、文化、教育、科技、工会、共青团、妇联等各系统文化资源和力量，实现基层公共文化服务整合提供。

二、建立完善公共文化服务网络

基层综合性文化服务中心包括乡镇综合文化服务中心（乡镇综合文化站）和村综合文化服务中心两个层级。乡镇综合文化服务中心不仅仅是面向乡镇政府所在地提供场地设施服务，更重要的是面向乡镇全域，特别是下辖的各个行政村，提供组织指导、平台支撑、资源支持、队伍建设、特色培育等服务，形成完善的公共文化服务网络。村综合文化服务中心要面向行政村全域，特别是下辖的各个自然村，提供全域性的基本文化项目、团队组织建设、特色品牌建设等服务，形成完善的村域公共文化服务网络。

三、发挥统筹服务功能

基层综合性文化服务中心统筹服务功能，一是要发挥乡镇文化站、村基层综合性文化服务中心的综合平台优势，面向各级各部门提供平台支撑，吸纳服务资源、集成相关服务，重点推动基层党员学习、宣传教育、文化服务、科普普法、体育健身等公共文化服务综合集成、共建共享；二是依据当地人民政府发布的基本公共文化服务实施标准或者目录，紧密结合当地基层群众文化需求特点，为公众提供书报阅读、影视观赏、戏曲表演、普法教育、艺术普及、科学普及、广播播送、互联网上网和群众性文化体育活动等公共文化服务。

四、因地制宜提供其他公共服务

基层综合性文化服务中心提供的公共文化服务，除了满足当地群众基本文化需求之外，还具有基础性、平台性和综合性特点，可以为其他公共服务提供基础条件和平台支撑。如基层社区文化教育，可以帮助基层群众了解当地经济发展特点，推广先进技术，传授致富技能。基层非遗保护和传承，可以带动特色文创产品开发，促进灵活就业。基层互联网上网服务，可以帮助群众获取文化产品市场信息，营销特色产品等。

第三十一条 公共文化设施应当根据其功能、特点，按照国家有关规定，向公众免费或者优惠开放。

公共文化设施开放收取费用的，应当每月定期

向中小学生免费开放。

公共文化设施开放或者提供培训服务等收取费用的，应当报经县级以上人民政府有关部门批准；收取的费用，应当用于公共文化设施的维护、管理和事业发展，不得挪作他用。

公共文化设施管理单位应当公示服务项目和开放时间；临时停止开放的，应当及时公告。

条文解读

本条是关于公共文化设施免费开放和有关收取费用的规定。

什么是公共文化设施，本法第十四条作出了界定。本条对公共文化设施免费开放、收费管理以及公示服务项目和开放时间等作出了规定。

一、公共文化设施向公众免费或者优惠开放

公共文化设施向公众免费或者优惠开放，根本上是由公共文化设施的公益性质所决定的。公共文化设施建设出于公益目的，由公益性文化单位管理，运行维护由公共财政保障，因而任何单位和个人都不允许利用公共文化设施牟取私利。但是，并非各类公共文化设施一概面向公众免费开放，如有些文物建筑和遗址类博物馆受到严格保护制约不能全面实施免费开放，广播电视传输覆盖设施只提供服务功能而不存在设施本身的开放问题，因而需要根据公

共文化设施的功能、特点，按照国家有关规定，确定是否免费开放。

为了推进公共文化设施免费开放，2008 年 1 月，中宣部、财政部、文化部、国家文物局，发布《关于全国博物馆、纪念馆免费开放的通知》（中宣发〔2008〕2 号），全国各级文化文物部门归口管理的公共博物馆、纪念馆，全国爱国主义教育示范基地全部免费开放。2011 年 1 月，文化部和财政部联合发布《关于推进全国美术馆公共图书馆文化馆（站）免费开放工作的意见》（文财务发〔2011〕5 号），全国美术馆、公共图书馆、文化馆（站）实施免费开放。公共图书馆、文化馆（站）免费开放包括两个方面的含义：一是指公共空间设施场地免费开放，二是指与其职能相适应的基本公共文化服务项目健全并免费向公众提供。基本公共文化服务项目将随着经济社会的不断发展、政府财力的增长和人民群众精神文化需求的不断增长而动态调整。按照财政部、文化部文件的规定，公共图书馆免费开放主要包括：一般阅览室、少年儿童阅览室、多媒体阅览室（电子阅览室）、报告厅（培训室、综合活动室）、自修室等公共空间设施场地免费开放；文献资源借阅、检索与咨询、公益性讲座和展览、基层辅导、流动服务等基本文化服务项目健全并免费提供；为保障基本职能实现的一些辅助性服务如办证、验证及存包等全部免费。文化馆免费开放主要包括：多功能厅、展览厅（陈列厅）、宣传廊、辅导培训教室、计算机与网络教室、舞蹈（综合）排练室、独立学习室（音乐、书法、美术、曲艺等）、娱乐活动室等公共空间设施场地的免费开放；普及性的文化艺术辅导培训、时政法制科普教育、公益性群众文化活动、公益性展览展示、培训基层队伍和业余文艺骨干、指导群众文艺作品创作等基本文化服务项目健全并免费提供；为保障基本职能实现的一些辅助性服务如办证、存包等全部免费。文化站免费开放主要包括：多功能厅、展览厅（陈列厅）、辅导培训教室、计算机与网络教室等公共空间设施场地的免费开放；书报刊借阅、时政法制科普教育、群众文艺演出活动、数字文化信息服务、公共文化资源配送和流动服务、体育健身、青少年校外活动等服务项目健全并免费提供；为保障基本职能实现的一些辅助性服务如办证、存包等全部免费。此外，还有与免费开放相关的配套举措：一是取消原有部分收费项目。取消美术馆门票收费，取消公共图书馆办证费、验证费、自修室使用费、电子阅览室上网费，取消公共图书馆、文化馆（站）存包费，限期取消文化馆（站）群众文化艺术辅导和培训费，业余文艺骨干培训费，公益性讲座、展览收费。二是限期收回出租设施。严格执行《公共文化体育设施条例》的有关规定，维护好美术馆、公共图书馆、文化馆（站）的公益性质，不得以拍卖、租赁等任何形式改变公共文化设施用途，已挪作他用的限期收回。三是降低非基本服务收费。公共图书馆、文化馆（站）除基本公共文化服务外，为满足广大基层群众多层次、多样化的需求，开展了多种多样的非基本服务。如公共图书馆的深度参考咨询服务（为读者收集专题信息，编写参考资料，或者进行代查、代译、复印书刊资料等服务）和文化馆（站）的高端艺术培训服务等，可以收取合理的费用，但要与市场价格有所区分，降低收费标准，按照成本价格为群众提供服务。四是完善免费开放公示制度。美术馆、公共图书馆、文化馆（站）要公示免费开放内容，在窗口接待、场所引导、资料提供以及内容讲解等方面创造良好的服务环境，增强吸引力。五是制定应急预案。美术馆、公共图书馆、文化馆（站）要切实做好免费开放的前期准备，充分考虑免费开放后可能遇到的各种情况和问题，制定切实可行、严谨细致的免费开放工作方案。要制定突发事件的应急预案，完善应急处置机制，确保免费开放后的公众安全、资源安全、设施设备安全。六是加强免费开放的宣传。要开展形式多样的宣传活动，扩大免费开放的公众知晓率，吸引广大群众走进文化设施，最大限度地发挥美术馆、公共图书馆、文化馆（站）的功能作用。2015 年 3 月，中国科协、中宣部、财政部发布《关于全国科技馆免费开放的通知》（科协发普字〔2015〕20 号），部署科协系统所属县以上公益性科技馆自 2015 年起分批分步实施免费开放。目前，公共财政支持公共文化设施免费或者优惠开放的力度逐步提高，公共文化设施免费或者优惠开放的范围和内容有望进一步扩大。

二、收费的公共文化设施定期向中小学生免费开放

现阶段，由于种种原因，仍存在一些收费的公共文化设施，如收取门票的博物馆、纪念馆、展览馆以及一些遗址保护地等。本条规定，收费的公共文化设施，必须每月定期向中小学生免费开放。这一规定的目的，是在特定公共文化设施无法实施免费开放的情况下，为中小学生这一特定群体打破收费门槛，为中小学生提高思想道德和科学文化素养提供便利。

本条规定与我国现行有效的相关法律法规相衔接。我国教育法规定，图书馆、博物馆、科技馆、文化馆、美术馆、体育馆（场）等社会公共文化体育设施，以及历史文化古迹和革命纪念馆（地），应当对教师、学生实行优待，为受教育者接受教育提供便利。未成年人保护法规定，爱国主义教育基地、图书馆、青少年宫、儿童活动中心应当对未成年人免费开放；博物馆、纪念馆、科技馆、展览馆、美术馆、文化馆以及影剧院、体育场馆、动物园、公园等场所，应当按照有关规定对未成年人免费或者优惠开放。博物馆条例规定，博物馆应当对学校开展各类相关教育教学活动提供支持和帮助。

三、公共文化设施收费规定

公共文化设施用地由国家无偿划拨，建设、维护和运行经费主要由政府投入，公益性文化单位提供服务所需经费亦由公共财力提供保障，因而一般情况下，使用公共文化设施开展商业经营，有违公益性文化单位基本性质和功能定位。但是，从公共文化服务的实际出发，部分公益性文化单位的确也需要进行一些配套性质的收费服务，例如提供简餐、从事文创产品开发销售、提供增值培训服务或者相关装备器材耗材售卖等。这些配套性质的收费服务应当严格限制在一定范围内，应当严格遵循紧密配套、便利群众、相对低价、不以营利为目的的原则，并且严格禁止与主营业务无关的商业经营项目及营利性经营行为。

公益性文化单位优惠提供增值服务，必然涉及收取费用的问题。为了将各类增值服务收费标准、收费规模控制在合理范围内，公共文化机构应当事前将收费项目、标准、规模等情况，如实向县级以上人民政府的文化主管部门和物价管理部门提出申报，经核准后方能实施收费。

公共文化机构开展配套收费服务或者增值服务所收取的资金，应按相关规定纳入监管，并在当地文化主管部门和财政部门指导和监督下，合理用于公共文化设施的维护、管理和事业发展，不得挪作他用。所谓合理用于公共文化设施的维护、管理和事业发展，是指与本设施功能定位、主营业务直接相关的资金用项，如公共图书馆的设施维护、设备添置、资源采购、服务推广、专业研究、业务交流、品牌建设、人员培训等。所谓挪作他用，是指将收取的资金用于内部人员发放奖金奖品以及其他不当开支等。

四、公共文化设施管理单位及时公示有关信息

公共文化设施管理单位应最大限度地发挥公共文化设施的效能，要做到这一点，最基本的要求是向公众公示必要的服务信息，提高公众知晓度，便利公众利用公共文化设施。

一是公示开放时间。开放时间要遵循足额、错时原则。所谓足额，是说开放时间应满足规定的时间长度。如按照国家公共文化服务体系示范区创建标准，文化馆（站）、博物馆每周开放时间不少于42 小时；图书馆每周开放时间不少于56 小时。所谓错时，是说开放时间应与当地群众一般的工作时间适当错开。确保在一般群众闲暇时段有开放时间，尽量将闭馆休息日安排在一般群众的工作时段。

二是公示服务项目。按照当地人民政府公布的基本公共文化服务实施标准或者目录，根据当地人民群众文化需求特点，结合特定公共文化设施的基本功能和特色，公布服务项目，并根据群众的反馈意见，对服务项目进行及时调整。

三是提高公示信息的公众知晓度。在现阶段，公共文化设施除了运用场地设施公示等传统手段之外，应充分利用互联网发布公示信息，提高公众的知晓度。

四是公共文化设施临时停止开放的，应当及时公告，以免给公众带来不便。

第三十二条 国家鼓励和支持机关、学校、企业事业单位的文化体育设施向公众开放。

条文解读

本条是关于机关、学校、企业事业单位文体设施向公众开放的规定。

在我国，大量文体设施在机关、学校、企业事业单位内部。这些设施数量庞大、覆盖面广，长期以来主要服务本单位，利用率不高、受益面不广。盘活用好这些设施，对于扩大公共文化服务资源总量，提高公共文化服务覆盖面，深化公共文化服务供给侧结构性改革具有重要意义。

一、推动机关、学校、企业事业单位文体设施向公众开放

各级机关、公立学校、国有企事业单位的文体设施，说到底是国有资产，在让本单位职工充分受益的基础上，进一步向公众开放，就近就便地服务周边群众，既符合国有资产的本质属性，也更能够充分发挥这些文体设施的使用价值，还有利于丰富公共文化设施供给总量。

二、创新机关、学校、企业事业单位文体设施开放机制

在社会主义市场经济条件下，推动特定单位所属的文体设施向公众开放，在大力鼓励其为社会作出奉献的同时，应鼓励探索采取适当有效的激励措施和补偿机制。一是将机关、学校、企业事业文体设施向公众开放纳入政府购买服务范畴，灵活采取购买服务、项目补贴、以奖代补等方式给予支持。二是允许机关、学校、企业事业单位的文体设施向公众开放实施优惠收费，但不以营利为目的，收取费用主要用于文体设施的维护、管理和事业发展。三是支持机关、学校、企业事业单位文体设施开展专业化管理，发育社会化专业化公益服务组织，推动社会文体设施集约高效运行。

第三十三条　国家统筹规划公共数字文化建设，构建标准统一、互联互通的公共数字文化服务网络，建设公共文化信息资源库，实现基层网络服务共建共享。

国家支持开发数字文化产品，推动利用宽带互联网、移动互联网、广播电视网和卫星网络提供公共文化服务。

地方各级人民政府应当加强基层公共文化设施的数字化和网络建设，提高数字化和网络服务能力。

条文解读

本条是关于公共数字文化建设的规定。

当今社会，信息技术、数字网络技术已广泛深入社会生活的各个方面，公共文化服务领域也不例外。公共数字文化建设作为现代公共文化服务体系建设的重要组成部分，是互联网环境下公共文化服务的新阵地、新平台、新空间，是利用信息技术拓展公共文化服务能力和传播范围的重要途径，是适应时代发展的必然要求和战略选择。在信息化、数字化、网络化的背景下，加强公共数字文化建设，有助于促进公共文化服务均衡发展，巩固基层文化阵地；有助于丰富公共文化产品供给，增强城乡文化活力；有助于提升公共文化设施服务效能，完善现代服务体系。

一、国家统筹规划公共数字文化建设

新世纪以来，国家相继实施了全国文化信息资源共享、数字图书馆文化馆博物馆建设、直播卫星广播电视公共服务、农村数字电影放映、数字农家书屋、城乡电子阅报屏建设等重点项目，带动了基层公共文化服务机构数字化水平跨越式发展，覆盖全国的公共数字文化服务网络基本成型，公共数字文化资源库群初具规模，公共数字文化服务手段不断创新，公共数字文化服务能力显著提升。但是，随着云计算、大数据等技术的迅速发展，移动互联和智能终端等设备的日益普及，现有公共数字文化建设在满足人民群众日益增长的文化需求与利用方式等方面，还存在一些不足和差距。特别是由于缺乏顶层设计和协调机制，造成不同公共数字文化重点项目之间存在内容交叉、重复建设的情况；由于没有建立统一的数字资源格式和技术标准，造成不同资源在基层整合、提供集成服务的难度上升；由于没有建立有效的群众文化需求和反馈机制，造成公共数字资源供给与需求对接程度不高；由于服务手段单一、缺乏资源发现系统等现代技术应用，造成优秀文化资源不为人知、束之高阁；由于提供主体单一、社会化水平不高，重点项目建设与运行的活力不足、效率不高；由于投入基础和服务理念的不一，造成不同地区、不同层级的公共文化服务机构数字化水平发展不均衡、服务能力差异大。因此，需要从国家层面统筹规划公共数字文化建设。

二、构建标准统一、互联互通的公共数字文化服务网络

公共数字文化服务网络互联互通的关键，在于建立完善的公共数字文化标准规范体系。因此，在国家层面，应当依照互联网环境下资源共建共享、数据开放互联的原则，促进异构系统间数据交换格式和互操作接口的标准化、规范化与开放性，从而推动不同公共数字文化服务系统之间数据和资源的互联互通。

建立完善的公共数字文化标准规范体系，一方面应当系统梳理现有国际、国家、行业相关标准，这是建立公共数字文化标准规范体系的基础；另一方面应当根据实际需要，按照科学性、规范性、实用性的原则，依托相关标准技术委员会和公共文化机构，统筹推进公共数字文化标准的普遍应用，确保各级文化行政部门、公共文化机构在进行资源建设和服务开展时有相应的标准规范可遵循。具体而言，一是在管理机制上，公共数字文化建设应该遵循联合、开放、公开的原则，使标准规范贯穿数据加工采集、资源共建共享、服务互联互通的全过程。二是在资源建设

上，依照已发布的汉字规范处理、资源唯一标识符、对象数据采集加工和存储、元数据、规范控制、知识组织、长期保存等标准，保证各类公共数字文化资源建设的一致性、规范性、互操作性、兼容性和开放性。推动各类公共数字文化资源进行开放式登记，实现互联网环境下的规范控制，避免重复建设。三是在系统平台上，公共数字文化各类数字资源服务系统的建设应秉承平台化的开放接口、兼容互用原则，遵循接口规范、数据交换与互操作规范、新媒体服务类规范的技术标准，具备安全开放的接口，以供异构系统间的数据交换、资源调度和服务整合。四是在数据开放上，研究制订公共数字文化服务的数据开放标准、保障标准和评价标准，使公共文化机构发布的数据符合开放数据的要求，便于互联互通。

三、建设公共文化信息资源库

在国家层面建设公共文化信息资源库，应当落实《国家基本公共文化服务指导标准（2015—2020 年）》，重点建设全民阅读、艺术鉴赏、知识讲座、实用科技、健康生活等普适性资源。

国家建设公共文化信息资源库，主要通过制定公共数字文化资源目录，将各方公共数字文化资源纳入国家统一规划，实现资源统一管理，制定统一使用标准及相关政策措施。具体而言，一是国家重大文化惠民工程根据自身功能、任务，合理确定数字资源建设重点。如全国文化信息资源共享工程，面向农村基层重点建设服务于全民文化艺术普及的数字资源；数字图书馆推广工程，面向各级公共图书馆重点建设服务于全民阅读的数字资源。二是广泛推进国家文化行政部门与教育、科技、卫生、农业等相关部门的合作共建，拓宽资源来源渠道，建设集成一批针对特殊群体的、普适性服务资源。三是统筹建设中华优秀文化数字资源库群，形成以优秀传统文化、红色历史文化、当代艺术与群众文化为主体的资源体系，推出一批内容丰富、结构合理、体系化、系列化、有较大社会影响的优秀数字资源产品。

四、实现基层网络服务共建共享

在国家层面推进基层网络服务共建共享，主要通过统筹建设广播电视村村通工程、直播卫星户户通工程、全国文化信息资源共享工程、数字图书馆推广工程、公共电子阅览室建设计划等国家重大公共数字文化项目的平台与内容建设，为基层提供丰富的数字文化服务内容。

基层网络服务共建共享，一是建立区域性公共数字文化综合服务平台，为基层群众提供远程资源下载和自助利用服务；二是推动基层公共文化服务网络设施及惠民项目综合智能管理建设，实现各类文化信息资源，以及数字图书馆、数字文化馆、数字博物馆、数字美术馆等特定资源的共建共享，为基层群众提供集成化、一站式公共数字文化服务。

五、国家支持开发数字文化产品

数字文化产品是用于满足公众文化消费需求的数字化、网络化资源和服务，如数字出版、数字影音、数字游戏、数字动漫、数字学习等基于虚拟现实和互联网络的各类数字内容，是新一代数字技术和网络技术应用渗透到文化领域形成的新兴产业。由于数字文化产品适应技术发展潮流，引领时代消费风尚，内容丰富、使用便捷，深受人民群众特别是年轻一代的欢迎。据统计，截至2016年6月，我国网民规模达7.10亿，互联网普及率达到51.7%，手机网民6.56亿，其中，10岁至39岁的青少年网民群体达到5.30亿，占整体的75%左右，是数字文化产品的主要消费人群。因此，为了满足人们日益增长的数字文化消费需求，国家应当大力支持开发数字文化产品，占领新兴产业的生产和服务高地。

就公共文化服务领域而言，在国家层面，应当重点围绕公共文化服务体系建设的重大科技需求，发挥文化和科技相互促进的作用，将公共数字文化产品研发纳入科技发展专项规划，深入实施国家文化科技创新工程。一是鼓励开展文化专用装备、软件、系统的研发应用，支持公共文化机构、科研院所、高科技企业合作开展各类关键技术研究，支持数字版权公共服务平台建设，加强科技成果转化应用。二是鼓励开展公共文化服务领域科技标准规范的研究制定工作，为公共数字文化资源共建共享、区域性公共数字文化服务一站式综合平台建设、公共数字文化服务与消费的大数据采集与分析等提供技术支撑。三是引导和培育一批有技术研发能力、长期关注数字文化建设发展的伙伴企业，着力加强公共数字文化建设所需成套设备的研发和生产，为各地公共数字文化建设长期稳定运行、不断提档升级提供可靠的技术支撑。四是加强公共数字文化研究与开发人才队伍建设，鼓励高校开设相关专业和研究方向，加大人才培养力度；建立公共文化服务机构、科研院所、企业等相关人才交流平台，互相促进发展。

六、推动利用宽带互联网、移动互联网、广播电视网和卫星网络提供公共文化服务

宽带互联网、移动互联网、广播电视网和卫星网络，都是现代社会信息传播的基础性公共设施，能为人们提供语音、数据和广播电视快速传播与交互等多种服务。

宽带互联网，是指相对于通过拨号访问的56千比特率速度而言的高速率互联网，如20兆比特率以上的城市光纤到楼入户的宽带。移动互联网，是指通过智能移动终端，采用移动无线通信方式获取通信服务和互联网服务。广播电视网，即广播电视传输覆盖网，是通过无线或者有线方式传输声音、图像节目的传播网络。卫星网络，是指通过卫星方式来实现通信广播及互联网接入。随着国家信息基础设施融合发展，不同传播网络渠道的技术功能趋于一致，业务范围趋于相同，可以实现网络互联互通、资源共享。

推动利用宽带互联网、移动互联网、广播电视网和卫星网络提供公共文化服务，包括两层含义。一是公共文化服务的现代传播，应当充分利用现有国家信息基础设施，结合国家文化科技创新工程、“宽带中国”和“智慧城市”等国家重大信息工程建设，打造全域化、标准统一和互联互通的数字化公共文化服务网络，而不需要重复建设、另搞一套专用于公共文化服务的国家信息基础设施。二是灵活运用宽带互联网、移动互联网、广播电视网和卫星网络等多种手段，拓宽公共文化资源传输渠道，推进公共数字文化服务的开展，使人们更方便地通过多种新型终端获取阅读资源、视听资源，进行文化鉴赏、参与公共文化活动，解决城市社区、农村基层公共文化服务的“最后一公里”问题。

七、加强基层公共文化设施的数字化和网络建设

基层公共文化设施，一般指县级及以下各类公共文化设施。在县级层面，主要指图书馆和文化馆，基层广播电视播出机构或者广播电视中心以及发射台（站）等传输覆盖设施；在乡镇（街道）层面，主要指乡镇（街道）综合文化站、广播电视站；在村（社区）层面，主要指基层综合性文化服务中心、农家书屋、广播室等。

加强基层公共文化设施的数字化和网络建设，一是面向管理的信息化建设，主要是丰富数字资源建设，优化业务工作流程，完善需求反馈机制，提高智能管理水平。二是面向服务的数字和网络能力提升，主要通过配置数字化服务设施设备，提供有线与无线网络接入服务，实现远程资源提供和自助服务，增强服务信息发布、文化活动组织等互动能力，促进全民阅读、全民普法、全民健身、全民科普和艺术普及、优秀传统文化传承活动的广泛开展。三是实体数字体验空间建设。在有条件的地方，充分利用各类技术平台、服务网络，打造基层公共文化设施的实体数字体验空间，可设立阅读、舞蹈、音乐、书法、绘画、摄影、培训等互动数字体验专区，创新公共文化服务提供方式。

地方各级人民政府应当在人员、技术、设施、经费等方面，支持基层公共文化设施数字化和网络建设。如支持开展网站、微博、微信、移动应用等服务推广，打造基于新媒体公共数字文化服务的业态；支持建立公共文化全民培训的云课程、云课堂，充分利用“互联网+”，以简短、易懂、系统、互动的方式，推进全民阅读活动深入开展，推进文化艺术普及推广；支持建立需求导向的公共数字资源供给平台，实现公共文化产品、服务供给与需求对接；支持开展以“菜单式”“订单式”预约形式，向人民群众提供免费培训、辅导、演出、讲座、展览、场地等活动。

第三十四条　地方各级人民政府应当采取多种方式，因地制宜提供流动文化服务。

条文解读

本条是关于流动文化服务的规定。

流动文化服务，是指通过资源配送、服务延伸、城乡联动、区域交流等方式开展公共文化服务的一种形态。流动文化服务是解决偏远地区、人口稀疏地区、公共文化设施覆盖盲区、公共文化服务空白地区等特殊区域享有基本公共文化服务的有效方式。

2014 年 5 月，文化部出台《关于加强流动文化服务工作的意见》（文公共发〔2014〕21 号），要求各级公共文化机构成为流动文化服务的骨干和支撑，公共文化机构配备与需求相适应的流动文化服务设备，流动文化服务网点基本健全，区域文化交流广泛开展，通过实施图书馆、文化馆总分馆制，实现行业文化资源流动共享，培育一批不同层次、各具特色的流动文化服务品牌，建立科学规范的流动文化服务工作机制和管理模式，使流动文化服务成为现代公共文化服务体系建设的重要组成部分。2015 年 1 月出台的《国家基本公共文化服务指导标准（2015—2020 年）》明确要求，根据基层实际，为每个县配备用于图书借阅、文艺演出、电影放映等服务的流动文化车，开展流动文化服务。

根据各地的实践经验，流动文化服务应当根据当地的经济社会发展水平、自然条件和文化工作基础等因素，以多种方式、因地制宜地开展。一是依托图书馆开展流动服务。利用图书馆流动图书车，广泛开展便民服务，为群众借阅图书提供便利。鼓励和支持各地开展图书漂流、阅读推广、图书换读等流动图书服务活动。建设县域图书馆总分馆体系，总馆定期为分馆和流动服务点配送和更新图书、报刊和农业技术资料，开展读书活动、读者咨询、培训讲座等延伸服务。二是依托文化馆开展流动服务。利用文化馆流动服务车等多种方式，根据群众需求，结合重要节日纪念日，把群众喜闻乐见、健康向上的文艺作品送到群众身边。整合各类文化艺术人才资源，为基层群众配送美术、文学、舞蹈、音乐、戏曲、书法等各类培训服务。组织非物质文化遗产的流动展览展示，弘扬优秀传统文化。开展“文化结对子”“文化走亲”等流动服务，通过定点服务、互动交流，为群众提供丰富多彩的文化活动。三是依托博物馆开展流动服务。设计开展集多媒体互动、传统展板等多种形式于一体的新型流动展览，把文物展览办到革命老区、民族地区、边疆地区和贫困地区，办到城乡基层群众的身边，让更多人享受博物馆的文化服务。利用流动展览和博物馆网络课堂等方式，丰富中小学教育资源，在中小学生中开展历史文化知识普及和爱国主义教育活动。四是依托数字文化工程开展流动文化服务。发挥全国文化信息资源共享工程、数字图书馆推广工程、公共电子阅览室项目的资源优势和传播优势，为流动文化服务提供数字资源支持、搭建对接平台并开展宣传推广。五是依托农村电影放映工程开展流动文化服务。提高农村电影放映采购的片源质量，根据群众实际需求，增加新片数量、拓展影片类型，把送故事片与送科教片、普法宣传片等结合起来。在送电影进农村的同时，扩大服务范围，有针对性地把电影送到中小学校、社区、军营、厂矿、农场等地，增加影视宣传教育、影视知识讲座等服务内容。

第三十五条　国家重点增加农村地区图书、报刊、戏曲、电影、广播电视节目、网络信息内容、节庆活动、体育健身活动等公共文化产品供给，促进城乡公共文化服务均等化。

面向农村提供的图书、报刊、电影等公共文化产品应当符合农村特点和需求，提高针对性和时效性。

条文解读

本条是关于加强农村公共文化产品和服务提供的规定。

一、增加农村地区公共文化产品供给

由于城乡二元结构的长期存在，优质文化资源和服务相对集中在城市。而农村地区文化基础设施相对落后，存在资源总量不足和结构不合理的问题，文化活动相对贫乏，城乡文化发展水平差距较大。解决好农业、农村和农民问题，是全党和全国工作的重中之重。加强农村公共文化建设，是全面建设小康社会的内在要求，是建设社会主义新农村、满足广大农民群众多层次多方面精神文化需求的有效途径，对于提高党的执政能力和巩固党的执政基础，促进农村经济发展和社会进步，具有重大意义。2015 年 1 月，中办国办《关于加快构建现代公共文化服务体系的意见》也明确要求，把城乡基本公共文化服务均等化纳入国民经济和社会发展总体规划及城乡规划。根据城镇化发展趋势和城乡常住人口变化，统筹城乡公共文化设施布局、服务提供、队伍建设、资金保障，均衡配置公共文化资源。

农家书屋工程是党中央实施的公共文化服务五大重点工程之一，从 2005 年开始试点，2007 年全面推开，到 2012 年共建成农家书屋 60.0449 万家，覆盖了全国有基本条件的行政村，提前三年完成建设任务。建设阶段，每个农家书屋配备不少于 1200 种、1500 册图书，20 种报刊，100 种音像制品和电子出版物。农家书屋实施以来，共向农村配送图书 10 亿多册、报刊 5 亿多册，农民人均图书拥有量也从农家书屋实施以前的人均 0.13 册增长到人均 1.25 册，比农家书屋工程实施以前增长了近十倍，从根本上解决了农村没有书、农民读书难的问题，让亿万农民享受到文化改革发展的成果，在缩小城乡文化差别、破解城乡二元结构、推动城乡文化协调发展方面迈出了坚实的步伐，充分体现了公共文化服务的“公益性、基本性、均等性、便利性”。

二、农村地区公共文化产品供给的种类

（一）图书、报刊

图书、报刊是深入开展全民阅读活动的传统纸质资源，是推进全民阅读进农村、进社区、进家庭、进学校的重要文化产品。据统计，截至2016年6月，农村地区网民数量不到总数的27%，尤其是老人、妇女、儿童，不会、不愿、不能上网仍然占据大多数。因此，传统的图书、报刊仍然是农村地区群众重要的阅读媒介。

（二）戏曲

戏曲在广大农村地区具有悠久的传统、独特的魅力和深厚的群众基础，是人民群众生活、劳作、习俗的文化映射，是“望得见山、看到得水、记得住乡愁”的文化基因，是中华优秀传统文化的重要载体，是深受农村地区群众喜爱的重要文化产品。同时，戏曲又具有很强的区域性，“百里不同风、十里不同俗”，地方戏曲很难被区域外群众广泛接受。因此，在农村戏曲配送时，要充分关注区域特色、地方特点、百姓偏好。

（三）电影

电影是人民群众喜闻乐见的文化产品，既具有文化娱乐性质，又具有教化育人功能。不仅能够很好地满足农村群众日益增长的精神文化需要，而且能够占领农村文化阵地，对于宣传党和国家的路线方针政策，发展农村先进文化，普及科学技术知识，提高农村群众的思想道德、法治

观念、科学文化素质，都具有十分重要意义。

（四）广播电视节目

广播电视节目是农村地区群众利用最为广泛、最为普及的文化产品。广播电视具有信息传输快、应用范围广、维护成本低等特点，在农村，即便文化水平较低的群体也能接受。而且，急时可以起到应急救灾作用，忙时可以起到支农惠农作用，闲时可以提供文化娱乐服务，既适合农村群众居住特点和欣赏习惯，又能让党和政府的声音进入千家万户，是富民、育民、乐民的有效载体。在专业的对农频率、频道方面，截至 2016 年 4 月，全国共批准地级以上播出机构开办 58 套对农节目，其中包括 15 套电视节目和 43 套广播节目。除此之外，全国各级广播电视播出机构还开办了大量的对农节目、栏目。

（五）网络信息内容

网络信息内容是适应时代发展需要而产生的新型文化产品。当前，互联网已经渗透到社会生活的各个层面，不断改变着人们的生活方式，塑造着全新的生活形态。但是，据统计，截至 2015 年 12 月，农村地区互联网普及率还不到 32%，而城镇互联网普及率已超过 67%；在不会使用网络的群体中，超过 62% 是农村人口。这表明，技术发展带来的信息获取“数字鸿沟”，将加深城乡二元结构分化。因此，要重视和加强农村互联网发展，丰富网络信息内容供给，缩小城乡“数字鸿沟”，消除城乡之间利用互联网享受公共文化服务的差距。

（六）节庆活动

节庆活动是中华传统文化的有机组成，是农村群众喜闻乐见、集体参与的重要载体。每年的“元宵节”“三月三”“端午节”“中秋节”“重阳节”等节庆活动，都会成为农村群众广泛参与的全民性活动。利用节庆活动增加农村文化供给，贴近实际、贴近生活、贴近群众，有助于弘扬中华优秀传统文化，有助于培育和弘扬社会主义核心价值观。

（七）体育健身活动

随着城乡居民健康意识增强，参加体育锻炼的人数显著增加。农村地区的体育健身活动，应当遵循“因地制宜、业余自愿、小型多样、就近就便”的原则，组织开展传统武术运动、冰雪运动、户外运动、群众登山、江河横渡、元旦登高、春节长跑、健身大拜年、妇女健身展示等形式多样、丰富多彩的全民健身活动。

三、提高农村公共文化产品供给的针对性和时效性

近年来，党和政府高度重视农村公共文化建设，采取一系列政策措施，着力推进重点文化工程建设，组织开展形式多样的农村文化活动，广泛开展文化科技卫生“三下乡”，农民群众精神文化生活得到改善，一定程度上缓解了农村地区文化资源匮乏的问题。但是也要看到，目前面向农村地区提供的公共文化产品和服务，由于建设初期主要

资金来源于中央财政，故大多采取自上而下、统一派送方式，基层群众需求征询机制不够健全。派送产品品种单一，无地区或人群差别，针对性不强。有些图书、报刊长期不更新；有的电影资源，还是多年以前的老片子，电视里都能看到，失去新鲜感。特别一些公共文化产品供给，与当地经济社会发展不相关，与基层群众生产生活不相干，与当地独特民风民俗不对接，存在供需“两张皮”现象。因此，面向农村提供的公共文化产品，要贴近群众生产生活实际，根据时代的特点和农民群众精神文化需求的变化，不断更新产品内容，创新活动形式，具有针对性和时效性。

一是建立供需对接机制，主动调查了解农村文化需求，按需生产，形成“菜单式”“点单式”公共文化产品和服务供给方式，完善农家书屋出版物补充更新机制，深入开展“深入生活扎根人民”主题实践活动，有效对接群众需求。二是紧密结合农民脱贫致富的需求，倡导读书用书、学文化、学技能，普及先进实用的农业科技知识和卫生保健常识。三是充分利用农闲、节日和集市，组织花会、灯会、赛歌会、文艺演出、劳动技能比赛等活动，推动全民艺术普及。四是以创建文明村镇、文明户、社会主义新家庭等为载体，积极引导广大农民群众崇尚科学，破除迷信，移风易俗，抵制腐朽文化，提高思想道德水平和科学文化素质，形成文明健康的生活方式和社会风尚。

第三十六条 地方各级人民政府应当根据当地实际情况，在人员流动量较大的公共场所、务工人员较为集中的区域以及留守妇女儿童较为集中的农村地区，配备必要的设施，采取多种形式，提供便利可及的公共文化服务。

条文解读

本条是关于在特殊区域提供公共文化服务的规定。

人员流动量较大的公共场所，主要是指城市和乡镇车站、码头、机场，城市广场、大型商场，农村集贸市场等人流密集的公共场所。

务工人员较为集中的区域，主要是指大型制造企业、工业园区、工矿区等务工人员生产生活密集区和建筑工地等务工人员临时性聚居区。

留守妇女儿童较为集中的农村地区，是指劳动力输出较多的农村地区。

配备必要的设施，是指在上述三类特殊区域配备一些自助式、小巧型、流动式公共文化服务设施设备。如24小时自助图书馆、文化驿站等可由公众自主利用的自助式文化设施，公共阅读栏（屏）、公共阅读一体机等便于设立、迁移，方便公众利用的小巧型文化设施，流动图书车、流动文化车、流动舞台车等公共文化服务设施。

提供便利可及的公共文化服务，是指为务工人员、农村留守妇女儿童等特殊群体提供形式多样、方便利用的公共文化服务。如图书馆、文化馆、博物馆、美术馆等公共文化机构，根据务工人员的实际文化需求，增加面向务工人员的图书阅读、培训讲座、艺术鉴赏等文化服务活动场次，因地制宜组织开展音乐会、演唱会、广场舞会、戏曲曲艺表演、民间艺术表演、艺术展览、健身游艺等适合务工人员参与的、形式多样、内容丰富的文化活动，通过经典诵读、展览展示、论坛讲座、读书征文等多种活动方式，组织务工人员积极参加全民阅读活动。

地处务工人员较为集中区域的基层综合性文化服务中心，在设备配置、资源和服务供给等方面应适当向务工人员倾斜，基本服务项目目录中增加为务工人员服务的项目。

地处留守妇女儿童较为集中区域的基层综合性文化服务中心，应当配备儿童康乐设施，增加儿童课外读物，并为留守儿童与外出务工父母之间的视频沟通提供便利；加强面向农村妇女在计生知识、心理咨询、文艺活动等方面的文化服务；鼓励建立老年艺术团、老年大学等。

第三十七条 **国家鼓励公民主动参与公共文化服务，自主开展健康文明的群众性文化体育活动；地方各级人民政府应当给予必要的指导、支持和帮助。**

居民委员会、村民委员会应当根据居民的需求

开展群众性文化体育活动，并协助当地人民政府有关部门开展公共文化服务相关工作。

国家机关、社会组织、企业事业单位应当结合自身特点和需要，组织开展群众性文化体育活动，丰富职工文化生活。

条文解读

本条是关于鼓励公民、居民村民自治组织、机关企事业单位参与公共文化服务的规定。

国家鼓励公民主动参与公共文化服务，是因为人民群众既是公共文化服务的对象，也是文艺创作和文化活动的主体。文化的根脉深植于民间，文化的活力源自于群众。群众自创自办、自编自演、自娱自乐，自主开展的群体性文化体育活动，往往人气旺、带动强、花钱少、效果好，最能有效地体现人民群众主体地位，对于激发人民群众的文化自觉和文化自信，增强“造血”功能有重要意义。

自主开展健康文明的群众性文化体育活动，是指人民群众广泛参与，自愿自发、自行投入，不以营利为目的的文化活动，具有鲜明的群众自我创造、自我表现、自我服务、自我教育特色。如广场文化活动、社区文化活动、民俗文化活动、节庆文化活动，以及各类自发性文化活动等。

地方各级人民政府应当给予必要的指导、支持和帮助，是指各级党委、政府和文化部门，加大政策指引、资金扶持和专业指导力度，搭建平台、创新机制，增设场地、增添设备，加强辅导、强化激励，灵活采取评级、汇演、竞赛和表彰机制，鼓励和支持公民开展各种类型的特色群众文化活动。重点支持常年活跃的基层文艺骨干和文化能人，着力扶持受到欢迎的群众文艺团队或演出团体，想方设法、不拘一格，切实增强群众自我发展、自我管理、自我服务的文化能力。

城市社区和农村基层是公民日常生活所在区域。居民委员会、村民委员会应当根据居民的需求开展群众性文化体育活动，是指按照属地化管理的原则，居民委员会、村民委员会等城乡基层群众性自治组织，及时关注辖区内群众文化需求，组织开展形式多样、广泛经常的社区文化体育活动等。如以表现社会生活认识与艺术审美情感为目的的文学创作与艺术创作等文娱活动，以强身健体、自我娱乐为目的的体育文化活动，以提高文化科学知识、道德修养或技艺技能为目的的文化教育活动，以增强科学意识、法治意识为目的的科普与普法活动。

居民委员会、村民委员会协助当地人民政府有关部门开展公共文化服务相关工作，是指协助管理设在城乡基层的公共文化设施，如基层综合性文化服务中心、文化广场、农家书屋等；协助开展公共文化服务参与式管理，推广居民、村民评议等行之有效的做法，健全民意表达和监督机制，引导居民村民参与公共文化服务项目规划、建设、管理和监督，维护群众的文化选择权、参与权和自主权。

国家机关、社会组织、企业事业单位是公民工作生产的场所。机关组织、企事业单位依据自身特点和需求，组织开展群众性文化体育活动，具有广泛的群众性、平等性，可以密切干群关系、缓解工作压力、维系人际交往，增加职工的向心力和凝聚力。因此，要充分发挥这些单位工会的作用，以富有时代感的内容形式，广泛开展全民阅读活动、全民艺术普及、全民健身活动，吸引广大职工参与，推进机关文化、组织文化、企业文化建设，培育积极健康、多姿多彩的社会文化形态。

第三十八条　地方各级人民政府应当加强面向在校学生的公共文化服务，支持学校开展适合在校学生特点的文化体育活动，促进德智体美教育。

条文解读

本条是关于加强面向在校学生公共文化服务的规定。

在校学生是国家公民的组成部分，应当享有公民应有的基本文化权益。在校学生是国家未来发展的有生力量，提升在校学生思想道德文化素养，是现代公共文化服务体系建设的重要任务。同时，《中华人民共和国义务教育法》《中华人民共和国未成年人保护法》等相关法律，都充分体现出国家、各级人民政府和全社会把在校学生作为保护、培育和服务的重点人群的精神。本条对面向在校学生提供公共文化服务的责任主体，提供内容、方式和目的作出了规定。

一、面向在校学生提供公共文化服务的责任主体

加强面向在校学生的公共文化服务，保障在校学生文化权益，丰富校园文化生活，提升在校学生文化素养，属于各级地方人民政府职责范畴。本条规定明确了地方各级人民政府是面向在校学生提供公共文化服务的责任主体。《中华人民共和国义务教育法》第五条规定，各级人民政府及其有关部门应当履行本法规定的各项职责，保障适龄儿童、少年接受义务教育的权利。地方各级人民政府在保障在校学生接受义务教育权利的同时，也应为在校学生提供文化教育、文化服务方面的保障。

二、面向在校学生提供公共文化服务的内容、方式和目的

根据本条规定，地方各级人民政府面向在校学生提供公共文化服务，主要是支持学校开展适合在校学生特点的文化体育活动，促进德智体美教育。这里对地方人民政府面向在校学生提供公共文化服务的内容、方式和目的作出了规定。

（一）内容上提供适合在校学生特点的文化体育活动

适合在校学生特点的文体活动，大致可以归纳出以下

特点。一是在校学生以学为主，重在学习知识、经验和技能，文体活动要与基础学习和实践运用结合起来。二是在校学生一般是在学校和教师指导帮助下，有目的、有计划、有组织地开展文体活动，学校和教师的组织指导在在校学生文体活动中起着重要的作用。三是学生在校期间培育和形成科学的世界观和良好的道德品质十分重要，这也是寓教于乐开展文体活动的基本要求。四是在校学生文体活动都是在学校或班集体中进行的，文体活动中的团体意识、团队精神不可或缺。因此，在校学生公共文化服务内容相应具有寓教于乐、涵养品德的特点，应当有助于培育团队意识、探索精神和坚强意志。

（二）方式上“支持学校”开展文体活动

地方各级人民政府可以采取直接方式或间接方式为在校学生提供公共文化服务，但在实际操作中，地方人民政府不可能过多地直接介入学校具体文体活动事务，因而，间接地“支持学校”面向在校学生开展文体活动是主要方式。

地方各级人民政府“支持学校”开展文体活动有多种路径。一是把支持学校开展文体活动纳入地方人民政府公共财政保障范畴，这符合《中华人民共和国义务教育法》第四十二条第一款的规定：“国家将义务教育全面纳入财政保障范围，义务教育经费由国务院和地方各级人民政府依照本法规定予以保障。”二是利用当地的公共文体设施为学校开展课外、校外文体活动提供支持，这也符合《中华人民共和国义务教育法》第三十七条的规定：“社会公共文化体育设施应当为学校开展课外活动提供便利。”公共文化设施和单位应免费或者优惠开放，加强基本服务项目和特色服务项目的推广，尽可能地面向在校学生提供服务。特别是在公休日和学校寒暑假期，结合在校学生的课外活动，提供符合在校学生特点的服务项目。三是利用各种资源和力量，组织开展全民阅读、全民普法、全民健身、全民科普和艺术普及、优秀传统文化传承活动。中办国办《关于加快构建现代公共文化服务体系的意见》明确要求，开展优秀文化遗产、高雅艺术进校园。在实践中，各地已普遍实施书法进校园，有的还将本地特色非遗、戏曲作为课堂教学、学习传承的重要内容，在丰富在校学生文体活动方面取得了良好成效。

（三）目的是促进在校学生德智体美教育

在校学生正是身心、智力、品德成长发育阶段，健康发展、全面发展至关重要。地方人民政府支持学校开展适合在校学生特点的文体活动，正是要促进学校德智体美教育全面均衡发展，为国家培育身心健康、品德高尚、智力健全、富有审美情趣的合格人才。学校文艺活动重在丰富校园文化生活，陶冶学生情操，寓教于乐地提高学生思想道德和艺术审美素养；学校体育活动重在引导学生学习、掌握体育健康知识与技能，学习科学的锻炼方法，增强体质、锤炼意志，培养学生的创新能力和团队精神，养成终身参加体育锻炼的良好习惯，促进学生身心健康发展。

第三十九条　地方各级人民政府应当支持军队基层文化建设，丰富军营文化体育活动，加强军民文化融合。

条文解读

本条是关于支持军队文化建设的规定。

军队基层文化建设和军营文体活动，是传承和弘扬军队优秀传统、培育军人核心价值观念、优化军营文化环境、活跃军队文化生活、陶冶官兵情操、增长知识才干、促进部队全面建设的重要任务之一。2010 年新修订的《中国人民解放军政治工作条例》规定，建设军营文化、改善文化设施、装备和环境，组织开展群众性文化体育活动。2013 年解放军总参谋部、总政治部、总后勤部、总装备部新修订颁发的《军队基层文化建设规定》对军队基层文化建设的指导思想、目标任务、原则要求、主要内容等提出了具体要求。本条对地方人民政府支持军队基层文化建设作出了规定，并规定地方人民政府应想方设法丰富军营文化体育活动，加强和促进军民文化融合。

一、支持军队基层文化建设

军队文化建设和军营文体活动离不开地方人民政府的

大力支持，这是因为现代化军队建设不同于过去军队“办社会”。为了精兵强军、立足打赢，军队内部原有的文化设施、文化资源、文艺团队、文化服务已大幅度精简，同时，随着军队建设的现代化，军民一体化融合发展进入全新阶段，更好地配置和利用包括文化资源在内的军地资源，有利于加快军队现代化进程。根据这一发展现实和趋势，地方人民政府应当支持军队基层文化建设，把履行政府公共文化服务职能、面向军队提供基本公共文化服务，纳入地方现代公共文化服务体系建设，纳入地方经济社会发展总体规划，纳入地方公共财政保障，主动与军队协调推进，主动结合军队基层干部战士的文化需求精准提供公共文化服务。

二、丰富军营文化体育活动

地方人民政府支持军营文体活动：一是结合全民阅读，根据军营干部战士阅读需求特点，组织公共图书馆面向军营提供阅读推广、流动借阅、送书上门、送数字阅读资源等服务，支持军队开展健康有益的阅读活动。二是结合全民艺术普及，组织博物馆、美术馆、文化馆及有关文艺团体到驻军部队巡回演出，组织艺术骨干指导部队开展文艺创作，向部队赠送所需的文艺装备器材，帮助部队开展文学、音乐、舞蹈、书法、绘画、戏曲、曲艺、影视、摄影及非遗传承等知识、技能、活动的普及和培训，帮助部队培育文艺骨干、排练文艺节目、开展文艺演出活动，提高干部战士文化艺术素养。三是结合全民普法，送法律服务进军营，帮助部队及官兵解决涉法问题，提供免费法律援助，组织专家开展法律知识讲座，为部队赠送法律书籍，提高官兵的法律知识水平。四是结合全民科普，发挥地方科技优势，送科学技术进军营，为部队提供科技信息、赠送科技图书，组织专家到军营开展科普知识讲座，提高官兵的科技知识水平。五是结合全民健身，送体育活动进军营，向部队赠送所需的体育装备器材，帮助部队组建特色体育运动团队，组织开展军地体育竞技比赛，邀请部队组队参加地方组织的各种体育活动，增进军民情感。六是结合全民优秀传统文化传承，组织开展中华优秀传统文化和地方特色文化传承、推广活动进军营，在丰富军营文化生活的同时，增强军队干部战士爱国热情和凝聚力量。

三、加强军民文化融合

加强军民融合，不仅需要在技术力量、产品生产、后勤保障等方面得到体现，也需要在精神理念、价值追求、文体服务等方面深度融合。军民文化融合关键要以文体服务为载体，推进军民情感上的融合，把军民鱼水情延续好、发展好。加强军民文化融合，主要从以下方面着手：一是军民文化体育设施融合。地方人民政府应当着力推动各级各类公共文化体育设施面向军队干部战士优先免费或者优惠开放，在条件允许的情况下，地方人民政府还可以通过线上与线下结合、固定与流动结合的方式，为军队提供所需的数字文化服务和流动文化服务。二是军民文化体育资源融合。军队文化体育资源建设有一定特殊性，但在充分尊重军队文化体育资源建设特殊性的前提下，地方人民政府、文化部门和公共文化服务单位，可以面向军队提供所需的文化体育资源，如中华优秀文化经典资源、地方特色文化资源、生活技能民用技术学习资源等，以积极健康、生动活泼的文化资源丰富军队业余文化生活。三是军民文化体育人才培养融合。办好军队文化体育，人才是关键。地方人民政府应当发挥地方人才优势，帮助军队培育文化体育骨干人才、组建特色文化体育团队，增进军队开展文化体育活动的“造血”机能。四是军民文化体育活动融合。在实践中，文化体育活动已是军民融合的重要纽带和载体。地方人民政府应当更加自觉地推进军民融合型文化体育活动，精心搭建军民融合文化体育活动平台，组织开展丰富的文化体育竞赛交流活动，培育军民融合文化体育活动品牌，建立地方与军队联合开展文化体育活动的常态化协调机制。

此外，地方人民政府还可以结合现阶段军队干部战士文化体育需求特点，推进全民阅读、全民普法、全民健身、全民科普和艺术普及、优秀传统文化传承进军营、进连队，组织文化志愿者、文化志愿团队与军队基层协同开展生动活泼的军民文化联谊活动，组织引导有关社会力量开展丰富多彩的文化艺术拥军优属活动，以及协调组织社会各界在重大节日到驻军部队演出慰问等。

第四十条　国家加强民族语言文字文化产品的供给，加强优秀公共文化产品的民族语言文字译制及其在民族地区的传播，鼓励和扶助民族文化产品的创作生产，支持开展具有民族特色的群众性文化体育活动。

条文解读

本条是关于加强民族地区公共文化服务的规定。

我国众多少数民族历史悠久，特色文化资源非常丰富，部分少数民族拥有民族语言文字。加强少数民族文化工作，加快民族地区文化事业发展，满足少数民族群众基本文化需求，对于提高各族群众文化素养、促进民族团结和社会稳定、提高文化认同和国家认同，增强中华民族凝聚力具有重要而深远的意义。

一、加强民族语言文字文化产品供给

改革开放以来，中央和地方各级人民政府十分重视少数民族文化工作，采取一系列政策和措施促进民族地区文化事业发展。但是总体上看，民族地区文化建设仍相对滞后，与发达地区相比仍有较大差距。主要表现是，民族语言文字文化产品的供给、民族文化产品的创作生产、具有

民族特色的群众性文体活动等供给不足，中华优秀文化产品的民族语言文字译制和传播较为缺乏。为了提高少数民族地区公共文化服务能力和水平，国家实施了一系列定向支持少数民族地区的文化惠民工程。如春雨工程——全国文化志愿者边疆行，以党的民族工作方针为指导，围绕各民族共同团结奋斗、共同繁荣发展的主题，以满足边疆民族地区人民基本文化需求为基本任务，以加强边疆民族地区公共文化服务内容供给和队伍建设为重点目标，以文化志愿服务为主要形式，以大舞台、大展台、大讲堂为基本载体，结对帮扶、供需对接、双向互动，搭建内地与边疆民族地区文化帮扶与交流平台，推动边疆民族地区基本公共文化服务均等化。春雨工程受到边疆民族地区群众普遍欢迎和社会各界的广泛关注，建立了一支热心公益、素质优良、结构合理、积极奉献的文化志愿者队伍，推出了一批惠及边疆民族地区群众的文化志愿服务品牌活动，形成了一套设计科学、行之有效的文化志愿服务机制，内地对边疆民族地区文化建设的支持和帮扶得到加强，内地与边疆民族地区的文化交流得到深化，边疆民族地区公共文化服务体系建设运行的质量和水平得到提升。广播电视公共服务方面，为加强西藏、新疆等边远省区广播电视节目译制制作和传输覆盖工作，国家从 2000 年 10 月开始实施西新工程。前四期工程共新建和扩建广播电视发射台站 1000 余座，新增和更新广播电视发射机 4000 多部，并购置了藏、维、蒙、哈、朝等少数民族语言广播影视节目译制制作设备。通过前四期建设，西藏、新疆等边疆民族地区广播电视覆盖范围明显扩大，少数民族语言节目译制制作水平不断提高。

在前四期建设基础上，2012 年西新工程第五期建设方案报国务院批准实施。按照“统筹规划、整合资源、突出重点、整体推进”的原则，进一步解决边疆少数民族群众听不到看不到、听不懂看不懂广播电视节目的问题，切实增强广播电视覆盖的有效性。同时，西新工程的实施坚持“建养并重”的原则，财政部每年安排西新工程发射台站运行维护经费，确保发射机正常运行，每年安排少数民族语言广播影视节目译制经费，专项用于少数民族语言广播影视节目译制工作。“十二五”期间，中央财政共安排西新工程运行维护经费 34.21 亿元。

西新工程的实施，极大地改善了民族地区广播影视基础设施条件，保障了民族地区群众的基本文化权益，丰富了群众的精神文化生活，在维护国家安全、社会稳定、民族团结和促进民族地区经济发展中发挥了积极作用。

2015 年 1 月，中办国办印发的《关于加快构建现代公共文化服务体系的意见》，进一步对加强民族语言文字文化产品的供给作出了部署，要求推动革命老区、民族地区、边疆地区、贫困地区公共文化建设实现跨越式发展。与国家扶贫开发攻坚战略结合，编制老少边穷地区公共文化服务体系建设发展规划纲要。推动少数民族地区广播电视播出机构在推广国家通用语言文字的同时，开办少数民族语言的频率频道，提高少数民族语言节目译制、制作、播映和传输覆盖能力；继续实施少数民族新闻出版“东风工程”，加强少数民族文字及双语出版物的出版发行和少数民族语言文艺作品的创作；推进少数民族语言文字网站建设。这些要求目前已逐步转化为国家加强民族语言文字文化产品供给的具体任务和工作要求。

二、加强优秀公共文化产品的民族语言文字译制和在民族地区的传播

优秀公共文化产品是指内容积极健康、品种丰富多样、形式生动活泼，符合社会主义核心价值观，适宜用于各地公共文化服务的各类文化艺术产品和活动。适用于民族语言文字译制的优秀公共文化产品，主要指文学艺术、广播影视等优秀公共文化产品。加强优秀公共文化产品的民族语言文字译制和在民族地区的传播，重点是加强少数民族语言文字翻译出版工作，逐步增加中华古今优秀科学、历史、人文艺术经典，以及优秀影视作品的翻译出版，扩大国家广播电影电视在民族地区的有效覆盖。

多年来，国家新闻出版广电总局持续加强民族文字出版基地建设、党报党刊和民族文字出版单位设施建设和设备配套，重点加强了少数民族语言广播影视节目译制中心建设和广播电视播出机构少数民族语言广播影视节目译制制作能力、传输覆盖能力建设，面向少数民族地区的公共

文化产品生产供给能力显著上升。截至2015年，实现了藏（卫藏、安多、康巴）、维、哈、蒙、朝等主要少数民族语言广播影视节目上星传输，建设了西藏、新疆、云南、青海、内蒙古等11个民族语言影视译制中心，少数民族语言广播影视译制制作能力显著增强，为少数民族群众提供了大量“听得懂”“看得懂”的本民族语言精品节目。中央人民广播电台和地方广播电台每天用21种少数民族语言进行播音。“十三五”期间，国家将持续加大投入力度，进一步加强优秀公共文化产品的民族语言文字的译制和在民族地区的传播。

三、鼓励和扶助民族文化产品的创作生产

每一个民族都有自己传统的艺术、风俗习惯、服饰、节日、美食、医药等，如傣族的泼水节、藏族的酥油茶、回族的穆斯林服饰，独具特色的各族文化成就了中华民族文化的丰富多彩、博大精深。丰富多彩、和谐呈现、兼容并蓄是中华文化的根本特性，也是中华文化生生不息的生命力所在。在新的时代条件下，保护和传承各具特色的民族文化，丰富、弘扬和发展中华文化，对于增强国家文化认同，培育和弘扬民族精神，实现中华民族伟大复兴的中国梦，具有重要意义。

在现代公共文化服务体系建设的实现进程中弘扬和发展中华文化，一个重要的命题和任务，就是大力鼓励和扶助民族文化产品的创作生产。新中国成立以来，党和国家

制定了一系列政策和措施，促进了少数民族文化的发展。党的十八大以来，随着现代公共文化服务体系建设向纵深推进，鼓励和扶助民族文化产品创作生产进入到新的阶段。鼓励和扶助民族地区文化产品创作生产，一要秉持平等的态度，切实尊重少数民族文化艺术的特点和规律，维护好民族文化艺术的多样性，切实保障少数民族的文化权益。二要在鼓励和扶助民族优秀文化产品创作的同时，促进民族文化现代化，以现代化引领民族文化艺术创作生产，让民族文化艺术产品体现时代特征、融入现代社会。三要加强各民族之间的文化艺术交流，使各民族在文化艺术交流中相互了解、切磋、学习和借鉴，增进多样文化间的交流与合作，使各民族文化艺术产品更加丰富多彩。四要遵循民族文化艺术创作规律，建立起与社会主义市场经济体制相适应的有利于民族文化艺术创作生产的良性机制，确保民族特色文艺创作长期健康持续发展。五要加大对民族地区文化产品创作生产的投入，加强民族文化设施建设，加强少数民族文化队伍建设，大力培养少数民族文化艺术人才，促进民族文化创造性转化和创新性发展。

鼓励和扶助民族文化产品的创作生产，各级地方人民政府还要鼓励和扶助少数民族文艺院团发展，支持少数民族文化艺术产品走向全国、走出国门，促进现代技术和手段在少数民族文化产品创作、生产和传播中的应用。各级文化部门要发挥群星奖、国家舞台艺术精品工程项目、国家艺术基金等的支持和引导作用，鼓励和扶助民族地区文艺工作者深入基层、深入群众、深入生活，创作生产更多体现民族风采和时代精神的优秀文艺作品。

四、支持开展具有民族特色的群众性文化体育活动

我国少数民族人口大约占全国人口总数的10%左右，以“大杂居、小聚居”的格局分布在全国70%的疆土上，而且主要分布在边远地区。民族地区，常常是同一区域内有多个民族共同生活居住在一起，这些区域的民族文化，既各具特色、多样呈现，又和谐并存、相互融合。少数民族大多能歌善舞，文化体育活动既是民族地区“小聚居”群体传承、教育、认同的主要方式，也是不同民族“大杂居”相互交流、欣赏、切磋、学习、融合的主要方式。国家和各级地方人民政府、文化部门和公益性文化单位，支持开展具有民族特色的群众性文化体育活动，既有利于保护和传承民族特色文化，也有利于促进区域乃至全国的各民族文化交流、增进民族团结，还有利于因势利导扶持和引导民族地区特色群众性文化体育发展，使各民族和民族地区更紧密地融入中华民族大家庭之中。

支持开展具有民族特色的群众性文化体育活动，一要深入发掘少数民族优秀传统文化内涵，尊重、传承和弘扬少数民族优秀传统文化。二要加强政策扶助、资金支持和资源供给，协助策划举办具有民族特色的文化体育活动。三要重视发挥少数民族重要节日、纪念日的功能和效应，提高民族特色文化体育活动的影响力、感召力和参与率。四要帮助民族地区基层开展丰富多彩的群众性少数民族文化体育活动，丰富民族地区基层群众文化生活。五要鼓励和支持各级各类公益性文化设施和单位，为少数民族群众开展文化体育提供组织指导、设计策划、培训辅导、引领提升等服务，努力培育一批特色鲜明、内容新颖、形式多样的少数民族文化和体育活动品牌，活跃民族地区文化生活。

第四十一条　国务院和省、自治区、直辖市人民政府制定政府购买公共文化服务的指导性意见和目录。国务院有关部门和县级以上地方人民政府应当根据指导性意见和目录，结合实际情况，确定购买的具体项目和内容，及时向社会公布。

条文解读

本条是关于政府购买公共文化服务的规定。

党的十八大以来，中央对进一步转变政府职能、优化公共服务作出重大部署，明确要求公共服务领域要更多地利用社会力量，加大政府购买服务力度，促进公共服务的社会化发展。党的十八届三中全会明确要求，要完善文化管理体制，推动公共文化服务社会化发展。党的十八届四中全会提出，要深入推进依法行政，加快建设法治政府，依法加强和规范公共服务，规范和引导各类社会组织健康发展。政府面向全社会购买公共文化服务，既是深入推进依法行政、转变政府职能、建设服务型政府的重要环节，也是规范和引导社会组织健康发展、推动公共文化服务社会化发展的重要途径，对于进一步深化文化体制改革，丰富公共文化服务供给，提高公共文化服务效能，满足人民群众基本文化需求具有重要意义。

一、全面实施政府购买公共文化服务

2013 年 9 月，国办下发《关于政府向社会力量购买服务的指导意见》，就政府向社会力量购买公共服务作出了总体安排部署。2015 年 5 月，国办转发了文化部等部门《关于做好政府向社会力量购买公共文化服务工作的意见》，并配套印发了《政府向社会力量购买公共文化服务指导性目录》。该意见明确文化部、财政部、新闻出版广电总局、体育总局制定面向全国的政府向社会力量购买公共文化服务指导性目录。各地要按照转变政府职能的要求，结合本地经济社会发展水平、公共文化服务需求状况和财政预算安排情况，制定本地区政府向社会力量购买公共文化服务的指导性目录或具体购买目录。指导性目录和具体购买目录，应在总结经验的基础上，及时进行动态调整。本条规定将以往政府购买公共文化服务的政策根据实践发展要求上升到法律高度，对国务院和省、自治区、直辖市人民政府制定政府购买公共文化服务的指导性意见和目录作出了明确规定。

本条所称的“指导性意见”，是指国务院和省、自治区、直辖市需向社会公开发布文件，将政府实施购买公共文化服务的目的、意义、品种、范围、服务对象、参与主体、参与程序、提供要求等告知全社会，为全社会各种有意参与的公共文化机构、社会专业组织、企业和个人等各类主体提供指引。2015 年 5 月，国办转发了文化部、财政部、新闻出版广电总局、体育总局等部门《关于做好政府向社会力量购买公共文化服务工作的意见》。各省也制定了相应的实施意见。本条所称的“目录”是“指导性意见”的具体化，结合具体的时间、地点和责任主体，将任务和要求落实在操作层面。2015 年，国办转发文化部等部门《关于做好政府向社会力量购买公共文化服务工作的意见》的同时，配套印发了《政府向社会力量购买公共文化服务指导性目录》，该目录共包含 5 大类 38 项内容。各部门和各地区可以结合实际，制定出台更加详细、具体的购买目录，引导全社会参与公共文化产品生产和提供。各级各类公共文化机构和相关社会力量可以此为指引，有序参与公共文化服务。

二、国务院有关部门确定购买的具体项目和内容

国务院与公共文化服务有关的部门，主要指文化部、财政部、新闻出版广电总局、体育总局等部门。此外，科技、教育等部门，工会、共青团、妇联等人民团体也与公共文化服务相关。这些部门或团体，应当根据国办转发的《关于做好政府向社会力量购买公共文化服务工作的意见》和《政府向社会力量购买公共文化服务指导性目录》，结合所在部门、团体的实际，确定购买公共文化服务的项目和内容，并及时向社会公布。根据指导意见的精神，目前，文化部已经印发了《向社会力量购买公共文化服务管理暂行办法》和文化部机关购买公共文化服务具体目录，文化部机关购买公共文化服务工作已经有序开展。新闻出版广电总局也正在制定局机关适用的购买服务文件。中央部门在购买公共文化服务方面主要发挥引导和示范作用，直接购买并向公众提供的公共文化服务相对较少，购买工作主要由地方承担。

三、县级以上地方人民确定购买的具体项目和内容

我国地域宽广、人口众多，地区间经济社会发展差异十分明显，即便是省（区、市）域的公共文化服务，也存在较大的地区差异。国家发布的购买公共文化服务的指导性意见和目录，是基于全国的普遍情况，无法兼顾各地的特殊性。省、自治区、直辖市发布的购买公共文化服务的指导性意见和目录，是基于全省（区、市）的普遍情况，无法兼顾所辖各市（地、州）、县（市、区）的特殊性。

本条规定，省、自治区、直辖市人民政府在制定本省的“指导性意见”和“目录”的同时，同步确定适合本省情况的公共文化服务“购买项目和内容”，该“购买项目和内容”可作为所辖市（地、州）、县（市、区）确定“购买项目和内容”的重要依据。相对而言，地市、县域的人口适中，发展较为均衡，适于结合当地实际，实事求是、因地制宜地确定具有实际可操作性的购买公共文化服务的具体项目和内容。

结合本地实际，一是要结合当地经济社会发展实际，立足当前、着眼长远，量力而行、尽力而为，不超前、不滞后，用足但不透支地方公共财力。二是要结合当地人民群众基本文化需求特点和行为偏好，提高政府购买服务的引导性杠杆作用，消除无效供给，增加有效供给，实现精准提供。三是要结合经济社会发展和人民群众文化需求变化的实际，及时调整购买公共文化服务的项目和内容，不断提高供给的有效性。

第四十二条　国家鼓励和支持公民、法人和其他组织通过兴办实体、资助项目、赞助活动、提供设施、捐赠产品等方式，参与提供公共文化服务。

条文解读

本条是关于社会力量参与提供公共文化服务方式的规定。

加快构建现代公共文化服务体系必须坚持以政府为主导，但这并不意味着政府要事无巨细地直接承办公共文化服务事务、提供公共文化产品。鼓励社会力量参与公共文化服务，一方面可极大地丰富公共文化产品的品种结构，增加公共文化服务供给总量，另一方面可以更好地引入市场竞争机制，提高公共文化服务的供给效能。

一、国家鼓励和支持社会力量参与提供公共文化服务

一般来说，公共文化产品提供大致有五种方式：由政府直接提供；由政府所属事业机构专门提供；由社会专业组织提供；由企业提供；由政府、社会专业组织、企业和个人共同提供。根据中国国情，结合不断深化改革、扩大开放、加快构建现代公共文化服务体系的现实条件，适宜采用以政府为主导，实施政府购买公共文化服务，鼓励社会专业组织、企业和个人共同参与的方式提供公共文化服务。2015 年 1 月，中办国办《关于加快构建现代公共文化服务体系的意见》指出，推广运用政府和社会资本合作等模式，促进公共文化服务提供主体和提供方式多元化。鼓励和支持社会力量通过投资或捐助设施设备、兴办实体、资助项目、赞助活动、提供产品和服务等方式参与公共文化服务体系建设。本条充分体现了这一精神。

社会力量包括公民、法人和其他组织。公民即自然人；法人包括企业法人、机关、事业单位和社会团体法人；其他组织是指不属于公民、法人的其他社会组织形式，这些组织经合法成立、有一定的组织机构和财产，但又不具备法人资格。公民、法人和其他社会组织，在民事角度已涵括了所有社会主体，也就是说，国家鼓励各种社会力量参与提供公共文化服务。

二、社会力量参与提供公共文化服务的主要方式

本条列举了国家鼓励和支持社会力量参与提供公共文化服务的主要方式。

兴办实体，是指社会力量充分发挥其人才、资金、技术、项目等优势，通过投资兴办博物馆、图书馆、电影院、剧院、音乐厅、美术馆、文体活动中心、农家书屋、农家文化大院及其他文化服务设施的方式参与提供公共文化服务。

资助项目，是指社会力量通过捐助现金、物品，采取一次性或分期的方式，资助文化设施及其他文化项目建设的方式参与提供公共文化服务。

赞助活动，是指社会力量通过提供人力、物力、财力，以冠名、宣传企业等形式，赞助公益性文化活动，社会力量可从中取得有利于自身形象的传播效果。

提供设施，是指社会力量通过免费或优惠方式，转借租赁自有设施支持公益性文化服务，或开放自有文化设施面向社会公众提供公益性文化服务。

捐赠产品，是指社会力量结合自身特点，通过捐赠与公共文化服务设施运行、活动开展、展览展示及艺术创作相关的装备、器材、耗材等产品的方式参与提供公共文化服务。

国家鼓励和支持的这些方式，来自于各地社会力量参与公共文化服务实践的提炼和归纳。随着社会力量参与公

共文化服务逐渐向纵深发展，或将不断产生新的方式或路径，国家也将逐步完善鼓励政策，提高政策支持力度，细化支持的措施。

第四十三条 **国家倡导和鼓励公民、法人和其他组织参与文化志愿服务。**

公共文化设施管理单位应当建立文化志愿服务机制，组织开展文化志愿服务活动。

县级以上地方人民政府有关部门应当对文化志愿活动给予必要的指导和支持，并建立管理评价、教育培训和激励保障机制。

条文解读

本条是关于文化志愿服务的规定。

文化志愿者是指不以物质报酬为目的，利用自己的时间、文化知识、文艺技能等，自愿和无偿地为社会和他人提供公益性文化艺术服务的人。文化志愿服务与普通志愿服务的不同之处在于，文化志愿服务的专业性更强，突出公益性文化艺术服务。

一、国家倡导和鼓励参与文化志愿服务

我国文化志愿服务大致经历了三个阶段。第一阶段是2005 年之前，为起步阶段，文化志愿服务尚存在于一般的志愿服务之中，服务的总量较少，涉及面较窄。第二阶段是 2005 年至 2010 年，为快速发展阶段，文化志愿服务的理念和影响力迅速增长。比如中国图书馆学会组织图书馆界有影响的专家学者，以志愿服务的方式对欠发达地区的县级图书馆管理者进行专业培训；东部地区结合对口支援，组织文化志愿者赴中、西部地区开展丰富多彩的文化服务。第三阶段是 2011 年至今，为制度化、常态化发展阶段，文化志愿服务伴随着公共文化服务体系建设同步发展，文化志愿服务逐步纳入各级政府公共文化服务范畴，文化志愿者服务的组织化、专业化、普及化程度明显提高。

2011 年 10 月，党的十七届六中全会明确提出，壮大文化志愿者队伍，鼓励专业文化工作者和社会各界人士参与基层文化建设和群众文化活动，形成专兼结合的基层文化工作队伍。2012 年 4 月，文化部印发《“春雨工程”全国文化志愿者边疆行工作实施方案》，大力推进面向边疆民族地区的文化志愿服务，建立一支热心公益、素质优良、结构合理、积极奉献的文化志愿者队伍，推出一批惠及边疆民族地区的文化志愿服务品牌活动，形成一套设计科学、行之有效的文化志愿服务机制，促进边疆民族地区公共文化服务体系建设。2012 年 9 月，文化部、中央文明办下发《关于广泛开展基层文化志愿服务活动的意见》。2015 年 1 月，中办国办《关于加快构建现代公共文化服务体系的意见》提出大力推进文化志愿服务，要求大力弘扬志愿服务精神，坚持志愿服务与政府服务、市场服务相衔接，奉献社会与自我发展相统一，社会倡导和自愿参与相结合，构建参与广泛、内容丰富、形式多样、机制健全的文化志愿服务体系。截至2015年年底，全国已有24个省、27个地级市组建了文化志愿服务机构，各类文化志愿服务团队6700多支，登记在册的文化志愿者人数突破百万，接近全国基层文化队伍总量的三分之一。2016年7月，文化部制定并下发了《文化志愿服务管理办法》，旨在推动文化志愿服务规范化、制度化建设，着力构建参与广泛、内容丰富、形式多样、机制健全的文化志愿服务体系，以更好地发挥文化志愿服务在构建现代公共文化服务体系中的积极作用。2016年10月，中宣部、中央文明办等7个部门印发《关于公共文化设施开展学雷锋志愿服务的实施意见》(文明办〔2016〕22号)，要求以公共图书馆、博物馆、文化馆、美术馆、科技馆和革命纪念馆为平台，稳步推进公共文化设施志愿服务站点建设，广泛吸引志愿者参与文化志愿服务，发展壮大学雷锋志愿服务队伍，大力弘扬“奉献、友爱、互助、进步”的志愿精神。

本条在文化志愿服务和文化志愿者队伍建设丰富实践基础上，进一步将国家倡导和鼓励公民、法人和其他组织参与文化志愿服务上升为法律。这一规定有利于组织动员专业文化工作者和社会各界人士志愿参与基层文化建设和群众文化活动；有利于引导人们弘扬和践行社会主义核心价值观，倡导服务他人、奉献社会，提升人们的思想道德境界；有利于扩大社会参与，繁荣发展社会主义文化，推动群众性文化活动广泛深入开展；有利于激发全社会文化创造热情，让蕴藏于人民群众中的文化创造热情和活力得到充分发挥；也有利于引导各类优秀文化人才面向基层、服务基层，更好地保障基层人民群众的文化权益。

二、公共文化设施管理单位建立文化志愿服务机制，组织开展文化志愿服务活动

公共文化设施志愿者，是指以自己的时间和知识、技能、体力等，在公共文化设施提供志愿服务的个人。公共文化设施志愿者一般从事三类服务：一是社会教育，主要是讲解导览、公共教育、文化活动等；二是专业服务，主要是参与文创开发、藏品登记、专业研究、文献翻译、陈列展览等；三是辅助管理，主要是行政运行、信息咨询、环境秩序维护等。

公共文化设施管理单位建立文化志愿服务机制，主要是明确文化志愿服务内容和文化志愿者招募范围、条件，组织成立文化志愿服务组织，设立文化志愿服务站点，精心设计文化志愿服务项目，积极拓展文化志愿服务范围，建立完善的文化志愿者招募、注册、培训、管理、考核、激励、保障和支持等机制。

中宣部、中央文明办等7个部门《关于公共文化设施开展学雷锋志愿服务的实施意见》（文公共发〔2012〕31号），指出了公共文化设施管理单位应组织开展的文化志愿服务活动，主要包括：公共图书馆要组织文化志愿者做好图书导读、借阅服务、读者咨询和报刊管理等工作，为读者学习知识创造良好环境；博物馆、美术馆要通过招募文化志愿者担任讲解员、参与展览布展和举办专题讲座等方式，宣传普及文物和美术知识，让群众在认知和审美过程中增长见识、陶冶情操；文化馆（站）要招募文化志愿者参与群众文化活动组织、文化培训和文艺演出等服务，丰富群众精神文化生活；公共电子阅览室要组织文化志愿者为基层群众特别是未成年人、老年人和农民工等特殊群体提供上网辅导；影剧院和公园、广场等公共场所，要支持文化志愿者组织开展群众喜闻乐见的文化活动，注重便利性、灵活性和互动性，使人们在参与中愉悦身心、体验快乐；有条件的市级以上公益性文化单位，要面向基层开展业务指导类文化志愿服务，进一步增强基层公益性文化单位的综合服务能力。

三、地方政府为文化志愿活动提供指导和支持

文化志愿服务的范围和内容主要包括：在公共图书馆、文化馆（站）、博物馆、美术馆等公共文化设施和场所开展公益性文化服务；深入城乡基层开展文艺演出、辅导培训、展览展示、阅读推广等公益性文化服务；为老年人、留守妇女儿童、残障人士、农民工和生活困难群众等提供公益性文化服务；参与基层文化设施的管理和群众文化活动的组织等工作；参与文化行政部门和文化单位开展的文化遗产保护、文化市场监督等工作；开展其他公益性文化服务。这些服务范围和内容，基本属于县以上地方人民政府文化、体育、新闻出版、广电等部门的职能范畴，因而，本条从实际出发，规定县以上地方人民政府有关部门应当为文化志愿服务活动提供指导和支持。

县级以上地方人民政府有关部门对文化志愿服务活动提供必要的指导和支持，具体措施包括：一是认真贯彻落实中办国办《关于加快构建现代公共文化服务体系的意见》，把文化志愿服务纳入公共文化服务体系建设总体规划，纳入文化工作考评指标。二是各地文化厅（局）、文明办要加强对基层文化志愿服务活动的统筹协调和组织推动，依托相关单位或行业协会组建文化志愿服务组织。三是充分发挥政府投入的引导作用，积极拓展社会筹资渠道，鼓励社会力量以赞助或捐赠形式支持文化志愿服务活动开展，为开展文化志愿服务提供必要的资金支持。四是着力扩大文化志愿服务宣传推广，充分发挥各级各类新闻媒体的作用，大力宣传基层文化志愿服务活动的进展和成效，宣传文化志愿者的感人事迹和精神风貌，着力营造有利于基层文化志愿服务的浓厚氛围，扩大基层文化志愿服务的社会影响。

四、地方政府建立管理评价、教育培训和激励保障机制

中办国办《关于加快构建现代公共文化服务体系的意

见》明确要求，文化志愿服务要创新服务内容、工作方式和活动载体，探索具有地方或行业特色的文化志愿服务模式。完善文化志愿者注册招募、服务记录、管理评价和激励保障机制。动员组织专家学者、艺术家、优秀运动员等社会知名人士参加志愿服务，提高社会影响力。要建立“结对子、种文化”工作机制，推动专业艺术院团、体育运动队和艺术体育院校等到基层教、学、帮、带，建立志愿服务下基层制度。加强对文化志愿队伍的培训，提升文化志愿者的服务意识、服务能力和服务水平。本条明确规定县以上地方人民政府有关部门建立管理评价、教育培训和激励保障机制，体现了上述要求的精神。

县级以上地方人民政府有关部门结合文化志愿服务的深入开展，建立健全管理评价、教育培训和激励保障机制的具体工作包括以下几个方面。

（一）加强文化志愿服务管理评价

加强文化志愿服务的管理，应把握三条原则：一是坚持正确导向，牢固树立以人民为中心的工作导向，把社会主义核心价值观融入文化志愿服务全过程，引导人们服务他人、奉献社会，倡导健康文明的生活方式。二是坚持文化育人，引导人们树立和坚持正确的历史观、民族观、国家观和文化观。三是坚持改革创新，把支持和发展文化志愿服务纳入文化体制改革，推动基本公共文化服务标准化、均等化、社会化发展。

加强文化志愿服务管理，要抓好三个关键环节：一是规范招募管理。要根据基层文化志愿服务的需求，制定符合实际的招募办法，及时发布招募信息，明确所需的条件和要求，采取经常性招募、应急性招募等方式，把专业文化工作者、基层群众文艺骨干、文化能人和文艺社团吸引进来，不断壮大文化志愿者队伍。二是依托相关文化单位或行业协会建立文化志愿者注册系统、电子档案和文化志愿服务数据库，实现文化志愿者、服务对象、活动项目的有效对接。三是加强对文化志愿服务的全过程管理，做好事前、事中、事后的管理评估工作，尤其是对文化志愿服务的成果和绩效进行评估验收。

（二）加强文化志愿者教育培训

建立健全招募—培训—派遣机制，建立文化志愿服务培训基地，定期举办文化志愿服务培训班，对文化志愿服务团队的组织者、管理者、业务骨干和各类文化志愿者进行培训。开展常规培训与岗前培训，普遍增强文化志愿者的服务意识、服务能力和服务水平。注重将自发的、零散的文化志愿者、文化志愿服务活动整合起来，推动文化志愿服务组织化、特色化和精准化发展。大力培育和发展专业型文化志愿服务队伍，引导文化志愿服务专业化发展。组织编写文化志愿服务培训教材，应用数字网络技术搭建面向社会公众的文化志愿服务培训综合服务平台。

（三）加强对文化志愿服务活动的激励保障

建立健全文化志愿服务激励嘉许制度。可灵活采取对有良好服务记录的文化志愿者给予艺术观摩与培训、文化艺术消费、公益性文化服务等方面的优惠待遇；对服务时间较长、业绩突出、社会影响较大的文化志愿者、文化志愿服务团队和文化志愿服务项目依法给予表彰。可综合运用组织推荐、群众反馈、专家评审、实地考察等方式，按年度评选出文化志愿服务活动优秀项目和优秀文化志愿者，对获奖项目实施团队和文化志愿者依法进行表彰奖励，颁发证书和奖金，逐步建立国家级文化志愿服务团队和文化志愿者荣誉机制。同时，要做好为文化志愿者购买相应保险和提供必要的服务条件方面的配套工作。

第四十四条　任何组织和个人不得利用公共文化设施、文化产品、文化活动以及其他相关服务，从事危害国家安全、损害社会公共利益和其他违反法律法规的活动。

条文解读

本条是关于禁止利用公共文化服务从事违法活动的规定。

本法第一条开宗明义规定了立法的宗旨，加强公共文化服务体系建设是为了丰富人民群众精神文化生活，传承中华优秀传统文化，弘扬社会主义核心价值观，增强文化自信，促进中国特色社会主义文化繁荣发展，提高全民族文明素质。本法第三条规定了中国特色公共文化服务的发展方针是坚持社会主义先进文化前进方向，坚持以人民为中心，坚持以社会主义核心价值观为引领。因此，任何组织和个人都不得利用公共文化服务从事背离公共文化服务宗旨和发展方针的违法活动。

一、不得从事危害国家安全的活动

坚持中国共产党领导，坚持中国特色社会主义道路，是我国宪法的基本准则。坚持培育和践行社会主义核心价值观，提高全国各族人民群众的文化认同、政治认同、国家认同和民族认同，是中国特色社会主义文化建设的基本要求。开展公共文化服务，保障人民群众基本文化权益，满足人民群众基本文化需求，提高全民族精神文化素养和道德品质，是公共文化服务体系建设的基本任务。与公共文化服务相关的一切设施、产品、服务和活动，必须服从于党和国家发展的大局，必须有利于维护国家和民族的文化安全。因此，任何组织和个人均不得利用公共文化设施、文化产品、文化活动以及其他相关服务，从事有违法律法规、有违社会主义核心价值观、危害国家安全的各种活动。

二、不得从事损害社会公共利益的活动

公共文化设施、文化产品、文化活动以及其他相关服务，其设置、存在和利用，均是出于公益目的，是社会公共利益的集中体现和实现载体，绝对不能用于任何损害社会公共利益的活动。损害公共利益的活动在实践中表现各异，如将公共文化设施挪作他用，利用公共文化服务开展形形色色的牟利活动，利用公共文化服务开展不利于社会安定团结的活动，利用公共文化场所开展与社会公德不符的活动等，所有这些都在禁止之列。

三、不得从事其他违反法律法规的活动

公共文化服务是政府基本公共服务职能之一。政府、文化部门和公共文化机构必须严格依法行政、规范服务。任何组织和个人利用公共文化设施、文化产品、文化活动以及其他相关服务，都必须严格遵循相关法律法规和政策制度。公共文化设施管理者、公共文化产品提供者、公共文化活动组织者，也应根据工作特点严格制定、公开并执行相关制度和规范，政府文化部门对此应加强监督检查。在推进公共文化服务社会化发展进程中，尤其应当注重提高参与公共文化服务各类社会主体的学法、守法意识，做到各类主体依法参与、有序进入、合规服务、遵章守纪。

利用公共文化设施、文化产品、文化活动以及其他相关服务从事危害国家安全、损害社会公共利益和其他违反法律法规的活动，如构成违反治安管理行为或者构成犯罪的，本法第六十三条规定了应承担的法律责任。

第四章　保障措施

本章从落实经费保障、鼓励社会参与、加强队伍建设和健全监督考核机制几个方面，规定了各级人民政府在公共文化服务中的保障责任和具体措施。

关于公共文化服务经费投入保障机制，本章规定了中央和地方各级政府按照财政事权与支出责任相匹配的原则，共同负担公共文化服务经费，并纳入本级预算予以安排。对于革命老区、民族地区、边疆地区和贫困地区，规定了中央和省级人民政府通过转移支付等方式加以重点扶助，同时鼓励经济发达地区对革命老区、民族地区、边疆地区和贫困地区的公共文化服务提供援助和帮扶。明确规定国家对免费或者优惠开放的公共文化设施进行补助。

关于社会力量参与公共文化服务的鼓励措施，主要规定包括：国家鼓励社会资本依法投入公共文化服务，拓宽公共文化服务资金的来源渠道；各级人民政府采取政府购买公共文化服务等措施，支持社会力量参与公共文化服务；社会捐赠依法享受税收优惠，鼓励通过捐赠等方式设立公益性的公共文化服务基金。同时，本章还规定鼓励和支持发展公共文化服务领域的社会组织，推动公共文化服务社会化、专业化。

关于公共文化服务人才队伍保障措施，明确了各级人民政府合理设置公共文化服务岗位、配置相应专业人员的依据；规定鼓励和支持文化专业人员、高校毕业生和志愿者到基层从事公共文化服务工作，以解决基层公共文化服务人才匮乏的问题；还提出支持公共文化服务理论研究，加强多层次专业人才教育和培训的措施，提升公共文化人才队伍的专业化水平。

关于完善公共文化服务的监督考核机制，规定建立健全公共文化服务资金使用的监督和统计公告制度，要求审计机关将公共文化服务资金的使用情况纳入审计监督计划。规定建立反映公众文化需求的征询反馈制度和有公众参与的考核评价制度，确保公共文化服务真正以人民群众的需求为出发点和落脚点。本章还规定加强公共文化服务的信息公开和社会监督，加强新闻媒体对公共文化服务的宣传报道和舆论监督。

第四十五条　国务院和地方各级人民政府应当根据公共文化服务的事权和支出责任，将公共文化服务经费纳入本级预算，安排公共文化服务所需资金。

条文解读

本条是关于公共文化服务经费保障机制的规定。

公共文化服务是政府的责任，必须由各级财政纳入预算予以保障。

一、中央和地方各级政府公共文化服务事权和支出责任划分

合理划分中央与地方事权和支出责任是政府有效提供公共产品的前提和保障。本法第七条对国务院和地方各级人民政府在公共文化服务工作上的职责作出了规定。我国现行政策也对涉及公共文化服务事权和支出责任的划分与改革方向作出了若干规定。《国务院关于推进中央与地方财政事权和支出责任划分改革的指导意见》(国发〔2016〕49号）对中央与地方财政事权和支出责任划分提出如下指导意见：体现国家主权、维护统一市场以及受益范围覆盖全国的基本公共服务由中央负责，地区性基本公共服务由地方负责，跨省（区、市）的基本公共服务由中央与地方共同负责。对受益范围较广、信息相对复杂的财政事权，如跨省（区、市）重大基础设施项目建设、环境保护与治理、公共文化等，根据财政事权外溢程度，由中央和地方按比例或中央给予适当补助方式承担支出责任。这一指导意见明确了公共文化服务的财政事权应由中央和地方共同负责。中办国办《关于加快构建现代公共文化服务体系的意见》要求，合理划分各级人民政府基本公共文化服务支出责任，建立健全公共文化服务财政保障机制。考虑到老少边穷地区自身财力的不足，要求中央和省级财政通过转移支付对老少边穷地区基本公共文化服务保障资金予以补助。

二、公共文化服务经费的测算

中办国办《关于加快构建现代公共文化服务体系的意见》对于公共文化服务经费的测算作出了规定，要求按照基本公共文化服务标准，落实提供基本公共文化服务项目所必需的资金，保障公共文化服务体系建设和运行。《国家基本公共文化服务指导标准（2015—2020 年)》要求，县级以上各级政府按照标准科学测算所需经费，将基本公共文化服务保障资金纳入财政预算，落实保障当地常住人口享有基本公共文化服务所需资金。因此，公共文化服务经费的测算要按照《国家基本公共文化服务指导标准（2015—2020 年)》和省级基本公共文化服务实施标准，针对标准所规定的基本服务项目和内容，并以本行政区常住人口为依据进行测算，以保障本地常住人口均能享受到基本公共文化服务。

三、将公共文化服务经费纳入本级预算

近年来，中央出台了一系列文件，要求将公共文化服务经费纳入财政预算。例如党的十七届六中全会通过的《中共中央关于深化文化体制改革、推动社会主义文化大发展大繁荣若干重大问题的决定》，明确提出了将公共文化产品、服务项目、活动纳入经常性财政支出预算的经费保障

要求。本条规定将公共文化服务经费纳入本级预算，安排公共文化服务所需资金，是对现行政策文件有关规定的法律确认，使公共文化服务经费保障上升到了法律层面。预算法第十三条规定，经人民代表大会批准的预算，非经法定程序，不得调整。各级人民政府、各部门、各单位的支出必须以经批准的预算为依据，未列入预算的不得支出。将公共文化服务所需经费纳入本级预算，是具有法律约束力的制度安排，有利于促进各级人民政府将公共文化服务的财政支出责任落到实处，防止有关财政经费的挪用和滥用，并接受人大的监督。

本条规定要求根据预算“安排”公共文化服务所需资金，与以往文件提出“落实”公共文化服务所需资金不同。安排，强调根据预算从财政资金中事前安排好资金，体现主动性和强制性，有利于资金提前到位；落实，则包括采用多种筹资渠道，在事前、事中和事后筹措所需资金。

第四十六条 国务院和省、自治区、直辖市人民政府应当增加投入，通过转移支付等方式，重点扶助革命老区、民族地区、边疆地区、贫困地区开展公共文化服务。

国家鼓励和支持经济发达地区对革命老区、民族地区、边疆地区、贫困地区的公共文化服务提供援助。

条文解读

本条是关于支持革命老区、民族地区、边疆地区、贫困地区开展公共文化服务的规定。

在2015年11月召开的中央扶贫开发工作会议上，习近平总书记指出，消除贫困、改善民生、逐步实现共同富裕，是社会主义的本质要求，是我们党的重要使命。贫困不仅仅包括物质生活的贫困，也包括精神生活的匮乏。革命老区、民族地区、边疆地区、贫困地区由于历史、地理、自然条件和区位等因素，缺乏自身增长动力，再加上经济发展水平、社会结构、地缘环境、文化传统等方面的原因，难以依靠自身力量实现公共文化服务的跨越式发展，缩小与发达地区的差距。老少边穷地区公共文化建设的落后，也在一定程度上制约了群众思想道德素质和科学文化素质的有效提升，直接影响了贫困地区特别是边疆少数民族地区的经济发展和社会安定和谐，直接影响了全面建成小康社会目标的实现。

一、关于转移支付

在1994年分税制改革的基础上，为解决地区间收支均衡的问题，国家逐步实行转移支付制度。转移支付制度是现代财政制度的重要内容，是政府管理的重要手段，是以各级政府之间所存在的财政能力差异为基础，以实现各地公共服务水平的均等化为主旨而实行的一种财政资金转移或财政平衡制度。财政转移支付是政府间的无偿资金转移，包括上下级和同级政府之间的转移。

中央对地方转移支付（省对市县转移支付类同），主要由财力性转移支付和专项转移支付构成。财力性转移支付是指为弥补财政实力薄弱地区的财力缺口，均衡地区间财力差距，实现地区间基本公共服务能力的均等化，中央财政安排给地方财政的补助支出，由地方统筹安排。财力性转移支付包括一般性转移支付、民族地区转移支付等。专项转移支付是指中央财政为实现特定的宏观政策及事业发展战略目标，以及对委托地方政府代理的一些事务，或中央地方共同承担事务进行补偿而设立的补助资金，需按规定用途使用。专项转移支付重点用于教育、医疗卫生、社会保障、支农等公共服务领域。

在过去较长时间内，我国转移支付总量中近50%是以专款形式安排的专项转移支付，用于效率优先的项目（通常是中央部署、地方执行），偏离了均等化目标的初衷，而一般财力性转移支付比例偏低，难以体现中央政府均衡地方政府公共服务能力的目标。党的十八届三中全会通过的《中共中央关于全面深化改革若干重大问题的决定》提出了中央转移支付改革的思路，完善一般性转移支付增长机制，重点增加对革命老区、民族地区、边疆地区、贫困地区的转移支付；清理、整合、规范专项转移支付项目。《国务院关于深化预算管理制度改革的决定》（国发〔2014〕45号）

进一步明确提出，增加一般性转移支付规模和比例，逐步将一般性转移支付占比提高到60%以上；明显增加对革命老区、民族地区、边疆地区和贫困地区的转移支付，用于均衡地区间的财力差距，尤其是提升老少边穷地区的财力，实现地区间基本公共服务能力的均等化。

二、重点扶助革命老区、民族地区、边疆地区、贫困地区开展公共文化服务

党中央、国务院明确要求完善一般性转移支付增长机制，重点增加对革命老区、民族地区、边疆地区、贫困地区的转移支付，以提升这些地区的财力，提高公共服务供给能力。预算法第三十九条也明确规定，中央预算和有关地方预算中应当安排必要的资金，用于扶助革命老区、民族地区、边疆地区、贫困地区发展经济社会建设事业。近年来，中央通过对老少边穷地区的转移支付，增强了这些地区的基本财力，提升了当地基本公共服务的供给水平和质量，较好地保障了当地居民的权益。例如，中央财政2001年设立革命老区转移支付，补助对象是对中国革命作出重大贡献、财政较为困难的连片老区县（市、区），资金主要用于革命遗址保护、烈士陵园维护和改造等老区专门事务，以及教育、文化、卫生、乡村道路、饮水安全等老区民生事务。2001—2015年，中央财政已累计安排革命老区转移支付412亿元，其中2015年规模达到78亿元。中央财政2000年设立民族地区转移支付，支持民族地区加快发展。转移支付范围为 8 个民族省区（5 个民族自治区和青海、云南、贵州 3 省）以及 8 省区外其他非民族省区的 8 个民族自治州。2006 年起，经国务院批准，又将非民族省区及非民族自治州管辖的民族自治县也纳入转移支付范围，实现了对所有少数民族地区的全覆盖，并建立了转移支付资金稳定增长机制。2000—2015 年，中央财政累计下达民族地区转移支付 3955 亿元，其中 2015 年规模达到 582 亿元。中央财政 2001 年设立边境地区转移支付，补助对象覆盖内蒙古、辽宁、吉林、黑龙江、广西、云南、西藏、甘肃和新疆 9 个陆地边境省区以及福建、厦门、山东、广东、海南、大连、浙江、宁波 8 个沿海省市，共 250 个县市，补助内容包括陆地边境事务补助、海洋管理事务补助等方面。2001—2015 年，中央财政累计下达边境地区转移支付 723 亿元，其中 2015 年规模达到 136 亿元。2011 年，中共中央、国务院发文将连片特困地区作为新阶段扶贫攻坚的主战场。中央财政扶贫资金主要投向国家确定的连片特困地区和扶贫开发工作重点县、贫困村，其中新增部分主要用于连片特困地区，资金分配坚持向西部地区（包括比照适用西部大开发政策的贫困地区）、贫困少数民族地区、贫困边境地区和贫困革命老区倾斜。2011—2015 年，中央财政不断加大投入力度，累计安排财政专项扶贫资金 1898 亿元，其中 2015 年规模达到 467 亿元。在公共文化服务领域，中办国办《关于加快构建现代公共文化服务体系的意见》也明确提出，要根据国家基本公共文化服务指导标准，明确老少边穷地区服务和资源缺口，按照精准扶贫的要求，集中实施一批有针对性的文化扶贫项目；针对老少边穷地区财力薄弱的突出困难，要求中央和省级财政通过转移支付予以保障，并且取消了对地方配套资金的要求。中央和省级财政通过转移支付，提升老少边穷地区的财力，从而保障其公共文化服务投入，促进公共文化服务均衡协调发展，这是社会公平正义和文明进步的体现，也是现代公共文化服务体系建设的必然要求。

三、鼓励和支持经济发达地区对革命老区、民族地区、边疆地区、贫困地区的公共文化服务提供援助

对口帮扶是国家一项重要的扶贫开发政策。早在1996年10月，中央召开扶贫开发工作会议，作出了《关于尽快解决农村贫困人口温饱问题的决定》，确定了对口帮扶政策，要求北京、上海、广东和深圳等9个东部沿海省市和4个计划单列市对口帮扶西部的内蒙古、云南、广西和贵州等10个贫困省区，双方应本着优势互补、互惠互利、长期合作、共同发展的原则，在扶贫援助、经济技术合作和人才交流等方面展开多层次、全方位的协作。中共中央、国务院《关于打赢脱贫攻坚战的决定》（2015年11月29日）进一步将健全东西部扶贫协作机制、鼓励发达地区对贫困地区的帮扶工作，作为国家扶贫开发工作的重要形式确定下来。

2015年，文化部等7个部门联合出台了《“十三五”

时期贫困地区公共文化服务体系建设规划纲要》，提出建立健全文化结对帮扶工作机制，要求将公共文化帮扶纳入行业扶贫、东西部扶贫协作和定点扶贫工作内容。通过合作共建、结对帮扶、区域文化联动等形式，建立国家和省级文化单位、国家公共文化服务体系示范区（项目）城市、全国文化先进单位（文化先进县、市、区）、本省区域内发达市（县）与国家扶贫开发工作重点县结对帮扶工作机制，确保每个县都有对口帮扶单位。

鼓励和支持经济发达地区对革命老区、民族地区、边疆地区、贫困地区的公共文化服务提供援助，加大对欠发达地区文化基础设施建设和公共服务的支持力度，促进当地公共文化服务的发展，是全面建成小康社会的重要内容，是消除贫困、改善民生、逐步实现共同富裕的本质要求，是社会主义制度优越性的具体生动体现。

第四十七条　免费或者优惠开放的公共文化设施，按照国家规定享受补助。

条文解读

本条是关于免费或者优惠开放的公共文化设施享受补助的规定。

公共文化服务旨在保障公民基本文化需求，是具有很强正外部性的公共产品。因此，世界上很多国家都采取免费或优惠向公民提供公共文化服务的做法。如韩国、日本的图书馆法都明确规定公共图书馆实行免费服务。国际上更多国家规定政府对公共文化服务机构给以财政补助，公共文化服务机构不得从事以营利为目的的服务。

一、关于免费开放补助

2008年，中宣部、财政部、文化部、国家文物局下发了《关于全国博物馆、纪念馆免费开放的通知》（中宣发〔2008〕2号），要求全国各级文化文物部门归口管理的公共博物馆、纪念馆，全国爱国主义教育示范基地，全部免费开放。2011年，文化部、财政部联合下发了《关于推进全国美术馆公共图书馆文化馆（站）免费开放工作的意见》（文财务发〔2011〕5号），要求美术馆、公共图书馆、文化馆（站）免费提供基本公共文化服务。2015年，中办国办印发的《关于加快构建现代公共文化服务体系的意见》，要求深入推进公共图书馆、博物馆、文化馆、纪念馆、美术馆等免费开放工作，逐步将民族博物馆、行业博物馆纳入免费开放的范围。推动科技馆、工人文化宫、妇女儿童活动中心以及青少年校外活动场所免费提供基本公共文化服务项目。2015年，中国科协、中宣部、财政部发布《关于全国科技馆免费开放的通知》（科协发普字〔2015〕20号），部署了全国科技馆免费开放的范围、内容、进度和保障政策。为了鼓励和支持公共文化设施免费或者优惠开放，各级财政部门按照增加投入、转换机制、增强活力、改善服务的原则，建立了免费开放经费保障机制，保证公共文化设施免费开放后正常运转并提供基本公共文化服务。中央财政还安排专项资金，重点对中西部地区予以补助，对东部地区予以适当奖励。中办国办《关于加快构建现代公共文化服务体系的意见》也要求完善公共文化设施免费开放的保障机制，建立健全公共文化服务财政保障机制，按照基本公共文化服务标准，落实提供基本公共文化服务项目所必需的资金，保障公共文化服务体系建设和运行。

二、美术馆、公共图书馆、文化馆（站）免费开放补助范围和标准

2011 年，文化部、财政部联合下发了《关于推进全国美术馆、公共图书馆、文化馆（站）免费开放工作的意见》（文财务发〔2011〕5 号），将免费开放作为政府重要的文化民生项目，要求美术馆、公共图书馆、文化馆（站）免费提供基本公共文化服务，并由财政经费予以保障落实。对于基本公共文化服务以外的文化服务项目，强调要坚持公益性，降低收费标准，优惠提供，不得以营利为目的。目前，我国有近 5 万所博物馆、图书馆、文化馆、乡镇综合文化站实施了“免费开放”政策。

2013 年财政部、文化部印发的《中央补助地方美术馆、公共图书馆、文化馆（站）免费开放专项资金管理暂行办法》（财教〔2013〕98 号）第二章明确了补助范围、标准与支出内容。第五条规定，免费开放专项资金分为补助资金和奖励资金，其中，补助资金用于对东中西部地区

“三馆一站”免费开放所需支出给予补助；奖励资金用于对“三馆一站”免费开放工作实施效果好的省份给予奖励。第六条规定了“三馆一站”免费开放基本补助标准：(1) 地市级美术馆、公共图书馆、文化馆每馆每年50万元；(2) 县级美术馆、公共图书馆、文化馆每馆每年20万元；(3) 乡镇综合文化站每站每年5万元。同时明确基本补助标准可以根据文化事业发展需要和财力可能实行动态调整。第七条明确了中央和地方财政对于基本补助标准的分摊机制，其中，中央财政对东部地区、中部地区（含比照享受中部政策的东部地区）、西部地区（含比照享受西部政策的东中部地区）分别按照基本补助标准的20%、50%和80%的比例安排补助资金，其余部分由地方财政负责安排。

对于专项资金的用途，《中央补助地方美术馆、公共图书馆、文化馆（站）免费开放专项资金管理暂行办法》第九条明确规定，专项资金用于“三馆一站”免费开展基本公共文化服务项目所需支出。第十条要求不得用于支付各种罚款、捐款、赞助、投资等支出，不得用于编制内在职人员和离退休人员工资及津补贴、基本建设、大型维修改造、美术作品征集等支出，不得用于偿还债务。

三、博物馆、纪念馆、科技馆免费开放补助范围和标准

2008年，中宣部、财政部、文化部、国家文物局《关于全国博物馆、纪念馆免费开放的通知》（中宣发〔2008〕

2 号)，将免费开放范围界定为全国各级文化文物部门归口管理的公共博物馆、纪念馆、全国爱国主义教育示范基地。其中，文物建筑及遗址类博物馆暂不实行全部免费开放，继续对未成年人、老年人、现役军人、残疾人和低收入人群等特殊群体实行减免门票等优惠政策。

为了保障免费开放的实施，该通知要求中央财政设立专项资金，重点补助地方博物馆免费开放所需资金，鼓励改善陈列布展和举办临时展览，支持重点博物馆提升服务能力，对实行低票价的博物馆和自行实行免费并取得良好效果的省份给予奖励。其中，博物馆、纪念馆免费开放单位门票收入减少部分全部由中央财政负担；运转经费增量部分由中央财政分别按照东部 20%、中部 60% 和西部 80% 的比例进行补助。

2015 年中国科协、中宣部、财政部《关于全国科技馆免费开放的通知》(科协发普字〔2015〕20 号)，确定免费开放范围为科协系统所属的具备基本常设展览和教育活动条件，并配套有一定的观众服务功能，能够正常开展科普工作，符合国家有关规划并由相关部门批准立项建设的县级（含）以上公益性科技馆。免费开放的内容包括常设展厅等公共科普展教项目；科普讲座、科普论坛、科普巡展活动等基本科普服务项目；体现基本科普公共服务的相关讲解、科技教育活动，以及卫生、寄存、参观指引材料等基本服务项目。科技馆免费开放自 2015 年 6 月起分批分步实施。2015 年，全国有 92 所常设展厅在 1000 平方米以上的各级科技馆试点免费开放，2016 年，试点免费开放的科技馆又增加了 123 所。中央财政安排补助专项资金，主要用于弥补门票收入减少、绩效考核奖励、运行保障增量、展品更新等方面。2015 年，中央财政补助科技馆免费开放资金 3.46 亿元。

第四十八条　国家鼓励社会资本依法投入公共文化服务，拓宽公共文化服务资金来源渠道。

条文解读

本条是关于鼓励社会资本依法投入公共文化服务的规定。

尽管我国已经是全球第二大经济体，但我国目前的现实国情是，人口众多导致人均财力仍然较低，区域差距较大导致区域发展极不平衡。因此，仅仅依靠公共财政，难以从根本上解决社会领域资金投入相对不足的现状。党的十八届三中全会提出推动公共文化服务社会化发展；中办国办《关于加快构建现代公共文化服务体系的意见》将培育和促进文化消费、鼓励和引导社会力量参与、发展文化非营利组织作为构建现代公共文化服务体系的重要内容，进一步明确了公共文化服务社会化发展的方向、思路和实施路径。

本条所说的社会资本，主要指与政府资本相对应的各类投资主体，包括公民、法人和其他组织，尤其是民间资本。鼓励和引导社会资本依法投入公共文化服务，是对政府资本的补充，可以解决公共投入不足的问题，缓解公共文化服务领域的供需矛盾，提升公共文化服务能力，增加公共文化供给。中办国办《关于加快构建现代公共文化服务体系的意见》明确要求，进一步简政放权，减少行政审批项目，吸引社会资本投入公共文化领域。

社会资本投入公共文化服务，可以通过兴办实体、资助项目、赞助活动、提供设施等方式实现。从当前各地实践来看，社会资本投入公共文化服务，主要包括投资兴办实体、采用政府和社会资本合作、捐赠财产等方式。对于社会资本投资兴办实体，国家鼓励的政策和手段包括政府购买公共文化服务、委托社会组织参与公共文化设施运营等；对于捐赠资金或资产用于公共文化服务的，国家给予税收优惠等鼓励措施。应特别强调，文化建设必须坚持正确导向。本条规定社会资本依法投入公共文化服务，一是必须按照社会资本投入或者捐赠公益性事业的有关规定办理，如《中华人民共和国公益事业捐赠法》《中华人民共和国慈善法》《民办非企业单位登记管理暂行条例》等；二是社会资本参与公共文化服务，必须坚持社会主义先进文化前进方向，坚持以人民为中心，坚持以社会主义核心价值观为引领，不得违法开展有损社会主义精神文明的文化活动。

第四十九条　国家采取政府购买服务等措施，支持公民、法人和其他组织参与提供公共文化服务。

条文解读

本条是关于通过政府购买服务的方式支持社会力量参与公共文化服务的规定。

政府向社会力量购买服务，就是通过发挥市场竞争机制作用，把政府直接向社会公众提供的一部分公共服务事项，按照一定的方式和程序，交由具备条件的社会力量承担，并由政府根据服务数量和质量向其支付费用。实践证明，推行政府向社会力量购买服务是创新公共服务提供方式、加快服务业发展、引导有效需求的重要途径，对于深化社会领域改革，推动政府职能转变，整合利用社会资源，增强公众参与意识，激发经济社会活力，增加公共服务供给，提高公共服务水平和效率，都具有重要意义。

一、政府购买公共文化服务的有关规定

2013 年，国办发布的《关于政府向社会力量购买服务的指导意见》，明确将公共文化服务纳入向社会力量购买服务的范畴。中办国办《关于加快构建现代公共文化服务体系的意见》进一步指出，建立健全政府向社会力量购买公共文化服务机制；出台政府购买公共文化服务指导性意见和目录，将政府购买公共文化服务资金纳入财政预算；推广运用政府和社会资本合作等模式，促进公共文化服务提供主体和提供方式多元化。国办转发文化部等部门《关于做好政府向社会力量购买公共文化服务工作的意见》的通知，也肯定了政府购买公共文化服务的重要意义，指出政府向社会力量购买公共文化服务，既是深入推进依法行政、转变政府职能、建设服务型政府的重要环节，也是规范和引导社会组织健康发展、推动公共文化服务社会化发展的重要途径，对于进一步深化文化体制改革，丰富公共文化服务供给，提高公共文化服务效能，满足人民群众精神文化和体育健身需求具有重要意义。国办转发文化部等部门《关于做好政府向社会力量购买公共文化服务工作的意见》，还发布了《政府向社会力量购买公共文化服务指导性目录》，包括公益性文化体育产品的创作与传播，公益性文化体育活动的组织与承办，中华优秀传统文化与民族民间传统体育的保护、传承与展示，公共文化体育设施的运营和管理，民办文化体育机构提供的免费或低收费服务 5 类 38 项内容。

二、政府购买服务作为支持社会力量参与的手段

国办转发文化部等部门《关于做好政府向社会力量购买公共文化服务工作的意见》也要求为政府购买公共文化服务提供资金保障，要求将政府向社会力量购买公共文化服务所需资金列入财政预算，从部门预算经费或经批准的专项资金等既有预算中统筹安排。逐步加大现有财政资金向社会力量购买公共文化服务的投入力度。对新增的公共文化服务内容，凡适于以购买服务实现的，原则上都要通

过政府购买服务方式实施。采用政府购买公共文化服务的措施，实际上也为市场和社会文化主体创造了文化市场需求，有利于培育社会化公共文化服务力量，规范和引导社会组织健康发展，逐步构建多层次、多方式的公共文化服务供给体系。

建立健全政府向社会力量购买公共文化服务机制，为社会力量参与公共文化服务提供有效路径，鼓励和引导社会力量进入公共文化事业领域，不仅有利于改变政府大包大揽的传统做法，促进政府自身运作方式的改革，而且有利于发挥市场竞争机制，促进公共文化服务质量和效率的提升，充分发挥社会力量在提供公共文化服务、改善社会文化治理方面的作用，激发整个社会的文化活力和文化创造力。

第五十条　公民、法人和其他组织通过公益性社会团体或者县级以上人民政府及其部门，捐赠财产用于公共文化服务的，依法享受税收优惠。

国家鼓励通过捐赠等方式设立公共文化服务基金，专门用于公共文化服务。

条文解读

本条是关于国家鼓励向公共文化服务捐赠和设立公共文化服务基金的规定。

捐赠财产用于公共文化服务，是捐赠人自愿、无偿的奉献行为，应该受到鼓励和提倡。首先，捐赠应当是自愿的，任何个人或组织、公共文化机构及其他有关部门均不得索要或者强迫。捐赠的内容、数额、捐赠对象、用途等均应尊重捐赠人的意愿。当然，捐赠应从有利于国家、社会和公共文化事业的发展出发，捐赠方式、捐赠内容等必须符合国家的法律法规和有关政策，不得妨害公共文化事业的发展，不得以捐赠为名从事营利活动。其次，捐赠应当是无偿的，从民事行为上看，捐赠也是一种赠与行为。捐赠人将自己的财产给付受赠人，受赠人取得捐赠财产，无须向捐赠人偿付相应的代价。

一、捐赠财产用于公共文化服务依法享受税收优惠

（一）享受税收优惠的依据

国际上，许多国家都对慈善捐赠给予一定的税收优惠，但对于捐赠人能否享受税收优惠，如何享受税收优惠，享受多少税收优惠等标准和程序问题，一般都由税法等法律具体规定。如在美国，通过税法来调整慈善组织的行为以及规定慈善捐赠的税收优惠；日本虽然有普适性的《公益性社团法人及公益财团法人认定法》，但是它也只是原则性地规定了向公益法人捐赠可以享受税收优惠。同样，本法也没有规定捐赠享受税收优惠的具体内容，需要依照企业所得税法及企业所得税法实施条例、个人所得税法及个人所得税法实施条例等法律法规来确定。

公益事业捐赠法第三条规定，公益事业是指非营利的

下列事项：(1) 救助灾害、救济贫困、扶助残疾人等困难的社会群体和个人的活动；(2) 教育、科学、文化、卫生、体育事业；(3) 环境保护、社会公共设施建设；(4) 促进社会发展和进步的其他社会公共和福利事业。由此可见，国家鼓励公民、法人和其他组织向公共文化服务进行捐赠，向公共文化服务捐赠的个人和企业以及其他组织都可以依照我国公益事业捐赠法等有关法律法规的规定享受税收等方面的优惠。

（二）捐赠途径的规定

根据我国现行有关规定，捐赠人只有向具有公益性捐赠税前扣除资格的公益性社会团体、公益性非营利事业单位或者县级以上人民政府及其部门进行捐赠，才能享受税收优惠。例如，公益事业捐赠法第二条明确了自然人、法人或者其他组织自愿无偿向依法成立的公益性社会团体和公益性非营利的事业单位捐赠财产，用于公益事业的，适用本法；第十条界定了公益性社会团体和公益性非营利事业单位的内涵：公益性社会团体是指依法成立的，以发展公益事业为宗旨的基金会、慈善组织等社会团体。公益性非营利事业单位是指依法成立的，从事公益事业的不以营利为目的的教育机构、科学研究机构、医疗卫生机构、社会公共文化机构、社会公共体育机构和社会福利机构等。

企业所得税法实施条例第五十一条规定，企业所得税法第九条所称公益性捐赠，是指企业通过公益性社会团体或者县级以上人民政府及其部门，用于公益事业捐赠法规定的公益事业的捐赠。

（三）具体的税收优惠政策

根据个人所得税法及个人所得税法实施条例的规定，个人将其所得通过中国境内的社会团体、国家机关向教育和其他社会公益事业以及遭受严重自然灾害的地区、贫困地区进行捐赠，捐赠额未超过纳税义务人申报的应纳税所得额30%的部分，可以从其应纳税所得额中扣除。

根据企业所得税法及企业所得税法实施条例的规定，企业发生的公益性捐赠支出，在年度利润总额12%以内的部分，准予在计算应纳税所得额时扣除。此外，财政部、税务总局还下发了一系列文件，规定特定情形下的公益性捐赠可以享受税前扣除，如个人向公益性青少年活动场地、汶川地震、玉树地震等进行的捐赠，可以享受个人所得税前据实全额扣除。

1999年颁布的公益事业捐赠法第二十六条规定，境外向公益性社会团体和公益性非营利事业单位捐赠的用于公益事业的物资，依照法律、行政法规的规定减征或者免征进口关税和进口环节增值税。对此，海关以及财税部门已经制定了一系列文件，主要有2015年财政部、海关总署和国家税务总局颁布的《慈善捐赠物资免征进口税收暂行办法》，2016年海关总署发布的《关于实施〈慈善捐赠物资免征进口税暂行办法〉有关事宜的公告》等，都规定了境外捐赠的税收优惠。因此，境外捐赠用于公共文化服务的物资也可以享受税收优惠，但是有关法规对免税进口的捐赠进口物资进行用途限制，不得以任何形式转让、出售、出租或移作他用。

二、国家鼓励通过捐赠等方式设立公共文化服务基金

本条规定，国家鼓励通过捐赠等方式设立公共文化服务基金。根据国务院2004年6月1日实施的《基金会管理条例》规定，基金会是指利用自然人、法人或者其他组织捐赠的财产，以从事公益事业为目的，按照该条例的规定成立的非营利性法人。基金会分为面向公众募捐的公募基金会和不得面向公众募捐的非公募基金会。公募基金会按照募捐的地域范围，分为全国性公募基金会和地方性公募基金会。

基金会的活动宗旨是通过资金资助推进科学研究、文化教育、社会福利和其他公益事业的发展。目前，全国性公募基金会主要有中国残疾人基金会、中国红十字基金会、宋庆龄基金会、中国青少年发展基金会、中华环境保护基金会等。此外，各地还兴办了不少基金会。目前我国已经登记各类基金会1000多家，其中全国性基金会80多家。基金会总资产为50亿元人民币，从事社会公益资助约为40亿元。基金会在教育、扶贫、社会福利、弱者救助等社会公益事业方面发挥了重要作用。

《基金会管理条例》规定，基金会应当根据章程规定的宗旨和公益活动的业务范围使用其财产。捐赠协议明确了具体使用方式的捐赠，根据捐赠协议的约定使用。接受捐赠的物资无法用于符合其宗旨的用途时，基金会可以依法拍卖或者变卖，所得收入用于捐赠目的。基金会的财产及其他收入受法律保护，任何单位和个人不得私分、侵占或者挪作他用。

基金会开展公益资助项目，应当向社会公布所开展的公益资助项目种类以及申请、评审程序。基金会可以与受助人签订资助协议，约定资助方式、资助数额以及资金用途和使用方式。基金会有权对资助的使用情况进行监督。受助人未按资助协议约定使用资助款物或者有其他违反协议情形的，基金会有权解除资助协议。

基金会接受的捐赠，根据基金会章程的规定进行管理。基金会应当执行国家统一的会计制度，依法进行会计核算、建立健全内部会计监督制度，并应当接受税务、会计主管部门依法实施的税务监督和会计监督。基金会应当在通过登记管理机关的年度检查后，将年度工作报告在登记机关指定的媒体上公布，接受社会公众的查询、监督。

第五十一条　地方各级人民政府应当按照公共文化设施的功能、任务和服务人口规模，合理设置公共文化服务岗位，配备相应专业人员。

条文解读

本条是关于公共文化服务岗位设置和专业人员配备的规定。

本法第十四条逐项列举了主要的公共文化设施。公共文化设施是政府出资修建的，是公共文化服务体系的基础平台，也是展示文化建设成果、开展群众文化活动的重要阵地。近年来，我国公共文化设施建设取得了突出进展，但由于人员编制不足、岗位设置不科学、专业人才匮乏，导致已建成的公共文化设施难以有效运作，出现闲置和浪费现象。2015 年，中办国办《关于加快构建现代公共文化服务体系的意见》提出，按照控制总量、盘活存量、优化结构、有减有增的要求，研究制定公共文化机构人员编制标准，并根据业务发展状况进行动态调整。对实行免费开放后工作量大量增加、现有机构编制难以满足工作需要的公益性文化事业单位，要结合实际和财力，合理增加机构编制。设立城乡基层公共文化服务岗位，配置由公共财政补贴的工作人员。本条规定，公共文化设施应根据功能、任务和服务人口规模设置岗位，并配备相应的专业人员。

一、公共文化设施的功能和任务

《国家基本公共文化服务指导标准（2015—2020 年）》明确了县级以上（含县级）在辖区内要建有“两馆一站”，即公共图书馆、文化馆和乡镇（街道）综合文化站，这是县级以上政府建设公共文化设施的“兜底标准”。有些发达地区在制定本省实施标准时，适当提高底线标准，规定县级地方政府要建有“四馆一站”，即公共图书馆、文化馆、博物馆、非遗馆（非遗展示场所）和乡镇（街道）综合文化站；地市级政府还要求建有美术馆，即“五馆一站”。

不同类型的公共文化设施有各自的功能和任务。如公共图书馆主要是收集、整理、存储、传播、研究文献信息资源，并向社会公众提供服务；文化馆以推动文化艺术普及、指导群众文艺创作、组织开展群众文化活动和辅导培训、开展民族民间文化艺术资源的传承保护和利用为主要职责；博物馆以教育、研究和欣赏为目的，收藏、保护并向公众展示人类活动和自然环境的见证物。公共文化设施应根据各自承担的功能任务，合理设置相应岗位，合理确定专业人员的规模和结构。

二、服务人口规模

长期以来，我国的公共文化设施主要按照行政区划而不是服务人口、服务半径进行布局和建设，岗位也基本上是按照公共文化设施的级别进行设置，导致公共文化设施的布局、建设和服务不能适应当地人群的需要。因此，公共文化设施的岗位设置必须转变到充分考虑服务人口规模上来。根据新时期对基本公共服务的要求，人口规模是常住人口而非户籍人口。按目前通行统计口径，在一地居住半年以上者，即为当地常住人口。目前，我国公共文化设施建设标准控制建设规模、建筑面积的主要依据，已经转移到了以服务人口为主要依据上来，如《公共图书馆建设标准》《文化馆建设标准》《乡镇综合文化站建设标准》等。针对各级各类公共文化设施岗位设置的服务人口依据和标准，目前还不够完善。已有的标准规范主要是《公共图书馆服务规范》（GB/T28220—2011），规定公共图书馆工作人员数量的确定，以所在区域服务人口数为依据，每服务人口 10000～25000 人应配备 1 名工作人员，同时还应兼顾服务时间、馆舍规模、馆藏资源数量、年度读者服务量等因素。《国家基本公共文化服务指导标准（2015—2020年）》规定，县级以上公共文化机构按照职能和当地人力资源社会保障、编办等部门核准的编制数配齐工作人员。乡镇综合文化站每站配备有编制人员 1 人至 2 人，规模较大的乡镇适当增加。村（社区）公共服务中心设有由政府购买的公益文化岗位。本条将服务人口规模作为公共文化设施设置岗位、配备专业人才的依据，体现了公共文化服务以人为本的理念。

三、配备人员的专业性

当前，我国公共文化人才队伍面临的突出挑战，是缺乏稳定、高素质的专业人才。许多公共文化机构特别是基层的公共文化机构，人员年龄偏大、观念相对落后、知识结构陈旧、专业化程度不够是较为普遍的现象，难以适应新时期现代公共文化服务体系建设的要求。本条突出强调了应配备"专业人员"，体现了现代公共文化服务体系建设对人才队伍的本质要求。

我国现行的有关法规政策对公共文化机构配备专业人才有一定要求。《博物馆条例》规定，博物馆设立的基本条件之一，是有与其规模和功能相适应的专业技术人员；博物馆的基本功能之一，是开展相关专业领域的理论及应用研究，促进专业人才成长。《公共图书馆服务规范》规定，公共图书馆具有相关学科背景的专业技术人员应占工作人员的75%以上，少数民族自治地区公共图书馆要配备熟悉少数民族语言文字的专业技术人员。

第五十二条　国家鼓励和支持文化专业人员、高校毕业生和志愿者到基层从事公共文化服务工作。

条文解读

本条是关于鼓励和支持有关人员到基层从事公共文化服务工作的规定。

目前，我国基层公共文化队伍建设较为滞后，主要问题一是专业人才短缺，二是人才结构不尽合理，三是人员流动大，四是人才培训机制不够健全。基层开展公共文化服务主要缺少四类人才。第一，懂行政、懂艺术、懂经济的复合型文化管理人才；第二，技艺精湛的各类文学艺术创作辅导专业人才；第三，善于策划文化大型活动的专业人才；第四，基层文艺创作、展演、管理方面的专业人才。鼓励和支持文化专业人员、高校毕业生和志愿者到基层从事公共文化服务工作，有助于解决基层文化队伍存在的主要问题。

一、文化专业人员

文化专业人员主要指专业技术人员，包括群众文化专业、图书馆学专业、文物博物专业、艺术专业、美术专业等领域的专业技术人员。近年来，一些地方出现“县聘乡用”的“文化下派员”“图书馆下派员”制度，即县文化馆、图书馆向作为分馆的乡镇文化站派遣业务人员，参与乡镇分馆的业务和管理工作，促进了专业人员到基层工作，也推动了乡镇文化站、图书馆和文化馆分馆的建设，效果明显。不少地方以流动博物馆、流动图书馆、流动舞台车等方式，促进专业人员到基层开展流动文化服务，也有专业人员采取建立工作室、挂职等方式到基层工作。在具体实践中，一些地方政府和有关部门加大了政策支持和资金投入力度，除了给予下基层的文化专业人员一定的物质鼓励外，还在职称晋升、评优创先等方面给予了倾斜，体现了政府的鼓励和支持。

二、高校毕业生

到基层工作一直是国家大力倡导的大学生就业渠道。目前需要完善的是吸引大学生到基层从事公共文化服务工作的具体鼓励措施。由于历史的原因，我国不少老少边穷地区不仅经济发展滞后，而且文化事业发展水平也较低。扶贫先扶智，国家应出台各种优惠政策，鼓励和吸引大学毕业生到老少边穷地区基层工作，力争在较短时间内使老少边穷地区和基层公共文化服务能力与水平有明显改善。近年来，国家已经出台了一些积极鼓励高校毕业生到基层就业的政策。如要求各地各高校进一步健全服务保障机制，进一步完善学费补偿、助学贷款代偿、后续升学和就业服务等政策，会同有关部门组织实施好“农村教师特岗计划”“西部计划”“大学生村官”“三支一扶”等各类基层服务项目。同时，还在社保补贴、培训补贴、税费减免、毕业生落户、人事档案管理等政策方面加大支持力度，支持更多毕业生到基层建功立业。

三、文化志愿者

文化志愿服务是志愿服务的组成部分。与普通志愿服务不同的是，文化志愿服务强调公益文化艺术服务。中宣部、中央文明办等7部门印发的《关于公共文化设施开展学雷锋志愿服务的实施意见》（文明办〔2016〕22号）提出，以公共图书馆、博物馆、文化馆、美术馆、科技馆和革命纪念馆为平台，稳步推进公共文化设施志愿服务站点建设，广泛吸引志愿者参与文化志愿服务，发展壮大学雷锋志愿服务队伍。为提高文化志愿服务水平，县级以上人民政府要给予必要的指导和支持，建立管理评价、教育培训和激励保障措施，主管部门有义务对文化志愿者进行必要的知识培训。对长期提供高质量的文化志愿服务或在文化志愿服务中作出突出贡献的优秀文化志愿者，应该给予一定形式的表彰奖励。

第五十三条　国家鼓励和支持公民、法人和其他组织依法成立公共文化服务领域的社会组织，推动公共文化服务社会化、专业化发展。

条文解读

本条是关于鼓励和支持公共文化服务领域社会组织发展的规定。

国际经验表明，社会组织在文化治理体系中可以发挥“第三部门”的作用，它与政府、市场所承担的公共文化服务职能相辅相成，在资源动员、服务提供、活动实施、运营管理等方面具有专业化能力和独特作用，是政府以社会化机制和方式提供公共文化服务的主要依靠力量之一。从我国的现实需求看，引入市场竞争机制提高公共文化服务质量和水平，是提升公共服务效能的重要举措。引入市场竞争机制必然要求打破提供主体单一垄断的局面，形成提供主体多元化的格局。从这个意义上讲，没有一大批专业化的文化类社会组织，就不可能形成多元主体、良性竞争的公共文化服务格局。党的十八届三中全会明确要求，要推动公共文化服务社会化发展。这是顺应时代发展、构建现代公共文化服务体系的题中应有之义。中办国办《关于加快构建现代公共文化服务体系的意见》也将培育和促进文化消费、鼓励和引导社会力量参与、培育和规范文化类社会组织作为构建现代公共文化服务体系的重要内容，进一步明确了公共文化服务社会化发展的方向、思路和实施路径。

一、公共文化服务领域的社会组织

党的十八届三中全会提出要培育和发展文化类非营利组织，中办国办《关于加快构建现代公共文化服务体系的意见》提出要培育和规范文化类社会组织，本条明确鼓励和支持公民、法人和其他组织依法成立公共文化服务领域的社会组织。公共文化服务领域的社会组织，是政府部门和企业之外的一切参与公共文化服务的志愿团体、社会组织或民间协会。中办国办《关于加快构建现代公共文化服务体系的意见》将文化类社会组织的形态界定为文化类行业协会、基金会、民办非企业单位等社会组织。

文化类行业协会是指介于政府、企业之间，商品生产者与经营者之间，并为其服务、咨询、沟通、监督、公正、自律、协调的文化类社会中介组织。文化类行业协会是一种民间性组织，它不属于政府的管理机构系列，而是政府与企业的桥梁和纽带。

基金会是指利用自然人、法人或者其他组织捐赠，以从事公益事业为目的，按照《基金会管理条例》的规定成立的非营利性法人。基金会分为面向公众募捐的基金会和不得面向公众募捐的基金会。根据《基金会管理条例》规定，基金会必须在民政部门登记方能合法运作，就其性质而言，是一种民间非营利组织。

民办非企业单位是于1996年针对以往的民办事业单位这一概念所作出的修正，意即事业单位是国家举办的，而民间不应再称事业单位。1998年10月，国务院颁布了《民办非企业单位登记管理暂行条例》，对民办非企业单位作出了如下界定：企业事业单位、社会团体和其他社会力量以及公民个人利用非国有资产举办的，从事非营利性社会服务活动的社会组织。

在我国，公共文化服务领域的社会组织发展的主要矛盾是发育程度低、单位数量少、发展不够规范。目前，全国公共文化领域虽有8700多支馆办文艺团队、30多万支群众业余文艺团队，还有不计其数的以“文化能人”为核心的自发性文艺组织，但真正符合依法在登记管理部门登记、具有比较健全的内部治理结构和管理制度、具有独立承担民事责任能力要求的社会组织还很少。现有具有一定专业服务能力的文艺团队组织，由于治理结构和管理运行不规范，多数还不能成为承接政府购买公共文化服务的社会组织。因此，对于公共文化服务领域的社会组织，一是要培育，二是在培育的基础上再加以规范。规范的主要任务是明确公共文化服务领域的社会组织的功能定位，加强行业自律，建立管理制度。

二、对公共文化服务领域社会组织的鼓励和支持

没有一大批具有专业服务理念和专业服务能力、管理运行规范的社会组织，政府购买公共文化服务、开展基层设施的社会化管理运营就没有承接主体，推动公共文化服务社会化、专业化发展就形不成竞争机制，资源配置方式、服务提供方式也就无法通过市场机制、市场手段实现。

鼓励和支持公共文化服务领域的社会组织，重点需要做好以下工作。第一，需要宣传普及公共文化服务领域社会组织在现代公共文化服务体系建设中的功能、作用，让更多的自发性文艺团队组织认识到升级转型为文化类社会组织的必要性和重要性，认识到松散型的兴趣团队和组织化的社会团体，在实现价值理念、社会贡献和志愿精神方面的区别，在全社会培育以组织化形态、专业化能力服务于现代公共文化服务体系建设的理念和意识，为文化类社会组织涌现奠定思想认识基础。第二，简化公共文化服务领域社会组织的登记手续，扫除在成立登记方面繁琐的程序障碍。第三，政府购买公共文化服务的项目、资金向公共文化服务领域社会组织倾斜，拓展公共文化服务领域社会组织的资金来源渠道，培育其造血机制，夯实公共文化服务领域社会组织提升服务能力、持续发展的基础。2015年，文化部等四部门出台《关于做好政府向社会力量购买公共文化服务工作的意见》，为社会力量参与公共文化服务提供有效路径，鼓励和引导社会力量进入公共文化领域。第四，加强政府监管和社会监督，引导和指导公共文化服务领域社会组织建立健全内部治理结构，完善财务、资产、人员、绩效的管理和评估制度，形成良好的服务信誉，依法依规承接、提供公共文化服务。

中办国办《关于加快构建现代公共文化服务体系的意见》为培育和规范文化类社会组织指出了方向，要求加强对文化类行业协会、基金会、民办非企业单位等社会组织的引导、扶持和管理，促进规范有序发展。制定完善关于文化类社会组织的规章，明确功能定位。鼓励各类公共文化服务机构成立行业协会，发挥其在行业自律、行业管理、行业交流等方面的重要作用。加快推进文化行业协会与行政机关脱钩，将适合由社会组织提供的公共文化服务事项交由社会组织承担。引导文化类社会组织依法依规开展公共文化服务。加大政府向文化类社会组织购买服务力度。加强政府管理和社会监督，严格执行社会组织年检制度和信息公开制度，开展运营绩效评估和社会信用评估，实现依法管理、依法运营。

公共文化服务领域的社会组织，性质是非营利组织，特征是不以营利为目的，即它的运营并不是为了产生经济利益。为了支持非营利组织的发展，各国往往对非营利组织获得的捐赠或运营产生的收益都有税收上的优惠，但同时也严格限制其支出。我国企业所得税法第二十六条明确规定，符合条件的非营利组织的收入为免税收入。关于非营利组织的认定标准，企业所得税法实施条例第八十四条从税法角度做了明确规定，需同时符合下列条件：（1）依法履行非营利组织登记手续；（2）从事公益性或者非营利性活动；（3）取得的收入除用于与该组织有关的、合理的支出外，全部用于登记核定或者章程规定的公益性或者非营利性事业；（4）财产及其孳息不用于分配；（5）按照登记核定或者章程规定，该组织注销后的剩余财产用于公益性或者非营利性目的，或者由登记管理机关转赠给与该组织性质、宗旨相同的组织，并向社会公告；（6）投入人对投入该组织的财产不保留或者享有任何财产权利（投入人指除各级人民政府及其部门外的法人、自然人和其他组织）；（7）工作人员工资福利开支控制在规定的比例内，不变相分配该组织的财产。

第五十四条　国家支持公共文化服务理论研究，加强多层次专业人才教育和培训。

条文解读

本条是关于国家支持公共文化领域的理论研究和专业人才培养的规定。

目前，我国公共文化服务理论研究还处于起步阶段，理论研究滞后于实践探索，难以有效发挥对实践的指导作用。此外，公共文化机构从业人员的业务素质和能力还存在不足，难以适应新时期公共文化服务的需要。为了提高公共文化的服务质量、水平和效能，必须加强公共文化服务的理论研究，加强专业人才的培养力度。

一、公共文化服务理论研究

现代公共文化服务提供的是专业化服务，国际上有公共文化服务机构在专业职务基础上运营的理念。在我国的国民教育体系中，与公共文化服务相关的学科体系、专业设置尚不完善，如图书馆、博物馆在大学里已经有学科、有专业，但更具中国特色的文化馆（站）专门人才培养，目前就处于大学无专业、无学科的状态。同时，统摄各类公共文化机构、着眼公共文化事业发展的公共文化管理和服务，尚未形成专门的学科和专业，不利于推进公共文化领域专门人才的培养。

目前，国内从事公共文化研究的学者主要来自公共管理、公共财政、图书情报管理、信息技术与管理等学科专业，运用其原有的专业基础研究公共文化的问题，具有很大的交叉性特点。这种现状与推进公共文化服务的专业化发展不相适应，与构建现代公共文化服务体系的要求不相适应。我国的公共文化服务发展到今天，公共文化本身的专业化发展越来越迫切，加强公共文化服务理论研究、促进公共文化服务领域的人才培养越来越重要。

加强公共文化服务的理论研究和理论体系构建，目的是为推进现代公共文化服务体系建设提供重要的理论支撑。通过理论研究探索公共文化服务体系建设的基本规律和长效机制，最终将理论研究转化为制度设计，从而推动实际工作。近年来，一些地方文化行政部门和公共文化机构积极开展公共文化服务理论研究，重点研究在公共文化发展中存在的难点问题、关键问题，以理论研究指导实践、以实践探索丰富理论，不断推进制度创新，在理论研究与实践工作的紧密结合上成效显著。2011 年，文化部成立了国家公共文化服务体系建设专家委员会，形成了一支由高校科研机构专家学者、政府文化部门管理者和公共文化机构实践者组成的政策理论研究队伍，促进了公共文化服务的理论研究，为政府科学决策、民主决策提供了参考咨询。许多省、市、自治区也相继成立了公共文化服务专家委员会，有力地推动了公共文化服务领域的理论研究和实践探索。

二、加强多层次专业人才教育和培训

加强公共文化人才队伍培训，是提升公共文化服务效能的重要举措。目前，从总体上看，我国公共文化从业人员的业务素质和专业能力还存在不足，特别是基层缺乏稳定的专业化队伍，人员年龄偏大，观念相对落后，知识结构陈旧，不专职、不专业、不专心的现象还较为普遍存在，业务素质和能力难以适应新时期基层公共文化建设的要求。

解决公共文化服务从业人员的职业素养和专业能力问题，发达国家多实行公共文化服务机构职业准入制度，如美英等国的图书馆员职业准入制度，日本、韩国实行的图书馆员“司书制度”，日本公民馆实行的“公民馆主事”

制度等。在我国目前的经济社会发展阶段，公共文化机构引入发达国家的职业准入制度，社会条件尚不成熟。有鉴于此，中办国办《关于加快构建现代公共文化服务体系的意见》要求，稳步推进基层公共文化服务队伍培训，建立培训上岗制度。所谓培训上岗制度，是指所有进入公共文化服务岗位的工作人员，都要接受较为系统的专业培训，经考试合格，颁发证书；公共文化服务机构结合内部管理机制改革，全面建立工作人员持证上岗的制度。这是目前阶段我国公共文化服务领域提高从业人员的职业素养和专业水平的现实做法。

中办国办《关于加快构建现代公共文化服务体系的意见》还要求将公共文化服务专业人才培养纳入国民教育体系。所谓国民教育体系，是指由义务教育、基础教育、高等教育、职业教育和成人教育组成的，具备国民教育经费保障机制、国民教育教师保障机制和国民享受教育权利保障机制的现代教育事业的总体。把公共文化服务专业人才培养纳入国民教育体系，旨在推动高等教育、职业教育和成人教育建设和完善公共文化学科体系、专业体系和课程体系，开辟公共文化高端人才培养渠道，为公共文化服务提供高层次人才保障。

公共文化领域多层次的在职教育和培训近年来显著加强，并在实践中逐步形成了自身的特点。一是教育和培训的对象大为拓展。不仅包括各级文化行政主管部门领导、各级各类公共文化机构从业人员、乡镇（街道）和村（社区）专兼职工作人员，还包括各级党委、政府主要领导、分管领导，特别是将公共文化的教育培训内容纳入了地方党委政府理论学习中心组、各级党校和行政学院的课程体系中。二是进一步完善了教育和培训的内容。既包括通用类知识，如政策法规解读、现代公共文化服务发展方向等，又包括专业性知识和技能，如公共数字文化服务、活动策划与组织推广等，确保培训的内容学得会、用得上、见实效。三是落实教育和培训的时间。按照《国家基本公共文化服务指导标准（2015—2020 年)》的规定，县级以上公共文化机构从业人员每年参加脱产培训时间不少于 15 天，乡镇（街道)、村（社区）基层文化专兼职人员每年参加集中培训时间不少于 5 天。四是创新教育和培训方式。实现集中培训和远程培训相结合，创办“空中大课堂”，利用互联网、新媒体等手段，引入网络课程、慕课、微课等形式，提高教育和培训的覆盖面和实际效果。

第五十五条　县级以上人民政府应当建立健全公共文化服务资金使用的监督和统计公告制度，加强绩效考评，确保资金用于公共文化服务。任何单位和个人不得侵占、挪用公共文化服务资金。

审计机关应当依法加强对公共文化服务资金的审计监督。

条文解读

本条是关于对公共文化服务资金使用进行监督、统计公告、审计监督的规定。

公共文化服务资金是发展公共文化事业的基本保障。为了加强对公共文化服务资金使用和执行情况的监督，促进公共文化服务资金使用的规范化、制度化，提高公共文化服务资金的资金使用效益，需要各级人民政府建立健全公共文化服务资金使用的审计监督制度，以确保公共文化服务经费的落实和按规定使用。本条规定，县级以上人民政府是公共文化服务资金使用的监督和统计公告制度的建立主体；审计机关是公共文化服务资金的审计监督主体。

一、建立健全公共文化服务资金使用的监督制度

主要体现为建立健全各级人民政府审计机关的审计监督、财政部门的财政监督和文化行政部门的内部监督。根据《财政部门监督办法》（财政部令第69号），财政部门可依法对如下事项进行监督：（1）财税法规、政策的执行情况；（2）预算编制、执行、调整和决算情况；（3）税收收入、政府非税收入等政府性资金的征收、管理情况；（4）国库集中收付、预算单位银行账户的管理使用情况；（5）政府采购法规、政策的执行情况；（6）行政、事业单位国有资产，金融类、文化企业等国有资产的管理情况；（7）财务会计制度的执行情况；（8）外国政府、国际金融组织贷款和赠

款的管理情况；（9）法律法规规定的其他事项。因此，财政部可依法对公共文化服务资金的预算编制、执行、调整和决算情况进行监督，监督结果可以作为预算安排的重要参考依据。根据审计法和审计署《关于内部审计工作的规定》以及本法的有关规定，文化系统应按照依法治文、从严管理的原则，建立内部审计监督制度。文化系统内部审计是文化系统内部审计机构、审计人员对财务收支、经济活动的真实、合法和效益进行独立监督、评价的行为。文化部于1990年发布的《文化系统内部审计工作规定》，对内部审计的组织和领导、内部审计机构和审计人、内部审计机构职责和权限、内部审计工作程序等都作了详尽的规定。各级文化行政部门和公共文化机构应在全面开展公共文化资金各项审计工作的基础上，重点做好以下几方面的工作：一是加强对公共文化服务体系建设中央专项资金（如免费开放经费等）的使用、管理情况的审计；二是依照国家有关法律法规及政策，对公共文化机构收费进行审计或者审计调查、监督，防止和治理各种乱收费；三是继续加强基建和修缮工程项目审计。

二、建立健全公共文化服务资金使用的统计公告制度

本条规定，县级以上人民政府应建立公共文化服务资金使用的统计公告制度。这是公共文化服务经费管理的重要内容，是监督公共文化服务资金使用、加强绩效考评以及了解和掌握公共文化服务现状和发展趋势的主要手段，也是政府公共文化管理决策依据之一。近年来，各级文化行政部门加强了公共文化统计工作，但在实践中，由于缺少法律法规约束，一些单位漏报、误报、迟报、不报的现象还时有存在，有些地方的报告内容不全面、不规范、统计不准确、分析不符合实际情况，这些都需要逐步加以规范。本条从法律上确立了公共文化服务资金使用的统计公告制度，明确要求县级以上各级人民政府都要建立公共文化服务资金统计公告制度。

公共文化服务资金使用统计公告制度主要分两种情况：一种是国家统计，即依据《中华人民共和国统计法》，运用各种统计方法对国民经济和社会发展情况进行统计调查、统计分析，提供统计资料和统计咨询意见，实行统计监督。公共文化经费纳入国家统计范畴后，将由国家统计机构和统计人员依照统计法的规定独立行使统计调查、统计报告、统计监督的职权。另一种是系统内部统计，即文化行政部门、事业单位和其他社会力量举办的公共文化机构，必须依照统计法和本法，填报公共文化统计调查表，提供公共文化统计调查所需要的统计资料，必要时可设置内部统计机构或配备统计干部。各级文化部门在开展统计工作时，应与同级人民政府统计机构加强协作，并在统计业务上接受指导。

统计公告作为国家统计工作的一部分，各级负责统计公告工作的单位和人员，必须树立法制观念，不得虚报、漏报、拒报、迟报、伪造和篡改。任何单位和个人不得以任何借口阻碍统计公告人员依法履行统计公告义务。

本条规定，县级以上各级人民政府都要逐步建立健全公共文化服务资金的统计公告制度。制度建立的责任主体是各级人民政府，有利于确保各级统计部门和文化行政部门依法履行职责，做好本行政区内的公共文化服务资金执行情况统计公告的管理工作，并定期向社会公布统计公告的结果，以接受社会监督。

三、加强绩效考评

公共文化服务资金的绩效考评是在确保资金支出合理性的基础上，增加对资金使用的效能性监督和评价，从而实现公共资金管理的规范化、科学化、制度化。公共文化服务资金是以财政资金为主的公共资金，对其加强绩效考评是落实科学发展观、提高公共文化服务资金管理水平的必然要求，有利于确立以资金使用效果为目标的资金使用取向。加强绩效考评，也是完善公共文化服务资金使用监督机制的重要手段，有利于增加公共文化服务资金支出的科学性和透明度。实施绩效考评，也可以对公共文化资金使用的过程和结果进行考核与评价，有利于增强文化行政部门和文化机构的效率意识，强化效益意识，提高资金管理水平。为推进预算绩效管理工作，财政部2011年印发了《财政支出绩效评价管理暂行办法》，就规范财政支出绩效评价行为，建立科学、合理的绩效评价管理体系，提高财政资金使用效益，作出了具体规定。

四、加强对公共文化服务资金的审计监督

在我国，审计机关是指依照国家法律规定设立的、代表国家行使审计监督职权的国家各级审计机关。根据我国宪法和审计条例的规定，国务院设立审计署，县级以上地方各级人民政府设立审计机关。审计署和省、自治区、直辖市，以及计划单列城市的审计机关，根据审计工作的需要，可以在重点地区、部门设立派出机构，进行审计监督。

我国审计法规定，国家实行审计监督制度。由国家审计机关依照审计法对有关部门和单位使用公共文化服务资金的情况进行审计监督，是审计法规定的一种重要的国家财政、财务监督制度，即由国家审计机关独立于被审计单位的机构和人员，依照法律规定的职权和程序，对被审计单位的财政收支或者财务收支的真实性、合法性和效益进行审计，提出审计报告。为了提高公共文化服务资金的使用效益，各级人民政府审计机关应当将公共文化服务资金的使用情况纳入审计监督计划，加强事前、事中和事后的综合审计监督。

审计法第十六条规定，审计机关对本级各部门（含直属单位）和下级政府预算的执行情况和决算以及其他财政收支情况，进行审计监督；第十九条规定，审计机关对国家的事业组织和使用财政资金的其他事业组织的财务收支，进行审计监督；第二十六条规定，审计机关对其他法律、行政法规规定应当由审计机关进行审计的事项，依照审计

法和有关法律、行政法规的规定进行审计监督。根据审计法和本法的规定，文化行政部门、使用公共文化服务资金的公共文化机构等，都是法律所规定的被审计单位，应当依法接受国家审计机关的审计监督。审计机关在对上述被审计单位的公共文化服务资金的使用和执行情况实施审计时可以行使下列权限：（1）要求被审计单位按照规定报送预算或者财务收支计划、预算执行情况、决算、财务报告以及其他与财政收支或者财务收支有关的资料，被审计机关不得拒绝、拖延、谎报；（2）检查被审计单位的会计凭证、会计账簿、会计报表以及其他与财政收支或者财务收支有关的资料和资产，被审计单位不得拒绝；（3）就审计事项的有关问题向有关单位和个人进行调查，并取得有关证明材料，有关单位和个人应当支持、协助审计机关工作，如实向审计机关反映情况，提供有关证明材料；（4）制止被审计单位正在进行的违反国家规定的财政收支、财务收支行为和其他阻碍审计工作的行为；（5）向政府有关部门通报或者向社会公布审计结果。

第五十六条　各级人民政府应当加强对公共文化服务工作的监督检查，建立反映公众文化需求的征询反馈制度和有公众参与的公共文化服务考核评价制度，并将考核评价结果作为确定补贴或者奖励的依据。

条文解读

本条是关于加强监督检查，建立有公众参与的需求征询反馈制度和服务考核评价制度的规定。

本法第二条规定公共文化服务由政府主导、社会力量参与。多元化的公共文化服务格局，对公共文化服务的监督检查工作提出了更高的要求。尤其是在引入行业协会、社会中介组织、志愿者服务以及某些企业提供的公共文化服务后，必须实行规范、有序、公开、有效的监督，以保证公共文化服务达到标准要求，不偏离目标和方向。此外，加强对公共文化服务工作的监督检查，确保公共文化产品和服务的提供能够有序开展，最终满足人民群众的文化需求，也是建设服务型和责任型政府的基本要求。

一、反映公众文化需求的征询反馈制度

目前，我国的公共文化服务体系尚不完备，一方面存在服务内容单一、数量不足、可选择性较少的问题；另一方面在产品和服务供给中存在部门意志和主观倾向的问题，往往与群众文化需求脱节，不能有效地满足人民群众文化需求。本法在总则中明确了公共文化服务坚持以人民为中心的发展方向，就是强调公共文化服务要尊重人民群众的主体地位，必须围绕人民群众的文化需求展开，促进文化融入人民群众生活。为了改变公共文化产品、服务供需脱节的现象，中办国办《关于加快构建现代公共文化服务体系的意见》明确要求建立群众文化需求反馈机制，及时准确了解和掌握群众文化需求，制定公共文化服务提供目录，开展“菜单式”“订单式”服务。这就要改变公共文化服务产品供给中的主观倾向，强化公共文化服务中的群众主体地位，通过建立公众文化需求反馈机制，有针对性地设计和提供公共文化产品，探索生产方以需定产、供给方菜单提供、受益方自主选择的文化产品供给新模式，切实解决目前公共文化产品供给与群众文化需求脱节的问题，提升公共文化服务的效能。

本条规定建立反映公众文化需求的征询反馈制度，是对中办国办《关于加快构建现代公共文化服务体系的意见》有关精神的进一步延伸，强调公共文化机构应通过征询和反馈，对群众文化需求进行识别和引导，以群众文化需求为出发点，提供适合群众文化需要的产品和服务，体现尊重人民群众的文化参与权和表达权。

二、公众参与的公共文化服务考核评价制度

经过十多年公共文化服务体系建设，文化在中国特色社会主义建设总体布局的地位和作用更加凸显，文化建设成为中国特色社会主义事业“五位一体”总体布局中的重要内容。中央多次强调要将文化改革发展纳入经济社会发展总体规划，列入各级政府效能和领导干部政绩考核体系。中办国办《关于加快构建现代公共文化服务体系的意见》明确提出，完善公共文化服务评价工作机制，将公共文化服务绩效作为考核评价领导班子和领导干部的重要内容；完善公共文化服务质量监测体系，研究制定公众满意度指标，建立群众评价和反馈机制；探索建立公共文化服务第三方评价机制，增强公共文化服务评价的客观性和科学性。近年来，中央和地方各级政府围绕公共文化服务考核评价制度进行了一系列探索，针对地方政府、文化行政部门、公共文化机构和重大文化工程建立了考核评价指标体系。公众是公共文化服务和产品的接受者和消费者，公众评价是衡量公共文化服务水平的重要尺度，因此，公众参与理应成为公共文化服务考核评价的重要内容。本条明确规定了建立公众参与的公共文化服务考核评价制度，将公众评价纳入公共文化服务考核评价体系，有助于树立以人民为中心的文化服务意识。在本法中，考核评价机制引入公众参与是一以贯之的思想，如第二十三条关于公共文化设施使用效能评价，规定各级人民政府应当建立有公众参与的公共文化设施使用效能考核评价制度。

三、考核评价结果的运用

为了强化考核评价的刚性和严肃性，必须注重考核评价结果的运用，建立健全绩效考核和问责机制，将考核结果与奖惩挂钩，促进公共文化服务效能的提升。中办国办《关于加快构建现代公共文化服务体系的意见》要求，建立公共文化机构绩效考评制度，考评结果作为确定预算、收入分配与负责人奖惩的重要依据。在《国家公共文化服务指导标准（2015—2020 年）》的实施机制中，也明确提出了中央和省级财政通过转移支付对老少边穷地区基本公共文化服务保障资金予以补助，同时，对绩效评价结果优良的地区予以奖励。具体措施是，文化部、各省级文化行政部门会同有关部门建立对标准实施情况的动态监测机制和绩效评价机制，加强督促检查。积极引入社会第三方开展公众满意度测评，对公众满意度较差的要进行通报批评，对好的做法和经验及时总结、推广。本条规定将考核评价结果作为确定补贴或者奖励的依据，是将已有政策提升为法律规定。

第五十七条　各级人民政府及有关部门应当及时公开公共文化服务信息，主动接受社会监督。

新闻媒体应当积极开展公共文化服务的宣传报道，并加强舆论监督。

条文解读

本条是关于公共文化服务信息公开、新闻媒体宣传报道和舆论监督的规定。

一、及时公开公共文化服务信息

本条所称应当及时公开的公共文化服务信息，是指各级人民政府及有关部门在履行公共文化服务职责过程中制作或者获取的，以一定形式记录、保存的信息，按照《中华人民共和国政府信息公开条例》，属于政府信息。

（一）公开主体

应当对所掌握的公共文化服务信息进行公开的，既包括各级人民政府公共文化服务主管部门，也包括其他部门。本法第七条规定，各级文化主管部门和新闻出版广电主管部门是公共文化服务的主管部门，因此承担着公开相关信息的职责。除文化主管部门和新闻出版广电主管部门以外，统计、财政、税务等部门，不但可以获取、掌握公共文化机构和服务的信息，还能够参与制作有关公共文化信息，例如统计公共文化机构信息，发布公共文化活动开展数据，制定公共文化税收优惠政策，对公共文化服务领域的社会组织给予税收优惠等。因此，各相关部门在各自的职责范围内，都有公开公共文化服务信息的义务，以更好地主动接受社会监督。

（二）公开原则

公共文化服务信息公开应该遵守真实、完整、及时的原则。真实的要求是，与客观事实相符合，准确可靠。真实是一切信息的核心要素。信息失真，也就失去了全部意义。各级政府要对发布信息真实性承担主体责任。完整，即没有损坏或残缺，要求有关部门严格按照法律、行政法规的要求，全面公开有关信息，不得进行选择性公开。当然，根据有关法律法规，涉及国家秘密、商业秘密、个人隐私的信息，不得公开。有关部门在公开公共文化服务信息时，要以审慎态度，判断信息是否属于禁止公开的内容。及时，是对信息的时效性提出的要求。信息的生命力在于更新和流动，信息在传播中的更迭速度越快，在实践中的价值就越高，意义越大。

（三）公开方式

《中华人民共和国政府信息公开条例》规定，信息公开分为主动公开和依申请公开。该条例第九条规定，行政机关对于符合下列基本要求之一的政府信息应当主动公开：（1）涉及公民、法人或者其他组织切身利益的；（2）需要社会公众广泛知晓或者参与的；（3）反映本行政机关机构设置、职能、办事程序等情况的；（4）其他依照法律、法规和国家有关规定应当主动公开的。该条例第十三条规定，公民、法人或者其他组织可以根据自身生产、生活、科研等特殊需要，向国务院部门、地方各级人民政府及县级以上地方人民政府部门申请获取相关政府信息。

（四）公开内容

各相关信息公开主体都应该在各自职责范围内公开相应的公共文化服务信息，以更好地让公众参与公共文化服务，更好地主动接受社会监督。信息公开条例第十条对政府主动公开的具体内容作出了列举：（1）行政法规、规章和规范性文件；（2）国民经济和社会发展规划、专项规划、区域规划及相关政策；（3）国民经济和社会发展统计信息；（4）财政预算、决算报告；（5）行政事业性收费的项目、依据、标准；(6) 政府集中采购项目的目录、标准及实施情况；(7) 行政许可的事项、依据、条件、数量、程序、期限以及申请行政许可需要提交的全部材料目录及办理情况；(8) 重大建设项目的批准和实施情况；(9) 扶贫、教育、医疗、社会保障、促进就业等方面的政策、措施及其实施情况；(10) 突发公共事件的应急预案、预警信息及应对情况；(11) 环境保护、公共卫生、安全生产、食品药品、产品质量的监督检查情况。

具体到公共文化服务领域，各级人民政府应及时公开公共文化服务相关法规制度、公共文化资金预算和使用情况、基本公共文化服务标准、政府向社会力量购买公共文化服务的内容、公共文化服务年度报告等。各级人民政府文化行政部门应公开公共文化服务设施布局、公共文化服务标准等事关百姓文化权益的内容。公共文化设施管理单位应公示服务项目、开放时间、收费标准等内容。

二、新闻媒体积极开展公共文化服务的宣传报道，并加强舆论监督

新闻媒体是推动经济社会发展的重要力量，要按照习近平总书记关于做好宣传工作的重要指示精神，积极适应传统媒体与新兴媒体融合发展的新趋势，牢牢把握正确的舆论导向，弘扬主旋律、传播正能量，为改革发展创造和谐稳定的舆论环境。

舆论监督是指公众通过新闻媒介对党务、政务和一切公共事务的公开，对国家机关各级公务人员的施政活动，以及社会公众人物的监督。这种监督既包括揭露和批评，又包括评价和建议。公民享有依法运用新闻媒体充分发表意见、建议和呼声，表达自己意志的权利和自由；享有对国家和社会事务实行舆论监督的权利和自由。我国的新闻舆论监督实质上是人民的监督，是党和人民群众通过新闻舆论对各级党政机关的工作及其工作人员、社会事务实行监督。按照中央宣传工作的要求，新闻媒体开展宣传报道和舆论监督，要摆正舆论监督与舆论导向的关系，任何时候都不能偏离正确的舆论导向。坚持党性原则，坚持以正面宣传为主的方针，这是坚持正确的新闻舆论导向的根本保证，更是正确实施舆论监督的关键所在。新闻舆论监督是建立在正确舆论导向基础之上的舆论监督，是为舆论导向服务的。舆论监督与舆论导向两者不能分开，不能独立，而是相互依赖，相辅相成的。

落实到公共文化服务领域，新闻媒体应当积极开展公共文化服务的宣传报道，同时加强对公共文化工作的舆论监督。新闻媒体要有组织、有计划地采取多种形式，在广大人民群众中普及公共文化服务知识，在弘扬社会主义核心价值观，繁荣社会主义文艺事业等方面发挥积极作用。要加强对公共文化服务法律政策的解读、地方创新实践的宣传、突出对公共文化服务重大事件的宣传报道，特别是要关注各地公共文化服务建设让人民群众有获得感、幸福感的鲜活事例，使宣传报道贴近人民群众，贴近社会生活，增强公共文化服务对公众的吸引力、感染力。同时，新闻媒体还要加强舆论监督，注意把普及公共文化知识与报道公共文化服务发展中存在的问题结合起来，同解决人民群众普遍关切的文化需求结合起来，同促进经济发展和社会进步结合起来。舆论监督不是为曝光而曝光，而是通过曝光改进工作。总之，在推进公共文化服务体系建设进程中，必须充分发挥新闻媒体的宣传报道和舆论监督作用。本条为新闻媒体积极参与公共文化服务提供了法律依据。

第五章　法律责任

本章规定公共文化服务保障的法律责任。六条内容分别规定了公共文化服务保障的责任主体、公共文化服务保障的责任主体违法履职的法律责任、侵占公共文化设施建设用地或者擅自改变其用途的法律责任、公共文化设施管理单位开放管理中违法履职的法律责任、公共文化设施管理单位运营中违法履职的法律责任，以及公共文化服务保障过程中的民事责任、治安管理责任和刑事责任。

第五十八条　**违反本法规定，地方各级人民政府和县级以上人民政府有关部门未履行公共文化服务保障职责的，由其上级机关或者监察机关责令限期改正；情节严重的，对直接负责的主管人员和其他直接责任人员依法给予处分。**

条文解读

本条是关于地方各级人民政府和县级以上人民政府有关部门未履行公共文化服务保障职责的行政责任的规定。

政府的基本职能是公共性的制度供给和产品供给。公共文化服务的提供主体是政府。政府可以采用购买服务等各种形式使公民、法人或其他组织等参与到公共文化服务供给中来。在此过程中，政府根据提供方式的变化调整自己的角色，从公共服务的直接提供者转变为公共服务的监管者。但是，公民、法人和其他组织不是公共文化服务的责任主体，责任主体只能是政府。这里的保障责任包括公共文化服务供给过程中的财政、人力、设施等一系列保障职责。本法第四条、第五条、第六条、第七条分别从宏观上规定了地方各级人民政府和县级以上人民政府有关部门应履行的公共文化服务保障职责。

本条规定涉及地方人民政府和县级以上人民政府有关部门。根据我国地方各级人民代表大会和地方各级人民政府组织法的规定，地方人民政府是指省、自治区、直辖市、自治州、设区的市、县、自治县、不设区的市、市辖区、乡、镇、民族乡的人民政府。地方各级人民政府是地方各级国家权力机关的执行机关，是地方各级国家行政机关。地方各级人民政府负责统筹协调公共文化服务。县级以上人民政府有关部门是指中央、省、自治区、直辖市、自治州、设区的市、县、自治县、不设区的市、市辖区的与公共文化服务相关的职能部门。国务院文化主管部门、新闻出版广电主管部门负责全国的公共文化服务工作，县级以上地方人民政府文化、新闻出版广电主管部门根据其职责负责本行政区域内的公共文化服务工作，其他有关部门如财政、人事、规划等部门在各自职责范围内负责相关公共文化服务工作。

地方人民政府及其有关部门不履行公共文化服务保障职责要承担行政责任，分为以下两种情况。

一是责令限期改正。本条规定的责令限期改正的对象，是地方各级人民政府和县级以上人民政府有关部门。提出限期改正要求的主体，是上级机关或者监察机关。责令限期改正的含义，就是要求相关政府和部门在一定期限内纠正未履行公共文化服务保障职责的行为，以维持法定的秩序或者状态。这一行为具有事后救济性。行政监察机关是行政系统中设置的专司监察职能的机关。我国行政监察法规定，行政监察机关可以对本级人民政府各部门及其公务员的执法、廉政、效能情况进行监察，检查国家行政机关在遵守和执行法律、法规和人民政府的决定、命令中的问题。“未履行公共文化服务保障职责”，属于“不执行法律、法规或者违反法律、法规以及人民政府的决定、命令，应当予以纠正的”，监察机关根据检查、调查结果，可以提出监察建议。因此，除了上级机关之外，行政监察机关也可以作出监察决定或者提出监察建议，责令限期改正。

二是依法给予行政处分。本条规定的处分的对象，是直接负责的主管人员和其他直接责任人员。实施处分的主体，是上述人员的任免机关或者监察机关。前提是“情节严重”，一般是指未履行公共文化服务保障职责具有社会危害性，主观上有恶意，客观上造成社会危害，在社会上、在一定区域内、在公共文化服务的相关领域内影响大、程度深、范围广。给予行政处分，就是按照公务员法的规定给予处分。行政处分属于内部行政行为，是国家行政机关对其系统内部违法失职的公务员实施的一种惩戒措施，由行政主体基于行政隶属关系依法作出。它具有强烈的约束力，管理相对人不服，行政主体可以强制执行。行政处分种类有六种，分别是警告、记过、记大过、降级、撤职、开除。

第五十九条 违反本法规定，地方各级人民政府和县级以上人民政府有关部门，有下列行为之一的，由其上级机关或者监察机关责令限期改正；情节严重的，对直接负责的主管人员和其他直接责任人员依法给予处分：

（一）侵占、挪用公共文化服务资金的；

（二）擅自拆除、侵占、挪用公共文化设施，或者改变其功能、用途，或者妨碍其正常运行的；

（三）未依照本法规定重建公共文化设施的；

（四）滥用职权、玩忽职守、徇私舞弊的。

条文解读

本条是关于地方各级人民政府和县级以上人民政府有

关部门在履行公共文化服务职责过程中出现违法行为的行政责任的规定。

地方各级人民政府和县级以上人民政府有关部门在履行公共文化服务职责过程中出现违法行为，可以分为以下四种情况。

第一，侵占、挪用公共文化服务资金和公共文化设施。所谓侵占，是指国家工作人员或受国家机关、国有公司、企业、事业单位、人民团体委托管理、经营国有财产的人员，未经批准，利用职务便利条件，将公共文化服务资金、公共文化设施非法占为己有。所谓非法占为己有，是指采用各种非法手段将公共文化服务资金、公共文化设施占为私有。侵占的对象，是公共文化服务资金、公共文化设施；侵占所侵害的客体，是公共文化服务资金、公共文化设施的所有权。所谓挪用，是指国家工作人员或受国家机关、国有公司、企业、事业单位、人民团体委托管理、经营国有财产的人员，未经批准，利用职务便利条件，将公共文化服务资金、公共文化设施挪作其他用途，但准备日后退还。挪用的对象，是公共文化服务资金、公共文化设施；挪用所侵害的客体，是公众对公共文化服务资金、公共文化设施的使用权。侵占和挪用的区别在于，侵占涉及所有权，挪用涉及使用权。所谓利用职务上的便利，是指利用在职务上主管、经管、调配、使用或经手的方便条件。未利用职务上的便利，不可能侵占、挪用公共文化服务资金、公共文化设施。

第二，擅自拆除公共文化设施，或者改变其功能、用途。本法第十九条第二款规定，因城乡建设确需拆除公共文化设施，或者改变其功能、用途的，应当依照有关法律、行政法规的规定重建、改建，并坚持先建设后拆除或者建设拆除同时进行的原则。重建、改建的公共文化设施的设施配置标准、建筑面积等不得降低。这里强调拆除公共文化设施或者改变设施的功能、用途，只能是出于“城乡建设确需”。这意味着只有在城乡建设确实需要的情况下，才可以这样做。

第三，未依照本法规定重建公共文化设施。因城乡建设确实需要拆除公共文化设施，或者改变其功能、用途，需遵循严格的程序。一是《公共文化体育设施条例》第二十七条规定，有关地方人民政府在作出决定前，应当组织专家论证，并征得上一级人民政府文化行政主管部门、体育行政主管部门同意，报上一级人民政府批准。涉及大型公共文化体育设施的，上一级人民政府在批准前，应当举行听证会，听取公众意见。二是重建、改建的公共文化设施的设施配置标准、建筑面积等不得降低。经批准拆除公共文化设施或者改变其功能、用途的，应当依照国家有关法律、行政法规的规定择地重建。重新建设的公共文化设施，应当符合规划要求，不得降低标准。这里的标准包括建筑面积和设施配置，即建筑面积不小于原来标准，设施配置不低于原来标准。三是重建、改建工作应当坚持先建设后拆除或者建设拆除同时进行的原则，即尽一切可能保证依托原有的公共文化设施所进行的公共文化服务不受重建、改建的影响。

第四，滥用职权、玩忽职守、徇私舞弊。根据公务员法第五十三条的规定，公务员必须遵纪守法，不得有玩忽职守、滥用职权等行为，否则依法予以行政处分。本条要求公共文化服务的行政管理部门依法履行职责，忠于职守。本条所指的滥用职权、玩忽职守、徇私舞弊，属于情节轻微，造成的损失不大，属于一般违法行为，可以追究行政责任。如果滥用职权、玩忽职守、徇私舞弊，致使公共财产、国家和人民利益遭受重大损失的，依照刑法的规定构成犯罪。

地方各级人民政府和县级以上人民政府有关部门违反上述规定，应承担的行政责任如下：（1）由其上级机关或者监察机关责令限期改正；（2）情节严重的，对直接负责的主管人员和其他直接责任人员依法给予处分。给予处分，就是按照公务员法的规定给予处分。行政处分种类有六种：警告、记过、记大过、降级、撤职、开除。根据行政监察法的规定，各级人民政府行政监察机关可以对本级人民政府各部门及其公务员的执法、廉政、效能情况进行监察，作出监察决定或者提出监察建议。

第六十条　违反本法规定，侵占公共文化设施的建设用地或者擅自改变其用途的，由县级以上地方人民政府土地主管部门、城乡规划主管部门依据各自职责责令限期改正；逾期不改正的，由作出决定的机关依法强制执行，或者依法申请人民法院强制执行。

条文解读

本条规定了侵占公共文化设施的建设用地或者擅自改变其用途的法律责任。

本法第十六条规定，公共文化设施的建设用地，应当符合土地利用总体规划和城乡规划，并依照法定程序审批。任何单位和个人不得侵占公共文化设施建设用地或者擅自改变其用途。因特殊情况需要调整公共文化设施建设用地的，应当重新确定建设用地。调整后的公共文化设施建设用地不得少于原有面积。新建、改建、扩建居民住宅区，应当按照有关规定、标准，规划和建设配套的公共文化设施。违反本法第十六条的行为有以下两种情况。

一是侵占公共文化设施的建设用地。依据土地管理法和城乡规划法的规定，城市基础设施用地和公益事业用地，经县级以上人民政府依法批准，可以以划拨方式取得。在城市、镇规划区内以划拨方式提供国有土地使用权的建设项目，经有关部门批准、核准、备案后，建设单位应当向城市、县人民政府城乡规划主管部门提出建设用地规划许可申请，由城市、县人民政府城乡规划主管部门依据控制性详细规划核定建设用地的位置、面积、允许建设的范围，核发建设用地规划许可证。建设单位在取得建设用地规划许可证后，方可向县级以上地方人民政府土地主管部门申请用地，经县级以上人民政府审批后，由土地主管部门划拨土地。在城乡规划中应充分考虑公共文化服务设施的用地需求，在交通便利、城乡居民集中的区域预留充分的建设用地，确保公共文化服务设施建设的土地供给。侵占公共文化设施的建设用地，是指违反上述法律程序，侵占城乡规划中预留的用于公共文化设施的建设用地。

二是擅自改变公共文化设施建设用地的用途。每一种土地用途都是经过登记的，改变土地用途是指改变原本登记的土地用途，要经过审批。依法改变土地权属和用途的，应当办理土地变更登记手续。建设单位使用国有土地的，应当按照土地使用权出让等有偿使用合同的约定、或者土地使用权划拨批准文件的规定使用土地；确需改变该幅土地建设用途的，应当经有关人民政府土地行政主管部门同意，报原批准用地的人民政府批准。城乡规划法第三十五条规定，基础设施、公共服务设施用地和生态环境用地，一经批准不得擅自改变用途。因此，在城市规划区内改变土地用途的，在报批前，应当先经有关城市规划行政主管部门同意。如果没有经过法定程序，擅自改变公共文化设施的建设用地的用途，属于违法行为。

违法侵占公共文化设施的建设用地或者擅自改变其用途的，应承担以下法律责任。

第一，侵占公共文化体育设施建设预留地或者改变其用途的，不符合土地利用总体规划而非法占用土地新建建筑物和其他设施的，依据土地管理法第七十六条处理，由土地行政主管部门、城乡规划行政主管部门依据各自职责责令限期改正。

第二，在土地行政主管部门、城乡规划行政主管部门给定的期限内没有改正的，由作出决定的机关依法强制执行，或者依法申请人民法院强制执行。

第六十一条 **违反本法规定，公共文化设施管理单位有下列情形之一的，由其主管部门责令限期改正；造成严重后果的，对直接负责的主管人员和其他直接责任人员，依法给予处分：**

（一）未按照规定对公众开放的；

（二）未公示服务项目、开放时间等事项的；

（三）未建立安全管理制度的；

（四）因管理不善造成损失的。

条文解读

本条规定了公共文化设施管理单位不履行本法第三十一条、第二十一条、第二十二条法定义务的行政责任。

本条规定的责任主体是公共文化设施管理单位。公共文化设施管理单位，是指负责公共文化设施的维护，为公众提供公共文化服务的公共文化机构。公共文化设施运营不规范，未公示开放时间和服务项目，推迟开放或提前闭馆的情况时有发生，各类设施不按规定运营的情况也很普遍，导致公共文化服务效能不高，这是当前公共文化服务供给中的重要问题。公共文化设施管理单位是法定的公共设施管理者，依法承担公共文化服务设施的管理、公共文化服务的提供等法定义务。

一是按照国家规定对公众开放，提供服务。本法第三十一条规定，公共文化设施应当根据其功能、特点，按照国家有关规定，向公众免费或者优惠开放。如果按照国家有关规定应该免费开放的，却向公众收取费用，或者按照国家有关规定应该向老年人、学生等群体优惠开放的，却没有优惠，就属于未按照规定对公众开放。

二是需公示服务项目、开放时间等事项。本法第三十一条规定，公共文化设施管理单位应当公示服务项目和开放时间；临时停止开放的，应当及时公告。《公共文化体育设施条例》第十八条规定，公共文化体育设施管理单位应当向公众公示其服务内容和开放时间。公共文化体育设施因维修等原因需要暂时停止开放的，应当提前7日向公众公示。

三是建立安全管理制度，保障公共文化设施和公众活动安全。本法第二十一条规定，公共文化设施管理单位应当建立健全管理制度和服务规范，建立公共文化设施资产统计报告制度和公共文化服务开展情况的年报制度。《公共文化体育设施条例》第二十五条规定，公共文化体育设施管理单位应当建立、健全安全管理制度，依法配备安全保护设施、人员，保证公共文化体育设施的完好，确保公众安全。公共体育设施内设置的专业性强、技术要求高的体育项目，应当符合国家规定的安全服务技术要求。

四是保障公共文化设施和公众活动安全。本法第二十二条规定，公共文化设施管理单位应当建立健全安全管理制度，开展公共文化设施及公众活动的安全评价，依法配备安全保护设备和人员，保障公共文化设施和公众活动安全。第四十四条规定，任何组织和个人不得利用公共文化设施、文化产品、文化活动以及其他相关服务，从事危害国家安全、损害社会公共利益和其他违反法律法规的活动。这里的"管理不善造成损失"，是指因为没有建立健全安全管理制度，或者没有依法配备安全保护设备和人员，如没有配备消防设备或安全人员，因此而引起的损失。这里的"损失"，既包括公共文化设施的财产损失，也包括公众安全、人身健康方面的损失。

公共文化设施管理单位违反本条规定，由其主管部门责令限期改正。如果造成严重后果，则对直接负责的主管人员和其他直接责任人员，由任免机关或者监察机关根据《行政机关公务员处分条例》的相关规定给予行政处分。处分方式包括警告、记过、记大过、降级、撤职、开除。

第六十二条 **违反本法规定，公共文化设施管理单位有下列行为之一的，由其主管部门或者价格主管部门责令限期改正，没收违法所得，违法所得五千元以上的，并处违法所得两倍以上五倍以下罚款；没有违法所得或者违法所得五千元以下的，可以处一万元以下的罚款；对直接负责的主管人员和其他直接责任人员，依法给予处分：**

（一）开展与公共文化设施功能、用途不符的服务活动的；

（二）对应当免费开放的公共文化设施收费或者变相收费的；

（三）收取费用未用于公共文化设施的维护、管理和事业发展，挪作他用的。

条文解读

本条规定了公共文化设施管理单位不履行本法第三十条、第四十五条法定义务的行政责任。

公共文化设施管理单位涉及本条的违法情形包括三种情况。

第一，开展与公共文化设施功能、用途不符的服务活动。

本法第二十八条规定，公益性文化单位应当完善服务项目、丰富服务内容，创造条件向社会公众提供免费或者优惠的文艺演出、陈列展览、电影放映、广播电视节目、阅读服务、艺术培训等，并为公众开展文化活动提供支持和帮助。国家鼓励经营性文化单位提供免费或者优惠的公共文化产品和文化活动。《公共文化体育设施条例》第二十二条规定，公共文化设施管理单位可以将设施出租用于举办文物展览、美术展览、艺术培训等文化活动。这些文化活动与设立公共文化设施的宗旨功能是基本相适应的。但是，如果公共文化设施内开展的活动不在上述范围之内，或者出租公共文化设施，却没有用于上述文化活动的，则属于没有依法使用公共文化设施。为公众在参加阅读、公共鉴赏及其他文化活动之余提供临时性休憩场所的配套性服务不在此列。

第二，对应当免费开放的公共文化设施收费或者变相收费。目前公共文化体育设施中基本公共文化项目是免费的，比如图书阅览、外借以及一些不需要提供专门服务的场地。对基本公共文化服务项目不得收费或变相收费。同时，不得将基本服务随意变更为非基本服务。《公共文化体育设施条例》第二十条规定，公共文化体育设施管理单位提供服务可以适当收取费用，收费项目和标准应当经县级以上人民政府有关部门批准。此项条款主要是针对非基本服务的收费。但是，公共文化体育设施毕竟是公益性的，不是经营性资产，不以营利为目的，因此，和一般的企业经营活动相比较，公共文化体育设施的收费要受到以下限制：一是收费项目和标准应当经县级以上人民政府有关部门批准；二是各项收入应当用于公共文化体育设施的维护、管理和事业发展，不得像企业利润一样用于分红；三是需要收取费用的公共文化体育设施管理单位，应当根据设施的功能、特点，对学生、老年人、残疾人等免费或者优惠开放。

第三，收取费用未用于公共文化设施的维护、管理和事业发展，挪作他用。公共文化设施属于公益性资产。所谓公益性，即不以营利为目的，但并不是不能有经营性活动，只是这些活动所收取的费用不得作为利润进行分配，只能用于公共文化设施的维护、管理和事业发展。“挪用”的主体，只能是国家工作人员，在客观方面是利用职务上的便利；挪用的对象，是公共文化设施收取的费用；挪用所侵害的客体，是公众对这些费用的使用权。利用职务上的便利，是指利用在职务上主管、经管、调配、使用或经手的方便条件。国家工作人员有挪用行为，但情节轻微，造成的损失不大，依照刑法的规定尚不构成犯罪的，属于一般违法行为，应追究行政责任。如果挪用资金数额巨大，或者用作非法活动，或者长时间未还的，则构成犯罪。

如果有以上三种违法行为之一的，公共文化设施管理单位必须承担以下法律责任。

一是由其主管部门责令限期改正，没收违法所得。违法所得五千元以上的，并处违法所得两倍以上五倍以下罚款。

二是如果没有违法所得或者违法所得五千元以下的，可以处一万元以下的罚款。

三是对直接负责的主管人员和其他直接责任人员，依法给予处分。

第六十三条　违反本法规定，损害他人民事权益的，依法承担民事责任；构成违反治安管理行为的，由公安机关依法给予治安管理处罚；构成犯罪的，依法追究刑事责任。

条文解读

本条是关于违反本法规定而应承担的民事责任、治安管理处罚责任和刑事责任的规定。

一、违反本法的民事责任

违反本法规定，损害他人民事权益的，实践中主要包括以下情形。

第一，本法第二十二条规定，公共文化设施管理单位应当建立健全安全管理制度，开展公共文化设施及公众活动的安全评价，依法配备安全保护设备和人员，保障公共文化设施和公众活动安全。如果公共文化设施管理单位因为管理不善，损坏公共文化设施或侵害公众安全的，应根据民法承担相应民事责任。如损坏公共文化设施的，应当恢复原状或者折价赔偿；侵害公民身体造成伤害的，应当赔偿医疗费、因误工减少的收入、残疾者生活补助费等费用；造成死亡的，并应当支付丧葬费、死者生前扶养的人必要的生活费等费用。

第二，政府采购合同中的民事纠纷。本法第四十一条规定，国务院和省、自治区、直辖市人民政府制定政府购买公共文化服务的指导性意见和目录。国务院有关部门和县级以上地方人民政府应当根据指导性意见和目录，结合实际情况，确定购买的具体项目和内容，及时向社会公布。第四十九条规定，国家采取政府购买服务等措施，支持公民、法人和其他组织参与提供公共文化服务。政府在购买文化产品、服务、设施过程中，可能和其他民事主体产生民事纠纷。依据政府采购法第四十三条规定，政府采购合同适用合同法。采购人和供应商之间的权利和义务，应当按照平等、自愿的原则以合同方式约定。当事人在行使权利、履行义务过程中，侵害他人民事权益的，应依照民法通则、合同法承担相应的民事责任。

二、违反本法的治安管理责任

本法第二十六条规定，公众在使用公共文化设施时，应当遵守公共秩序，爱护公共设施，不得损坏公共设施设备和物品。治安管理处罚法第二条规定，扰乱公共秩序，妨害公共安全，侵犯人身权利、财产权利，妨害社会管理，具有社会危害性，依照《中华人民共和国刑法》的规定构成犯罪的，依法追究刑事责任；尚不够刑事处罚的，由公安机关依照本法给予治安管理处罚。根据治安管理处罚法第二十三条的规定，扰乱机关、团体、企业、事业单位秩序，致使工作、生产、营业、医疗、教学、科研不能正常进行，尚未造成严重损失的，或者扰乱车站、港口、码头、机场、商场、公园、展览馆或者其他公共场所秩序的，处警告或者二百元以下罚款；情节较重的，处五日以上十日以下拘留，可以并处五百元以下罚款。

三、违反本法的刑事责任

构成犯罪，包括以下几种情况。

第一，地方人民政府和县级以上人民政府有关部门滥用职权、玩忽职守、徇私舞弊，构成犯罪。根据刑法第三百九十七条规定，国家机关工作人员滥用职权或者玩忽职守，致使公共财产、国家和人民利益遭受重大损失的，处三年以下有期徒刑或者拘役；情节特别严重的，处三年以上七年以下有期徒刑。本法另有规定的，依照规定。国家机关工作人员徇私舞弊，犯前款罪的，处五年以下有期徒刑或者拘役；情节特别严重的，处五年以上十年以下有期徒刑。本法另有规定的，依照规定。根据刑法规定，构成本条的犯罪，除主体是国家机关工作人员以外，还须具备以下条件：一是实施了滥用职权、玩忽职守、徇私舞弊的行为；二是滥用职权、玩忽职守或者徇私舞弊的行为致使公共财产、国家和人民利益遭受重大损失的后果。如果国家机关工作人员有滥用职权或者玩忽职守的行为，但情节轻微，造成的损失不大，依照刑法的规定尚不构成犯罪的，属于一般违法行为，可以追究行政责任，依法给予处分。

第二，涉及挪用公共文化服务资金、公共文化设施的行为。本法第五十五条规定，县级以上人民政府应当建立健全公共文化服务资金使用的监督和统计公告制度，加强绩效考评确保资金用于公共文化服务。任何单位和个人不得侵占、挪用公共文化服务资金。第五十九条规定，侵占、挪用公共文化服务资金的，或者擅自拆除、侵占、挪用公共文化设施的，应承担法律责任。我国刑法第三百八十四条规定，国家工作人员利用职务上的便利，挪用公款归个人使用，进行非法活动的，或者挪用公款数额较大、进行营利活动的，或者挪用公款数额较大、超过三个月未还的，是挪用公款罪，处五年以下有期徒刑或者拘役；情节严重的，处五年以上有期徒刑。挪用公款数额巨大不退还的，处十年以上有期徒刑或者无期徒刑。根据刑法规定，构成本条的犯罪，犯罪主体只能是国家工作人员，在客观方面是利用职务上的便利，在主观方面具有挪用的故意，并且实施以下三种行为之一的：（1）挪用公款归个人使用，进行非法活动的。这里所说的“挪用公款归个人使用”，包括挪用者本人使用或者给其他人使用。“进行非法活动”，是指进行违法犯罪活动，如赌博、走私等。对挪用公款归个人使用进行非法活动的，不要求数额较大，也不论挪用时间长短，原则上都可构成本罪。（2）挪用公款归个人使用数额较大，进行营利活动的。这里所说的“进行营利活动”，是指进行经商办企业、投资股市、放贷等经营性活动。“数额较大”的具体标准，法律没有规定，应由司法机关根据实际情况作出司法解释。对这种情况，无论挪用时间长短，原则上也可以定罪。（3）挪用公款数额较大的，归个人使用，超过三个月未还的。这里所说的“未还”，是指案发前（被司法机关、主管部门或者有关单位发现前）未还。如果挪用公款数额较大，超过三个月后在案发前已全部归还本息的，不作为犯罪处理。判断挪用公款是否构成挪用公款罪，要看归谁使用，是否用于非法活动，以及挪用时间长短。另外，根据刑法第二百七十二条第二款，国有公司、企业或者其他国有单位中从事公务的人员和国有公司、企业或者其他国有单位委派到非国有公司、企业以及其他单位从事公务的人员，利用职务上的便利，挪用本单位资金归个人使用或者借贷给他人，数额较大、超过三个月未还的，或者虽未超过三个月，但数额较大，进行营利活动的，或者进行非法活动的，以挪用公款罪追究刑事责任。

第三，涉及侵占公共文化服务资金、擅自侵占公共文化设施、侵占公共文化设施建设用地的行为。本法第十六条规定，任何单位和个人不得侵占公共文化设施建设用地或者擅自改变其用途。第五十七条所指侵占、挪用公共文化服务资金的，或者擅自侵占、挪用公共文化设施的，按照我国刑法第三百八十二条规定，国家工作人员利用职务上的便利，侵吞、窃取、骗取或者以其他手段非法占有公共财物的，是贪污罪。受国家机关、国有公司、企业、事业单位、人民团体委托管理、经营国有财产的人员，利用职务上的便利，侵吞、窃取、骗取或者以其他手段非法占有国有财物的，以贪污论。与前两款所列人员勾结，伙同贪污的，以共犯论处。根据刑法规定，构成本条的犯罪，主体只能是国家工作人员或受国家机关、国有公司、企业、事业单位、人民团体委托管理、经营国有财产的人员，客观上是利用职务上的便利，侵吞、窃取、骗取或者以其他手段非法占有公共财物的。所谓侵吞，是指将暂时由自己合法管理、支配、使用或经手的财物非法据为己有；所谓窃取，是指行为人利用职务上的便利，秘密地将由其本人合法保管的财物据为己有。所谓骗取，是指行为人利用职务上的便利，采用虚构事实、隐瞒真相的方法，非法占有单位的财物。所谓其他手段，是指行为人利用职务上的便利，使用侵吞、窃取、骗取以外的其他手段，非法占有公私财物。

挪用公款罪与贪污罪的根本区别，是看主观方面是具有挪用的故意，即准备以后归还，还是打算永久占有。

第六章　附　　则

第六十四条　**境外自然人、法人和其他组织在中国境内从事公共文化服务的，应当符合相关法律、行政法规的规定。**

条文解读

本条是关于境外自然人、法人和其他组织在我国从事公共文化服务的规定。

境外非政府组织境内活动管理法第三条规定，境外非政府组织依照本法可以在经济、教育、科技、文化、卫生、体育、环保等领域和济困、救灾等方面开展有利于公益事业发展的活动。与此同时，该法也明确规定，境外非政府组织在中国境内不得从事或者资助营利性活动、政治活动，不得非法从事或者资助宗教活动。境外非政府组织在中国境内开展活动，应当依法登记设立代表机构；未登记设立代表机构需要在中国境内开展临时活动的，应当依法备案。境外非政府组织未登记设立代表机构、开展临时活动未经备案的，不得在中国境内开展或者变相开展活动，不得委托、资助或者变相委托、资助中国境内任何单位和个人在中国境内开展活动。因此，境外非政府组织在中国境内从事公共文化服务的，应当从其规定。

境外自然人、法人和其他组织在中国境内从事公共文化服务，另一涉及较多的行为是捐赠。其中，在境外捐赠的程序上，公益事业捐赠法第十五条规定，境外捐赠人捐赠的财产，由受赠人按照国家有关规定办理入境手续；捐赠实行许可证管理的物品，由受赠人按照国家有关规定办理许可证申领手续，海关凭许可证验放、监管。华侨向境内捐赠的，县级以上人民政府侨务部门可以协助办理有关入境手续，为捐赠人实施捐赠项目提供帮助。在境外捐赠的税收减免上，公益事业捐赠法第二十六条规定，境外向公益性社会团体和公益性非营利的事业单位捐赠的用于公益事业的物资，依照法律、行政法规的规定减征或者免征进口关税和进口环节的增值税。慈善法第八十条第二款规定，境外捐赠用于慈善活动的物资，依法减征或者免征进口关税和进口环节增值税。依据上述规定，境外捐赠用于文化公益事业的物资，可以依法享受减免税。

第六十五条　本法自 2017 年 3 月 1 日起施行。

条文解读

法律的施行日期就是法律的生效时间。立法法第五十七条规定，法律应当明确规定施行日期。明确施行日期是法律得到有效实施的必要前提。我国法律关于施行日期的规定，主要有两种情况：一是规定在法律通过以后的一段时间才施行。二是规定法律之公布之日起施行。本法属于第一种情形，其通过的时间是2016年12月25日，施行时间是2017年3月1日。从通过到施行有三个多月的时间，可以为本法的顺利实施做出准备。

一是理顺本法与现行相关法律、法规、规章、办法、规定等规范文件的关系。本法与同位阶的合同法、公益事业捐赠法等法律的关系，应遵循“新法优于旧法”的原则。与行政法规、规章、办法、规定等的关系，应遵循“上位法优于下位法”的原则。比如公共文化体育设施条例、博物馆条例等，如与本法有抵触，要根据本法的规定予以修改。

二是本法规定的一些措施制度需要配套规定具体化，相关政府与部门应及时制定有关配套文件。比如，本法第五条第二款规定，省、自治区、直辖市人民政府根据国家基本公共文化服务指导标准，结合当地实际需求、财政能力和文化特色，制定并调整本行政区域的基本公共文化服务实施标准。第十四条第二款规定，县级以上地方人民政府应当将本行政区域内的公共文化设施目录及有关信息予以公布。相关政府与部门需要抓紧制定出台配套规章文件。

三是要做好法律的宣传普及工作。本法涉及人民群众基本文化权益和基本文化需求的实现，政府主导公共文化服务，牵涉到国家和社会的多个方面，有关部门与社会应做好宣传、普及工作，为法律施行创造条件。

此外，法律的施行时间还涉及法律对其施行前的行为的溯及力的问题。我国法律除明确规定可溯及既往的情况以外，一般没有溯及力。本法对于溯及力问题未作规定，因此，对于本法施行以前的行为，不适用本法的规定。

附录

一、法律原文

中华人民共和国公共文化服务保障法

（2016年12月25日第十二届全国人民代表大会常务委员会第二十五次会议通过　2016年12月25日中华人民共和国主席令第六十号公布　自2017年3月1日起施行）

目　　录

第一章　总　　则

第一条　为了加强公共文化服务体系建设，丰富人民群众精神文化生活，传承中华优秀传统文化，弘扬社会主义核心价值观，增强文化自信，促进中国特色社会主义文化繁荣发展，提高全民族文明素质，制定本法。

第二条 本法所称公共文化服务，是指由政府主导、社会力量参与，以满足公民基本文化需求为主要目的而提供的公共文化设施、文化产品、文化活动以及其他相关服务。

第三条 公共文化服务应当坚持社会主义先进文化前进方向，坚持以人民为中心，坚持以社会主义核心价值观为引领；应当按照“百花齐放、百家争鸣”的方针，支持优秀公共文化产品的创作生产，丰富公共文化服务内容。

第四条 县级以上人民政府应当将公共文化服务纳入本级国民经济和社会发展规划，按照公益性、基本性、均等性、便利性的要求，加强公共文化设施建设，完善公共文化服务体系，提高公共文化服务效能。

第五条 国务院根据公民基本文化需求和经济社会发展水平，制定并调整国家基本公共文化服务指导标准。

省、自治区、直辖市人民政府根据国家基本公共文化服务指导标准，结合当地实际需求、财政能力和文化特色，制定并调整本行政区域的基本公共文化服务实施标准。

第六条 国务院建立公共文化服务综合协调机制，指导、协调、推动全国公共文化服务工作。国务院文化主管部门承担综合协调具体职责。

地方各级人民政府应当加强对公共文化服务的统筹协调，推动实现共建共享。

第七条 国务院文化主管部门、新闻出版广电主管部门依照本法和国务院规定的职责负责全国的公共文化服务工作；国务院其他有关部门在各自职责范围内负责相关公共文化服务工作。

县级以上地方人民政府文化、新闻出版广电主管部门根据其职责负责本行政区域内的公共文化服务工作；县级以上地方人民政府其他有关部门在各自职责范围内负责相关公共文化服务工作。

第八条 国家扶助革命老区、民族地区、边疆地区、贫困地区的公共文化服务，促进公共文化服务均衡协调发展。

第九条 各级人民政府应当根据未成年人、老年人、残疾人和流动人口等群体的特点与需求，提供相应的公共文化服务。

第十条 国家鼓励和支持公共文化服务与学校教育相结合，充分发挥公共文化服务的社会教育功能，提高青少年思想道德和科学文化素质。

第十一条 国家鼓励和支持发挥科技在公共文化服务中的作用，推动运用现代信息技术和传播技术，提高公众的科学素养和公共文化服务水平。

第十二条 国家鼓励和支持在公共文化服务领域开展国际合作与交流。

第十三条 国家鼓励和支持公民、法人和其他组织参与公共文化服务。

对在公共文化服务中作出突出贡献的公民、法人和其他组织，依法给予表彰和奖励。

第二章 公共文化设施建设与管理

第十四条 本法所称公共文化设施是指用于提供公共文化服务的建筑物、场地和设备，主要包括图书馆、博物馆、文化馆（站）、美术馆、科技馆、纪念馆、体育场馆、工人文化宫、青少年宫、妇女儿童活动中心、老年人活动中心、乡镇（街道）和村（社区）基层综合性文化服务中心、农家（职工）书屋、公共阅报栏（屏）、广播电视播出传输覆盖设施、公共数字文化服务点等。

县级以上地方人民政府应当将本行政区域内的公共文化设施目

录及有关信息予以公布。

第十五条 县级以上地方人民政府应当将公共文化设施建设纳入本级城乡规划，根据国家基本公共文化服务指导标准、省级基本公共文化服务实施标准，结合当地经济社会发展水平、人口状况、环境条件、文化特色，合理确定公共文化设施的种类、数量、规模以及布局，形成场馆服务、流动服务和数字服务相结合的公共文化设施网络。

公共文化设施的选址，应当征求公众意见，符合公共文化设施的功能和特点，有利于发挥其作用。

第十六条 公共文化设施的建设用地，应当符合土地利用总体规划和城乡规划，并依照法定程序审批。

任何单位和个人不得侵占公共文化设施建设用地或者擅自改变其用途。因特殊情况需要调整公共文化设施建设用地的，应当重新确定建设用地。调整后的公共文化设施建设用地不得少于原有面积。

新建、改建、扩建居民住宅区，应当按照有关规定、标准，规划和建设配套的公共文化设施。

第十七条 公共文化设施的设计和建设，应当符合实用、安全、科学、美观、环保、节约的要求和国家规定的标准，并配置无障碍设施设备。

第十八条 地方各级人民政府可以采取新建、改建、扩建、合建、租赁、利用现有公共设施等多种方式，加强乡镇（街道）、村（社区）基层综合性文化服务中心建设，推动基层有关公共设施的统一管理、综合利用，并保障其正常运行。

第十九条 任何单位和个人不得擅自拆除公共文化设施，不得擅自改变公共文化设施的功能、用途或者妨碍其正常运行，不得侵占、挪用公共文化设施，不得将公共文化设施用于与公共文化服务无关的商业经营活动。

因城乡建设确需拆除公共文化设施，或者改变其功能、用途的，应当依照有关法律、行政法规的规定重建、改建，并坚持先建设后拆除或者建设拆除同时进行的原则。重建、改建的公共文化设施的设施配置标准、建筑面积等不得降低。

第二十条 公共文化设施管理单位应当按照国家规定的标准，配置和更新必需的服务内容和设备，加强公共文化设施经常性维护管理工作，保障公共文化设施的正常使用和运转。

第二十一条 公共文化设施管理单位应当建立健全管理制度和服务规范，建立公共文化设施资产统计报告制度和公共文化服务开展情况的年报制度。

第二十二条 公共文化设施管理单位应当建立健全安全管理制度，开展公共文化设施及公众活动的安全评价，依法配备安全保护设备和人员，保障公共文化设施和公众活动安全。

第二十三条 各级人民政府应当建立有公众参与的公共文化设施使用效能考核评价制度，公共文化设施管理单位应当根据评价结果改进工作，提高服务质量。

第二十四条 国家推动公共图书馆、博物馆、文化馆等公共文化设施管理单位根据其功能定位建立健全法人治理结构，吸收有关方面代表、专业人士和公众参与管理。

第二十五条 国家鼓励和支持公民、法人和其他组织兴建、捐建或者与政府部门合作建设公共文化设施，鼓励公民、法人和其他组织依法参与公共文化设施的运营和管理。

第二十六条 公众在使用公共文化设施时，应当遵守公共秩序，爱护公共设施，不得损坏公共设施设备和物品。

第三章 公共文化服务提供

第二十七条 各级人民政府应当充分利用公共文化设施，促进优秀公共文化产品的提供和传播，支持开展全民阅读、全民普法、全民健身、全民科普和艺术普及、优秀传统文化传承活动。

第二十八条 设区的市级、县级地方人民政府应当根据国家基本公共文化服务指导标准和省、自治区、直辖市基本公共文化服务实施标准，结合当地实际，制定公布本行政区域公共文化服务目录并组织实施。

第二十九条 公益性文化单位应当完善服务项目、丰富服务内容，创造条件向公众提供免费或者优惠的文艺演出、陈列展览、电影放映、广播电视节目收听收看、阅读服务、艺术培训等，并为公众开展文化活动提供支持和帮助。

国家鼓励经营性文化单位提供免费或者优惠的公共文化产品和文化活动。

第三十条 基层综合性文化服务中心应当加强资源整合，建立完善公共文化服务网络，充分发挥统筹服务功能，为公众提供书报阅读、影视观赏、戏曲表演、普法教育、艺术普及、科学普及、广播播送、互联网上网和群众性文化体育活动等公共文化服务，并根据其功能特点，因地制宜提供其他公共服务。

第三十一条 公共文化设施应当根据其功能、特点，按照国家有关规定，向公众免费或者优惠开放。

公共文化设施开放收取费用的，应当每月定期向中小学生免费开放。

公共文化设施开放或者提供培训服务等收取费用的，应当报经县级以上人民政府有关部门批准；收取的费用，应当用于公共文化设施的维护、管理和事业发展，不得挪作他用。

公共文化设施管理单位应当公示服务项目和开放时间；临时停止开放的，应当及时公告。

第三十二条 国家鼓励和支持机关、学校、企业事业单位的文化体育设施向公众开放。

第三十三条 国家统筹规划公共数字文化建设，构建标准统一、互联互通的公共数字文化服务网络，建设公共文化信息资源库，实现基层网络服务共建共享。

国家支持开发数字文化产品，推动利用宽带互联网、移动互联网、广播电视网和卫星网络提供公共文化服务。

地方各级人民政府应当加强基层公共文化设施的数字化和网络建设，提高数字化和网络服务能力。

第三十四条 地方各级人民政府应当采取多种方式，因地制宜提供流动文化服务。

第三十五条 国家重点增加农村地区图书、报刊、戏曲、电影、广播电视节目、网络信息内容、节庆活动、体育健身活动等公共文化产品供给，促进城乡公共文化服务均等化。

面向农村提供的图书、报刊、电影等公共文化产品应当符合农村特点和需求，提高针对性和时效性。

第三十六条 地方各级人民政府应当根据当地实际情况，在人员流动量较大的公共场所、务工人员较为集中的区域以及留守妇女儿童较为集中的农村地区，配备必要的设施，采取多种形式，提供便利可及的公共文化服务。

第三十七条 国家鼓励公民主动参与公共文化服务，自主开展健康文明的群众性文化体育活动；地方各级人民政府应当给予必要的指导、支持和帮助。

居民委员会、村民委员会应当根据居民的需求开展群众性文化体育活动，并协助当地人民政府有关部门开展公共文化服务相关工作。

国家机关、社会组织、企业事业单位应当结合自身特点和需要，组织开展群众性文化体育活动，丰富职工文化生活。

第三十八条 地方各级人民政府应当加强面向在校学生的公共

文化服务，支持学校开展适合在校学生特点的文化体育活动，促进德智体美教育。

第三十九条 地方各级人民政府应当支持军队基层文化建设，丰富军营文化体育活动，加强军民文化融合。

第四十条 国家加强民族语言文字文化产品的供给，加强优秀公共文化产品的民族语言文字译制及其在民族地区的传播，鼓励和扶助民族文化产品的创作生产，支持开展具有民族特色的群众性文化体育活动。

第四十一条 国务院和省、自治区、直辖市人民政府制定政府购买公共文化服务的指导性意见和目录。国务院有关部门和县级以上地方人民政府应当根据指导性意见和目录，结合实际情况，确定购买的具体项目和内容，及时向社会公布。

第四十二条 国家鼓励和支持公民、法人和其他组织通过兴办实体、资助项目、赞助活动、提供设施、捐赠产品等方式，参与提供公共文化服务。

第四十三条 国家倡导和鼓励公民、法人和其他组织参与文化志愿服务。

公共文化设施管理单位应当建立文化志愿服务机制，组织开展文化志愿服务活动。

县级以上地方人民政府有关部门应当对文化志愿活动给予必要的指导和支持，并建立管理评价、教育培训和激励保障机制。

第四十四条 任何组织和个人不得利用公共文化设施、文化产品、文化活动以及其他相关服务，从事危害国家安全、损害社会公共利益和其他违反法律法规的活动。

第四章 保障措施

第四十五条 国务院和地方各级人民政府应当根据公共文化服

务的事权和支出责任，将公共文化服务经费纳入本级预算，安排公共文化服务所需资金。

第四十六条 国务院和省、自治区、直辖市人民政府应当增加投入，通过转移支付等方式，重点扶助革命老区、民族地区、边疆地区、贫困地区开展公共文化服务。

国家鼓励和支持经济发达地区对革命老区、民族地区、边疆地区、贫困地区的公共文化服务提供援助。

第四十七条 免费或者优惠开放的公共文化设施，按照国家规定享受补助。

第四十八条 国家鼓励社会资本依法投入公共文化服务，拓宽公共文化服务资金来源渠道。

第四十九条 国家采取政府购买服务等措施，支持公民、法人和其他组织参与提供公共文化服务。

第五十条 公民、法人和其他组织通过公益性社会团体或者县级以上人民政府及其部门，捐赠财产用于公共文化服务的，依法享受税收优惠。

国家鼓励通过捐赠等方式设立公共文化服务基金，专门用于公共文化服务。

第五十一条 地方各级人民政府应当按照公共文化设施的功能、任务和服务人口规模，合理设置公共文化服务岗位，配备相应专业人员。

第五十二条 国家鼓励和支持文化专业人员、高校毕业生和志愿者到基层从事公共文化服务工作。

第五十三条 国家鼓励和支持公民、法人和其他组织依法成立公共文化服务领域的社会组织，推动公共文化服务社会化、专业化发展。

第五十四条 国家支持公共文化服务理论研究，加强多层次专业人才教育和培训。

第五十五条 县级以上人民政府应当建立健全公共文化服务资金使用的监督和统计公告制度，加强绩效考评，确保资金用于公共文化服务。任何单位和个人不得侵占、挪用公共文化服务资金。

审计机关应当依法加强对公共文化服务资金的审计监督。

第五十六条 各级人民政府应当加强对公共文化服务工作的监督检查，建立反映公众文化需求的征询反馈制度和有公众参与的公共文化服务考核评价制度，并将考核评价结果作为确定补贴或者奖励的依据。

第五十七条 各级人民政府及有关部门应当及时公开公共文化服务信息，主动接受社会监督。

新闻媒体应当积极开展公共文化服务的宣传报道，并加强舆论监督。

第五章 法律责任

第五十八条 违反本法规定，地方各级人民政府和县级以上人民政府有关部门未履行公共文化服务保障职责的，由其上级机关或者监察机关责令限期改正；情节严重的，对直接负责的主管人员和其他直接责任人员依法给予处分。

第五十九条 违反本法规定，地方各级人民政府和县级以上人民政府有关部门，有下列行为之一的，由其上级机关或者监察机关责令限期改正；情节严重的，对直接负责的主管人员和其他直接责任人员依法给予处分：

（一）侵占、挪用公共文化服务资金的；

（二）擅自拆除、侵占、挪用公共文化设施，或者改变其功能、用途，或者妨碍其正常运行的；

（三）未依照本法规定重建公共文化设施的；

（四）滥用职权、玩忽职守、徇私舞弊的。

第六十条 违反本法规定，侵占公共文化设施的建设用地或者擅自改变其用途的，由县级以上地方人民政府土地主管部门、城乡规划主管部门依据各自职责责令限期改正；逾期不改正的，由作出决定的机关依法强制执行，或者依法申请人民法院强制执行。

第六十一条 违反本法规定，公共文化设施管理单位有下列情形之一的，由其主管部门责令限期改正；造成严重后果的，对直接负责的主管人员和其他直接责任人员，依法给予处分：

（一）未按照规定对公众开放的；

（二）未公示服务项目、开放时间等事项的；

（三）未建立安全管理制度的；

（四）因管理不善造成损失的。

第六十二条 违反本法规定，公共文化设施管理单位有下列行为之一的，由其主管部门或者价格主管部门责令限期改正，没收违法所得，违法所得五千元以上的，并处违法所得两倍以上五倍以下罚款；没有违法所得或者违法所得五千元以下的，可以处一万元以下的罚款；对直接负责的主管人员和其他直接责任人员，依法给予处分：

（一）开展与公共文化设施功能、用途不符的服务活动的；

（二）对应当免费开放的公共文化设施收费或者变相收费的；

（三）收取费用未用于公共文化设施的维护、管理和事业发展，挪作他用的。

第六十三条 违反本法规定，损害他人民事权益的，依法承担民事责任；构成违反治安管理行为的，由公安机关依法给予治安管理处罚；构成犯罪的，依法追究刑事责任。

第六章　附　　则

第六十四条　境外自然人、法人和其他组织在中国境内从事公共文化服务的，应当符合相关法律、行政法规的规定。

第六十五条　本法自 2017 年 3 月 1 日起施行。

二、相关法律、法规、文件

中华人民共和国宪法（节录）

（1982年12月4日第五届全国人民代表大会第五次会议通过　1982年12月4日全国人民代表大会公告公布施行　根据1988年4月12日第七届全国人民代表大会第一次会议通过的《中华人民共和国宪法修正案》、1993年3月29日第八届全国人民代表大会第一次会议通过的《中华人民共和国宪法修正案》、1999年3月15日第九届全国人民代表大会第二次会议通过的《中华人民共和国宪法修正案》和2004年3月14日第十届全国人民代表大会第二次会议通过的《中华人民共和国宪法修正案》修正）

……

第二十二条　国家发展为人民服务、为社会主义服务的文学艺术事业、新闻广播电视事业、出版发行事业、图书馆博物馆文化馆和其他文化事业，开展群众性的文化活动。

国家保护名胜古迹、珍贵文物和其他重要历史文化遗产。

……

第四十七条　中华人民共和国公民有进行科学研究、文学艺术创作和其他文化活动的自由。国家对于从事教育、科学、技术、文学、艺术和其他文化事业的公民的有益于人民的创造性工作，给以鼓励和帮助。

……

公共文化体育设施条例

（2003年6月18日国务院第12次常务会议通过　2003年6月26日中华人民共和国国务院令第382号公布　自2003年8月1日起施行）

第一章　总　　则

第一条　为了促进公共文化体育设施的建设，加强对公共文化体育设施的管理和保护，充分发挥公共文化体育设施的功能，繁荣文化体育事业，满足人民群众开展文化体育活动的基本需求，制定本条例。

第二条　本条例所称公共文化体育设施，是指由各级人民政府举办或者社会力量举办的，向公众开放用于开展文化体育活动的公益性的图书馆、博物馆、纪念馆、美术馆、文化馆（站）、体育场（馆）、青少年宫、工人文化宫等的建筑物、场地和设备。

本条例所称公共文化体育设施管理单位，是指负责公共文化体育设施的维护，为公众开展文化体育活动提供服务的社会公共文化体育机构。

第三条　公共文化体育设施管理单位必须坚持为人民服务、为社会主义服务的方向，充分利用公共文化体育设施，传播有益于提高民族素质、有益于经济发展和社会进步的科学技术和文化知识，开展文明、健康的文化体育活动。

任何单位和个人不得利用公共文化体育设施从事危害公共利益的活动。

第四条 国家有计划地建设公共文化体育设施。对少数民族地区、边远贫困地区和农村地区的公共文化体育设施的建设予以扶持。

第五条 各级人民政府举办的公共文化体育设施的建设、维修、管理资金，应当列入本级人民政府基本建设投资计划和财政预算。

第六条 国家鼓励企业、事业单位、社会团体和个人等社会力量举办公共文化体育设施。

国家鼓励通过自愿捐赠等方式建立公共文化体育设施社会基金，并鼓励依法向人民政府、社会公益性机构或者公共文化体育设施管理单位捐赠财产。捐赠人可以按照税法的有关规定享受优惠。

国家鼓励机关、学校等单位内部的文化体育设施向公众开放。

第七条 国务院文化行政主管部门、体育行政主管部门依据国务院规定的职责负责全国的公共文化体育设施的监督管理。

县级以上地方人民政府文化行政主管部门、体育行政主管部门依据本级人民政府规定的职责，负责本行政区域内的公共文化体育设施的监督管理。

第八条 对在公共文化体育设施的建设、管理和保护工作中做出突出贡献的单位和个人，由县级以上地方人民政府或者有关部门给予奖励。

第二章　规划和建设

第九条 国务院发展和改革行政主管部门应当会同国务院文化行政主管部门、体育行政主管部门，将全国公共文化体育设施的建设纳入国民经济和社会发展计划。

县级以上地方人民政府应当将本行政区域内的公共文化体育设

施的建设纳入当地国民经济和社会发展计划。

第十条 公共文化体育设施的数量、种类、规模以及布局，应当根据国民经济和社会发展水平、人口结构、环境条件以及文化体育事业发展的需要，统筹兼顾，优化配置，并符合国家关于城乡公共文化体育设施用地定额指标的规定。

公共文化体育设施用地定额指标，由国务院土地行政主管部门、建设行政主管部门分别会同国务院文化行政主管部门、体育行政主管部门制定。

第十一条 公共文化体育设施的建设选址，应当符合人口集中、交通便利的原则。

第十二条 公共文化体育设施的设计，应当符合实用、安全、科学、美观等要求，并采取无障碍措施，方便残疾人使用。具体设计规范由国务院建设行政主管部门会同国务院文化行政主管部门、体育行政主管部门制定。

第十三条 建设公共文化体育设施使用国有土地的，经依法批准可以以划拨方式取得。

第十四条 公共文化体育设施的建设预留地，由县级以上地方人民政府土地行政主管部门、城乡规划行政主管部门按照国家有关用地定额指标，纳入土地利用总体规划和城乡规划，并依照法定程序审批。任何单位或者个人不得侵占公共文化体育设施建设预留地或者改变其用途。

因特殊情况需要调整公共文化体育设施建设预留地的，应当依法调整城乡规划，并依照前款规定重新确定建设预留地。重新确定的公共文化体育设施建设预留地不得少于原有面积。

第十五条 新建、改建、扩建居民住宅区，应当按照国家有关规定规划和建设相应的文化体育设施。

居民住宅区配套建设的文化体育设施，应当与居民住宅区的主体工程同时设计、同时施工、同时投入使用。任何单位或者个人不得擅自改变文化体育设施的建设项目和功能，不得缩小其建设规模和降低其用地指标。

第三章　使用和服务

第十六条　公共文化体育设施管理单位应当完善服务条件，建立、健全服务规范，开展与公共文化体育设施功能、特点相适应的服务，保障公共文化体育设施用于开展文明、健康的文化体育活动。

第十七条　公共文化体育设施应当根据其功能、特点向公众开放，开放时间应当与当地公众的工作时间、学习时间适当错开。

公共文化体育设施的开放时间，不得少于省、自治区、直辖市规定的最低时限。国家法定节假日和学校寒暑假期间，应当适当延长开放时间。

学校寒暑假期间，公共文化体育设施管理单位应当增设适合学生特点的文化体育活动。

第十八条　公共文化体育设施管理单位应当向公众公示其服务内容和开放时间。公共文化体育设施因维修等原因需要暂时停止开放的，应当提前7日向公众公示。

第十九条　公共文化体育设施管理单位应当在醒目位置标明设施的使用方法和注意事项。

第二十条　公共文化体育设施管理单位提供服务可以适当收取费用，收费项目和标准应当经县级以上人民政府有关部门批准。

第二十一条　需要收取费用的公共文化体育设施管理单位，应当根据设施的功能、特点对学生、老年人、残疾人等免费或者优惠开放，具体办法由省、自治区、直辖市制定。

第二十二条　公共文化设施管理单位可以将设施出租用于举办

文物展览、美术展览、艺术培训等文化活动。

公共体育设施管理单位不得将设施的主体部分用于非体育活动。但是，因举办公益性活动或者大型文化活动等特殊情况临时出租的除外。临时出租时间一般不得超过10日；租用期满，租用者应当恢复原状，不得影响该设施的功能、用途。

第二十三条 公众在使用公共文化体育设施时，应当遵守公共秩序，爱护公共文化体育设施。任何单位或者个人不得损坏公共文化体育设施。

第四章 管理和保护

第二十四条 公共文化体育设施管理单位应当将公共文化体育设施的名称、地址、服务项目等内容报所在地县级人民政府文化行政主管部门、体育行政主管部门备案。

县级人民政府文化行政主管部门、体育行政主管部门应当向公众公布公共文化体育设施名录。

第二十五条 公共文化体育设施管理单位应当建立、健全安全管理制度，依法配备安全保护设施、人员，保证公共文化体育设施的完好，确保公众安全。

公共体育设施内设置的专业性强、技术要求高的体育项目，应当符合国家规定的安全服务技术要求。

第二十六条 公共文化体育设施管理单位的各项收入，应当用于公共文化体育设施的维护、管理和事业发展，不得挪作他用。

文化行政主管部门、体育行政主管部门、财政部门和其他有关部门，应当依法加强对公共文化体育设施管理单位收支的监督管理。

第二十七条 因城乡建设确需拆除公共文化体育设施或者改变其功能、用途的，有关地方人民政府在作出决定前，应当组织专家论证，并征得上一级人民政府文化行政主管部门、体育行政主管部门同意，报上一级人民政府批准。

涉及大型公共文化体育设施的，上一级人民政府在批准前，应当举行听证会，听取公众意见。

经批准拆除公共文化体育设施或者改变其功能、用途的，应当依照国家有关法律、行政法规的规定择地重建。重新建设的公共文化体育设施，应当符合规划要求，一般不得小于原有规模。迁建工作应当坚持先建设后拆除或者建设拆除同时进行的原则。迁建所需费用由造成迁建的单位承担。

第五章　法律责任

第二十八条　文化、体育、城乡规划、建设、土地等有关行政主管部门及其工作人员，不依法履行职责或者发现违法行为不予依法查处的，对负有责任的主管人员和其他直接责任人员，依法给予行政处分；构成犯罪的，依法追究刑事责任。

第二十九条　侵占公共文化体育设施建设预留地或者改变其用途的，由土地行政主管部门、城乡规划行政主管部门依据各自职责责令限期改正；逾期不改正的，由作出决定的机关依法申请人民法院强制执行。

第三十条　公共文化体育设施管理单位有下列行为之一的，由文化行政主管部门、体育行政主管部门依据各自职责责令限期改正；造成严重后果的，对负有责任的主管人员和其他直接责任人员，依法给予行政处分：

（一）未按照规定的最低时限对公众开放的；

（二）未公示其服务项目、开放时间等事项的；

（三）未在醒目位置标明设施的使用方法或者注意事项的；

（四）未建立、健全公共文化体育设施的安全管理制度的；

（五）未将公共文化体育设施的名称、地址、服务项目等内容报文化行政主管部门、体育行政主管部门备案的。

第三十一条 公共文化体育设施管理单位，有下列行为之一的，由文化行政主管部门、体育行政主管部门依据各自职责责令限期改正，没收违法所得，违法所得 5000 元以上的，并处违法所得 2 倍以上 5 倍以下的罚款；没有违法所得或者违法所得 5000 元以下的，可以处 1 万元以下的罚款；对负有责任的主管人员和其他直接责任人员，依法给予行政处分：

（一）开展与公共文化体育设施功能、用途不相适应的服务活动的；

（二）违反本条例规定出租公共文化体育设施的。

第三十二条 公共文化体育设施管理单位及其工作人员违反本条例规定，挪用公共文化体育设施管理单位的各项收入或者有条件维护而不履行维护义务的，由文化行政主管部门、体育行政主管部门依据各自职责责令限期改正；对负有责任的主管人员和其他直接责任人员，依法给予行政处分；构成犯罪的，依法追究刑事责任。

第六章 附 则

第三十三条 国家机关、学校等单位内部的文化体育设施向公众开放的，由国务院文化行政主管部门、体育行政主管部门会同有关部门依据本条例的原则另行制定管理办法。

第三十四条 本条例自 2003 年 8 月 1 日起施行。

博物馆条例

（2015年1月14日国务院第78次常务会议通过　2015年2月9日中华人民共和国国务院令第659号公布　自2015年3月20日起施行）

第一章　总　　则

第一条　为了促进博物馆事业发展，发挥博物馆功能，满足公民精神文化需求，提高公民思想道德和科学文化素质，制定本条例。

第二条　本条例所称博物馆，是指以教育、研究和欣赏为目的，收藏、保护并向公众展示人类活动和自然环境的见证物，经登记管理机关依法登记的非营利组织。

博物馆包括国有博物馆和非国有博物馆。利用或者主要利用国有资产设立的博物馆为国有博物馆；利用或者主要利用非国有资产设立的博物馆为非国有博物馆。

国家在博物馆的设立条件、提供社会服务、规范管理、专业技术职称评定、财税扶持政策等方面，公平对待国有和非国有博物馆。

第三条　博物馆开展社会服务应当坚持为人民服务、为社会主义服务的方向和贴近实际、贴近生活、贴近群众的原则，丰富人民群众精神文化生活。

第四条　国家制定博物馆事业发展规划，完善博物馆体系。

国家鼓励企业、事业单位、社会团体和公民等社会力量依法设立博物馆。

第五条　国有博物馆的正常运行经费列入本级财政预算；非国

有博物馆的举办者应当保障博物馆的正常运行经费。

国家鼓励设立公益性基金为博物馆提供经费，鼓励博物馆多渠道筹措资金促进自身发展。

第六条 博物馆依法享受税收优惠。

依法设立博物馆或者向博物馆提供捐赠的，按照国家有关规定享受税收优惠。

第七条 国家文物主管部门负责全国博物馆监督管理工作。国务院其他有关部门在各自职责范围内负责有关的博物馆管理工作。

县级以上地方人民政府文物主管部门负责本行政区域的博物馆监督管理工作。县级以上地方人民政府其他有关部门在各自职责范围内负责本行政区域内有关的博物馆管理工作。

第八条 博物馆行业组织应当依法制定行业自律规范，维护会员的合法权益，指导、监督会员的业务活动，促进博物馆事业健康发展。

第九条 对为博物馆事业作出突出贡献的组织或者个人，按照国家有关规定给予表彰、奖励。

第二章 博物馆的设立、变更与终止

第十条 设立博物馆，应当具备下列条件：

（一）固定的馆址以及符合国家规定的展室、藏品保管场所；

（二）相应数量的藏品以及必要的研究资料，并能够形成陈列展览体系；

（三）与其规模和功能相适应的专业技术人员；

（四）必要的办馆资金和稳定的运行经费来源；

（五）确保观众人身安全的设施、制度及应急预案。

博物馆馆舍建设应当坚持新建馆舍和改造现有建筑相结合，鼓励利用名人故居、工业遗产等作为博物馆馆舍。新建、改建馆舍应当提高藏品展陈和保管面积占总面积的比重。

第十一条 设立博物馆，应当制定章程。博物馆章程应当包括下列事项：

（一）博物馆名称、馆址；

（二）办馆宗旨及业务范围；

（三）组织管理制度，包括理事会或者其他形式决策机构的产生办法、人员构成、任期、议事规则等；

（四）藏品展示、保护、管理、处置的规则；

（五）资产管理和使用规则；

（六）章程修改程序；

（七）终止程序和终止后资产的处理；

（八）其他需要由章程规定的事项。

第十二条 国有博物馆的设立、变更、终止依照有关事业单位登记管理法律、行政法规的规定办理，并应当向馆址所在地省、自治区、直辖市人民政府文物主管部门备案。

第十三条 藏品属于古生物化石的博物馆，其设立、变更、终止应当遵守有关古生物化石保护法律、行政法规的规定，并向馆址所在地省、自治区、直辖市人民政府文物主管部门备案。

第十四条 设立藏品不属于古生物化石的非国有博物馆的，应当向馆址所在地省、自治区、直辖市人民政府文物主管部门备案，并提交下列材料：

（一）博物馆章程草案；

（二）馆舍所有权或者使用权证明，展室和藏品保管场所的环境条件符合藏品展示、保护、管理需要的论证材料；

（三）藏品目录、藏品概述及藏品合法来源说明；

（四）出资证明或者验资报告；

（五）专业技术人员和管理人员的基本情况；

（六）陈列展览方案。

第十五条 设立藏品不属于古生物化石的非国有博物馆的，应当到有关登记管理机关依法办理法人登记手续。

前款规定的非国有博物馆变更、终止的，应当到有关登记管理机关依法办理变更登记、注销登记，并向馆址所在地省、自治区、直辖市人民政府文物主管部门备案。

第十六条 省、自治区、直辖市人民政府文物主管部门应当及时公布本行政区域内已备案的博物馆名称、地址、联系方式、主要藏品等信息。

第三章 博物馆管理

第十七条 博物馆应当完善法人治理结构，建立健全有关组织管理制度。

第十八条 博物馆专业技术人员按照国家有关规定评定专业技术职称。

第十九条 博物馆依法管理和使用的资产，任何组织或者个人不得侵占。

博物馆不得从事文物等藏品的商业经营活动。博物馆从事其他商业经营活动，不得违反办馆宗旨，不得损害观众利益。博物馆从事其他商业经营活动的具体办法由国家文物主管部门制定。

第二十条 博物馆接受捐赠的，应当遵守有关法律、行政法规的规定。

博物馆可以依法以举办者或者捐赠者的姓名、名称命名博物馆的馆舍或者其他设施；非国有博物馆还可以依法以举办者或者捐赠者的姓名、名称作为博物馆馆名。

第二十一条 博物馆可以通过购买、接受捐赠、依法交换等法律、行政法规规定的方式取得藏品，不得取得来源不明或者来源不合法的藏品。

第二十二条 博物馆应当建立藏品账目及档案。藏品属于文物的，应当区分文物等级，单独设置文物档案，建立严格的管理制度，并报文物主管部门备案。

未依照前款规定建账、建档的藏品，不得交换或者出借。

第二十三条 博物馆法定代表人对藏品安全负责。

博物馆法定代表人、藏品管理人员离任前，应当办结藏品移交手续。

第二十四条 博物馆应当加强对藏品的安全管理，定期对保障藏品安全的设备、设施进行检查、维护，保证其正常运行。对珍贵藏品和易损藏品应当设立专库或者专用设备保存，并由专人负责保管。

第二十五条 博物馆藏品属于国有文物、非国有文物中的珍贵文物和国家规定禁止出境的其他文物的，不得出境，不得转让、出租、质押给外国人。

国有博物馆藏品属于文物的，不得赠与、出租或者出售给其他单位和个人。

第二十六条 博物馆终止的，应当依照有关非营利组织法律、行政法规的规定处理藏品；藏品属于国家禁止买卖的文物的，应当依照有关文物保护法律、行政法规的规定处理。

第二十七条 博物馆藏品属于文物或者古生物化石的，其取得、保护、管理、展示、处置、进出境等还应当分别遵守有关文物保护、古生物化石保护的法律、行政法规的规定。

第四章 博物馆社会服务

第二十八条 博物馆应当自取得登记证书之日起6个月内向公

众开放。

第二十九条 博物馆应当向公众公告具体开放时间。在国家法定节假日和学校寒暑假期间，博物馆应当开放。

第三十条 博物馆举办陈列展览，应当遵守下列规定：

（一）主题和内容应当符合宪法所确定的基本原则和维护国家安全与民族团结、弘扬爱国主义、倡导科学精神、普及科学知识、传播优秀文化、培养良好风尚、促进社会和谐、推动社会文明进步的要求；

（二）与办馆宗旨相适应，突出藏品特色；

（三）运用适当的技术、材料、工艺和表现手法，达到形式与内容的和谐统一；

（四）展品以原件为主，使用复制品、仿制品应当明示；

（五）采用多种形式提供科学、准确、生动的文字说明和讲解服务；

（六）法律、行政法规的其他有关规定。

陈列展览的主题和内容不适宜未成年人的，博物馆不得接纳未成年人。

第三十一条 博物馆举办陈列展览的，应当在陈列展览开始之日10个工作日前，将陈列展览主题、展品说明、讲解词等向陈列展览举办地的文物主管部门或者其他有关部门备案。

各级人民政府文物主管部门和博物馆行业组织应当加强对博物馆陈列展览的指导和监督。

第三十二条 博物馆应当配备适当的专业人员，根据不同年龄段的未成年人接受能力进行讲解；学校寒暑假期间，具备条件的博物馆应当增设适合学生特点的陈列展览项目。

第三十三条 国家鼓励博物馆向公众免费开放。县级以上人民政府应当对向公众免费开放的博物馆给予必要的经费支持。

博物馆未实行免费开放的，其门票、收费的项目和标准按照国家有关规定执行，并在收费地点的醒目位置予以公布。

博物馆未实行免费开放的，应当对未成年人、成年学生、教师、老年人、残疾人和军人等实行免费或者其他优惠。博物馆实行优惠的项目和标准应当向公众公告。

第三十四条 博物馆应当根据自身特点、条件，运用现代信息技术，开展形式多样、生动活泼的社会教育和服务活动，参与社区文化建设和对外文化交流与合作。

国家鼓励博物馆挖掘藏品内涵，与文化创意、旅游等产业相结合，开发衍生产品，增强博物馆发展能力。

第三十五条 国务院教育行政部门应当会同国家文物主管部门，制定利用博物馆资源开展教育教学、社会实践活动的政策措施。

地方各级人民政府教育行政部门应当鼓励学校结合课程设置和教学计划，组织学生到博物馆开展学习实践活动。

博物馆应当对学校开展各类相关教育教学活动提供支持和帮助。

第三十六条 博物馆应当发挥藏品优势，开展相关专业领域的理论及应用研究，提高业务水平，促进专业人才的成长。

博物馆应当为高等学校、科研机构和专家学者等开展科学研究工作提供支持和帮助。

第三十七条 公众应当爱护博物馆展品、设施及环境，不得损坏博物馆的展品、设施。

第三十八条 博物馆行业组织可以根据博物馆的教育、服务及藏品保护、研究和展示水平，对博物馆进行评估。具体办法由国家文物主管部门会同其他有关部门制定。

第五章 法律责任

第三十九条 博物馆取得来源不明或者来源不合法的藏品，或者陈列展览的主题、内容造成恶劣影响的，由省、自治区、直辖市人民政府文物主管部门或者有关登记管理机关按照职责分工，责令改正，有违法所得的，没收违法所得，并处违法所得2倍以上5倍以下罚款；没有违法所得的，处5000元以上2万元以下罚款；情节严重的，由登记管理机关撤销登记。

第四十条　博物馆从事文物藏品的商业经营活动的，由工商行政管理部门依照有关文物保护法律、行政法规的规定处罚。

博物馆从事非文物藏品的商业经营活动，或者从事其他商业经营活动违反办馆宗旨、损害观众利益的，由省、自治区、直辖市人民政府文物主管部门或者有关登记管理机关按照职责分工，责令改正，有违法所得的，没收违法所得，并处违法所得2倍以上5倍以下罚款；没有违法所得的，处5000元以上2万元以下罚款；情节严重的，由登记管理机关撤销登记。

第四十一条　博物馆自取得登记证书之日起6个月内未向公众开放，或者未依照本条例的规定实行免费或者其他优惠的，由省、自治区、直辖市人民政府文物主管部门责令改正；拒不改正的，由登记管理机关撤销登记。

第四十二条　博物馆违反有关价格法律、行政法规规定的，由馆址所在地县级以上地方人民政府价格主管部门依法给予处罚。

第四十三条　县级以上人民政府文物主管部门或者其他有关部门及其工作人员玩忽职守、滥用职权、徇私舞弊或者利用职务上的便利索取或者收受他人财物的，由本级人民政府或者上级机关责令改正，通报批评；对直接负责的主管人员和其他直接责任人员依法给予处分。

第四十四条　违反本条例规定，构成犯罪的，依法追究刑事责任。

第六章　附　　则

第四十五条　本条例所称博物馆不包括以普及科学技术为目的的科普场馆。

第四十六条　中国人民解放军所属博物馆依照军队有关规定进行管理。

第四十七条　本条例自 2015 年 3 月 20 日起施行。

中共中央办公厅、国务院办公厅印发《关于加快构建现代公共文化服务体系的意见》的通知

（2015 年 1 月 12 日　中办发〔2015〕2 号）

各省、自治区、直辖市党委和人民政府，中央和国家机关各部委，解放军各总部、各大单位，各人民团体：

《关于加快构建现代公共文化服务体系的意见》已经党中央、国务院同意，现印发给你们，请结合实际认真贯彻执行。

关于加快构建现代公共文化服务体系的意见

近年来，在党中央、国务院高度重视下，我国公共文化建设投入稳步增长，覆盖城乡的公共文化服务设施网络基本建立，公共文化服务效能明显提高，人民群众精神文化生活不断改善，公共文化

服务体系建设取得显著成效，呈现出整体推进、重点突破、全面提升的良好发展态势。但是，与当前经济社会发展水平和人民群众日益增长的精神文化需求相比，与基本建成公共文化服务体系的目标要求相比，公共文化服务体系建设水平仍然有待提高。在新的形势下，构建现代公共文化服务体系，是保障和改善民生的重要举措，是全面深化文化体制改革、促进文化事业繁荣发展的必然要求，是弘扬社会主义核心价值观、建设社会主义文化强国的重大任务。为贯彻党的十八届三中全会审议通过的《中共中央关于全面深化改革若干重大问题的决定》的有关要求，加快构建现代公共文化服务体系，现提出如下意见。

一、总体要求

（一）指导思想。以邓小平理论、“三个代表”重要思想、科学发展观为指导，贯彻落实党的十八大和十八届三中、四中全会精神，贯彻落实习近平总书记系列重要讲话精神，按照全面建成小康社会的总体要求，牢固树立以人民为中心的工作导向，以改革创新为动力，以基层为重点，构建体现时代发展趋势、适应社会主义初级阶段基本国情和市场经济要求、符合文化发展规律、具有中国特色的现代公共文化服务体系，促进基本公共文化服务标准化、均等化，推动社会主义文化大发展大繁荣，提高全民族文化素质，增强民族凝聚力，为实现中华民族伟大复兴中国梦提供强大的精神动力和文化支撑。

（二）基本原则

坚持正确导向。以人民为中心，以社会主义核心价值观为引领，发展先进文化，创新传统文化，扶持通俗文化，引导流行文化，改造落后文化，抵制有害文化，巩固基层文化阵地，促进在全社会形成积极向上的精神追求和健康文明的生活方式。

坚持政府主导。从基本国情出发，认真研究人民群众的精神文化需求，因地制宜，科学规划，分类指导，按照一定标准推动实现基本公共文化服务均等化，切实保障人民群众基本文化权益，促进实现社会公平。

坚持社会参与。简政放权，减少行政审批项目，引入市场机制，激发各类社会主体参与公共文化服务的积极性，提供多样化的产品和服务，增强发展活力，积极培育和引导群众文化消费需求。

坚持共建共享。加强统筹管理，建立协同机制，明确责任，优化配置各方资源，做到物尽其用、人尽其才，发挥整体优势，提升综合效益。

坚持改革创新。加快转变政府职能，完善管理体制机制，创新公共文化服务内容和形式，促进文化与科技深度融合，推动文化事业和文化产业协调发展。

（三）主要目标。到 2020 年，基本建成覆盖城乡、便捷高效、保基本、促公平的现代公共文化服务体系。公共文化设施网络全面覆盖、互联互通，公共文化服务的内容和手段更加丰富，服务质量显著提升，公共文化管理、运行和保障机制进一步完善，政府、市场、社会共同参与公共文化服务体系建设的格局逐步形成，人民群众基本文化权益得到更好保障，基本公共文化服务均等化水平稳步提高。

二、统筹推进公共文化服务均衡发展

（四）促进城乡基本公共文化服务均等化。把城乡基本公共文化服务均等化纳入国民经济和社会发展总体规划及城乡规划。根据城镇化发展趋势和城乡常住人口变化，统筹城乡公共文化设施布局、服务提供、队伍建设、资金保障，均衡配置公共文化资源。整合利用闲置学校等现有城乡公共设施，依托城乡社区综合服务设施，加强城市社区和农村文化设施建设。拓展重大文化惠民项目服务“三农”内容。加大对农村民间文化艺术的扶持力度，推进“三农”出版物出版发行、广播电视涉农节目制作和农村题材文艺作品创作。完善农家书屋出版物补充更新工作。统筹推进农村地区广播电视用户接收设备配备工作，鼓励建设农村广播电视维修服务网点。大力开展流动服务和数字服务，打通公共文化服务“最后一公里”。建立公共文化服务城乡联动机制。以县级文化馆、图书馆为中心推进总分馆制建设，加强对农家书屋的统筹管理，实现农村、城市社区公共文化服务资源整合和互联互通。推进城乡“结对子、种文化”，加强城市对农村文化建设的帮扶，形成常态化工作机制。

（五）推动革命老区、民族地区、边疆地区、贫困地区公共文化建设实现跨越式发展。与国家扶贫开发攻坚战略结合，编制老少边穷地区公共文化服务体系建设发展规划纲要。根据国家基本公共文化服务指导标准，明确老少边穷地区服务和资源缺口，按照精准扶贫的要求，以广播电视服务网络、数字文化服务、乡土人才培养、流动文化服务、农村留守妇女儿童文化帮扶等为重点，集中实施一批文化扶贫项目。落实对国家在贫困地区安排的公益性文化建设项目取消县以下（含县）及西部地区集中连片特困地区市地级配套资金的政策。加强边境地区基层公共文化设施建设。促进地区对口帮扶，加大人才交流和项目支援力度。深入实施边远贫困地区、边疆民族地区、革命老区人才文化工作者专项支持计划。支持老少边穷地区挖掘、开发、利用民族民间文化资源，充实公共文化服务内容。力争在较短时间内使老少边穷地区公共文化服务能力和水平有明显改善。

（六）保障特殊群体基本文化权益。将老年人、未成年人、残疾人、农民工、农村留守妇女儿童、生活困难群众作为公共文化服务的重点对象。积极开展面向老年人、未成年人的公益性文化艺术培训服务、演展和科技普及活动。开展学龄前儿童基础阅读促进工作和向中小学生推荐优秀出版物、影片、戏曲工作。指导互联网网站、互联网文化企业等开发制作有利于青少年身心健康的优秀作品。将中小学生定期参观博物馆、美术馆、纪念馆、科技馆纳入中小学教育教学活动计划。加强乡村学校少年宫建设。实施青少年体育活动促进计划。公共文化服务机构要为残疾人提供无障碍设施。实施盲文出版项目，开发视听读物，建设有声图书馆，鼓励和支持有条件的电视台增加手语节目或加配字幕。加强对残疾人文化艺术的扶持力度。加快将农民工文化建设纳入常住地公共文化服务体系，以公共文化机构、社区和用工企业为实施主体，满足农民工群体尤其是新生代农民工的基本文化需求。

（七）建立基本公共文化服务标准体系。以人民群众基本文化需求为导向，围绕看电视、听广播、读书看报、参加公共文化活动等群众基本文化权益，根据国家经济社会发展水平和供给能力，明确国家基本公共文化服务的内容、种类、数量和水平，以及应具备的公共文化服务基本条件和各级政府的保障责任，确立国家基本公共文化服务指导标准，明确政府保障底线，做到保障基本、统一规范。各地要根据国家指导标准，制定与当地经济社会发展水平相适应、具有地域特色的地方实施标准，逐步形成既有基本共性又有特色个性、上下衔接的标准指标体系。标准以县为基本单位推进落实。建立基本公共文化服务标准动态调整机制，根据经济社会的发展变化，适时调整提高具体指标。

（八）提升公共文化设施建设、管理和服务水平。健全公共文化设施布局、土地使用、建设规模、设计和施工规范以及技术要求等标准。按照城乡人口发展和分布，坚持均衡配置、严格预留、规模适当、功能优先、经济适用、节能环保的原则，合理规划建设各类公共文化设施。结合基层公共服务设施建设，制定村（社区）综合公共文化服务中心建设标准，充分利用现有城乡公共设施，统筹建设集宣传文化、党员教育、科技普及、普法教育、体育健身等多功能于一体的基层公共文化服务中心，配套建设群众文体活动场地。坚持设施建设和运行管理并重，健全公共文化设施运行管理和服务标准体系，规范各级各类公共文化机构服务项目和服务流程，完善内部管理制度，提高服务水平。

三、增强公共文化服务发展动力

（九）培育和促进文化消费。在公共文化服务体系建设中统筹考虑群众的基本文化需求和多样化文化需求，推动公共文化服务向优质服务转变，实现标准化和个性化服务的有机统一。广泛开展公益性文化艺术活动，培养健康向上的文艺爱好，扩大和提升文化消费需求。鼓励有条件的公共文化机构挖掘特色资源，加强文化创意产品研发，创新文化产品和服务内容。完善公益性演出补贴制度，通过票价补贴、剧场运营补贴等方式，支持艺术表演团体提供公益性演出。鼓励在商业演出和电影放映中安排低价场次或门票，鼓励出版适应群众购买能力的图书报刊，鼓励网络文化运营商开发更多低收费业务，推动经营性文化设施、非物质文化遗产传习场所和传统民俗文化活动场所等向公众提供优惠或免费的公益性文化服务。积极发展与公共文化服务相关联的教育培训、体育健身、演艺会展、旅游休闲等产业，引导和支持各类文化企业开发公共文化产品和服务，满足人民群众多层次的文化消费需求。

（十）鼓励和引导社会力量参与。进一步简政放权，减少行政审批项目，吸引社会资本投入公共文化领域。建立健全政府向社会力量购买公共文化服务机制。出台政府购买公共文化服务指导性意见和目录，将政府购买公共文化服务资金纳入财政预算。推广运用政府和社会资本合作等模式，促进公共文化服务提供主体和提供方式多元化。鼓励和支持社会力量通过投资或捐助设施设备、兴办实体、资助项目、赞助活动、提供产品和服务等方式参与公共文化服务体系建设。推动建立健全公开透明的社会捐赠管理制度。鼓励党政机关、国有企事业单位和学校的各类文体设施向社会免费或优惠开放。创新公共文化设施管理模式，有条件的地方可探索开展公共文化设施社会化运营试点，通过委托或招投标等方式吸引有实力的社会组织和企业参与公共文化设施的运营。

（十一）培育和规范文化类社会组织。加强对文化类行业协会、基金会、民办非企业单位等社会组织的引导、扶持和管理，促进规范有序发展。制定完善关于文化类社会组织的规章，明确功能定位。鼓励各类公共文化服务机构成立行业协会，发挥其在行业自律、行业管理、行业交流等方面的重要作用。加快推进文化行业协会与行政机关脱钩，将适合由社会组织提供的公共文化服务事项交由社会组织承担。引导文化类社会组织依法依规开展公共文化服务。加大政府向文化类社会组织购买服务力度。加强政府管理和社会监督，严格执行社会组织年检制度和信息公开制度，开展运营绩效评估和社会信用评估，实现依法管理、依法运营。

（十二）大力推进文化志愿服务。大力弘扬志愿服务精神，坚持志愿服务与政府服务、市场服务相衔接，奉献社会与自我发展相统一，社会倡导和自愿参与相结合，构建参与广泛、内容丰富、形式多样、机制健全的文化志愿服务体系。创新服务内容、工作方式和活动载体，探索具有地方或行业特色的文化志愿服务模式。完善文化志愿者注册招募、服务记录、管理评价和激励保障机制。动员组织专家学者、艺术家、优秀运动员等社会知名人士参加志愿服务，提高社会影响力。要建立“结对子、种文化”工作机制，推动专业艺术院团、体育运动队和艺术体育院校等到基层教、学、帮、带，建立志愿服务下基层制度。加强对文化志愿队伍的培训，提升文化志愿者的服务意识、服务能力和服务水平。

四、加强公共文化产品和服务供给

（十三）提升公共文化服务效能。完善公共文化设施免费开放的保障机制。深入推进公共图书馆、博物馆、文化馆、纪念馆、美术馆等免费开放工作，逐步将民族博物馆、行业博物馆纳入免费开放范围。推动科技馆、工人文化宫、妇女儿童活动中心以及青少年校外活动场所免费提供基本公共文化服务项目。建立群众文化需求反馈机制，及时准确了解和掌握群众文化需求，制定公共文化服务提供目录，开展“菜单式”、“订单式”服务。加强公共文化服务品牌建设，推动形成具有鲜明特色和社会影响力的服务项目。加大对跨部门、跨行业、跨地域公共文化资源的整合力度。以行业联盟等形式，开展馆际合作，推进公共文化机构互联互通，开展文化服务“一卡通”、公共文化巡展巡讲巡演等服务，实现区域文化共建共享。加强基层广播电视播出机构服务能力建设。充分利用广播、电视、网络双向互动功能，为各级政府部门便民服务提供窗口和平台。

（十四）丰富优秀公共文化产品供给。进一步发挥国家级评奖和艺术、出版等基金的引导带动作用，创作生产更多传播当代中国价值观念、体现中华文化精神、反映中国人审美追求，思想性、艺术性、观赏性有机统一的优秀文化产品。建立优秀传统文化传承和发展体系。加强戏曲等优秀文化艺术的普及推广工作。开展优秀文化遗产、高雅艺术进校园、进社区，推进送戏、送书、送电影下乡等项目和优秀出版物推荐活动。提高网络文化产品和服务供给能力，促进优秀传统文化瑰宝和当代文化精品网络传播。推动少数民族地区广播电视播出机构在推广国家通用语言文字的同时，开办少数民族语言的频率频道，提高少数民族语言节目译制、制作、播映和传输覆盖能力；继续实施少数民族新闻出版“东风工程”，加强少数民族文字及双语出版物的出版发行和少数民族语言文艺作品的创作；推进少数民族语言文字网站建设。加强知识产权审核和版权保护，防止侵权或盗版产品进入公共文化服务供给体系。大力发展公益广告，有效推广公益慈善理念。

（十五）活跃群众文化生活。深入开展全民阅读活动，推动全民阅读进家庭、进社区、进校园、进农村、进企业、进机关。积极开展全民艺术普及、全民健身、全民科普和群众性法治文化活动。实施基层特色文化品牌建设项目，以富有时代感的内容形式，吸引更多群众参与文化活动。引导广场文化活动健康、规范、有序开展。推进民间文化艺术之乡建设。以“我们的节日”为主题，组织开展群众性节日民俗活动；传承和发展民族民间传统体育，广泛开展形式多样的群众性体育活动。鼓励群众自办文化，支持成立各类群众文化团队。通过组织示范性展演等形式，为民间文化队伍提供展示交流的平台。推进红色文化、社区文化、乡土文化、校园文化、企业文化、军旅文化、家庭文化建设，培育积极健康、多姿多彩的社会文化形态。促进边疆少数民族地区和其他地区群众文化交往交流交融。加强群众性文化活动的国际交流，支持群众文化走出去，形成多层次的对外文化交流格局。

五、推进公共文化服务与科技融合发展

（十六）加大文化科技创新力度。围绕公共文化服务体系建设的重大科技需求，发挥文化和科技相互促进的作用，结合中央财政科技计划（专项、基金等）管理改革要求，将公共文化科技创新纳入科技发展专项规划，深入实施国家文化科技创新工程。研究制定公共文化服务领域科技标准规范。开展文化专用装备、软件、系统的研发应用，推进公共文化服务创新手段、提高效能。加强科技成果转化应用，实施一批公共文化服务科技创新应用示范项目；支持公共文化机构、科研院所、高科技企业合作开展各类关键技术研究。依托国家公共文化服务体系建设示范区（项目）、高新技术园区和可持续发展实验区，开展公共文化服务与科技融合示范工作。

（十七）加快推进公共文化服务数字化建设。结合“宽带中国”、“智慧城市”等国家重大信息工程建设，加快推进公共文化机构数字化建设。统筹实施全国文化信息资源共享、数字图书馆博物馆建设、直播卫星广播电视公共服务、农村数字电影放映、数字农家书屋、城乡电子阅报屏建设等项目，构建标准统一、互联互通的公共数字文化服务网络，在基层实现共建共享。提高资源供给能力，科学规划公共数字文化资源建设，建设分布式资源库群，鼓励各地整合中华优秀文化资源，开发特色数字文化产品。支持数字版权公共服务平台建设，实现公共数字文化资源有效保护。加强公共文化大数据采集、存储和分析处理。加快推进数字文化资源在智能社区中的应用，实现“一站式”服务。

（十八）提升公共文化服务现代传播能力。着眼于形成与我国经济社会发展水平相称的传播能力，加快构建现代文化传播体系，保障信息传播的高效快捷和安全有序。灵活运用宽带互联网、移动互联网、广播电视网、卫星网络等手段，拓宽公共文化资源传输渠道。大力推进“三网融合”，促进高清电视、互动电视、交互式网络电视（IPTV）、手机电视等新业务发展，推广数字智能终端、移动终端等新型载体。推进数字出版，构建数字出版物传播平台。加强广播电视台、发射台（站）、监测台（站）建设，继续实施广播电视高山无线发射台站建设工程。积极推进有线电视网络建设和数字化双向化改造，加快推进直播卫星和地面数字电视覆盖建设，努力实现广播电视户户通。实施国家和地方应急广播工程，完善应急广播覆盖网络，打造基层政务信息发布、政策宣讲和灾害预警应急指挥平台。

六、创新公共文化管理体制和运行机制

（十九）建立公共文化服务体系建设协调机制。立足当前公共文化服务体系建设实际，完善党委领导、政府管理、部门协同、权责明确、统筹推进的公共文化服务体系建设管理制度。以国家公共文化服务体系建设协调组为平台，由文化部门牵头，充分发挥各部门职能作用和资源优势，在规划编制、政策衔接、标准制定和实施等方面加强统筹、整体设计、协调推进。各地要根据实际，建立相应的协调机制。推进国家公共文化服务体系示范区（项目）创建。发挥基层党委和政府作用，建立统一的基层公共文化服务平台，加强各类重大文化项目的统筹实施，探索整合基层公共文化服务资源的方式和途径，实现共建共享，提升综合效益。

（二十）加大公益性文化事业单位改革力度。按照关于深化文化体制改革和推进事业单位分类改革的要求，理顺政府和公益性文化事业单位之间的关系，探索管办分离的有效形式。进一步落实公益性文化事业单位法人自主权，强化公共服务功能，增强发展活力，发挥公共文化服务骨干作用。全面推进人事制度、收入分配制度、社会保障、经费保障制度改革。创新运行机制，建立事业单位法人治理结构，推动公共图书馆、博物馆、文化馆、科技馆等组建理事会，吸纳有关方面代表、专业人士、各界群众参与管理，健全决策、执行和监督机制。完善年度报告和信息披露、公众监督等基本制度，加强规范管理。加强和改进公益性文化事业单位党组织建设，充分发挥基层党组织的战斗堡垒作用和共产党员的先锋模范作用。

（二十一）创新基层公共文化管理机制。发挥城乡基层群众性自治组织的作用，推动开展公共文化服务参与式管理，推广居民、村民评议等行之有效的做法，健全民意表达和监督机制，引导城市社区居民和村民参与公共文化服务项目规划、建设、管理和监督，维护群众的文化选择权、参与权和自主权。调动驻村（社区）单位、企业和社会组织等多方面力量，统筹资源，共同参与基层文化的管理和服务，形成多元联动格局。扎实推进社区文化志愿服务。推进将公共文化服务纳入基层社区服务网格进行管理，培育城乡社区互助文化，营造社区和谐环境。

（二十二）完善公共文化服务评价工作机制。以效能为导向，制定政府公共文化服务考核指标，作为考核评价领导班子和领导干部政绩的重要内容，纳入科学发展考核体系。建立公共文化机构绩效考评制度，考评结果作为确定预算、收入分配与负责人奖惩的重要依据。加强对重大文化项目资金使用、实施效果、服务效能等方面的监督和评估。完善服务质量监测体系，研究制定公众满意度指标，建立群众评价和反馈机制。探索建立公共文化服务第三方评价机制，增强公共文化服务评价的客观性和科学性。

七、加大公共文化服务保障力度

（二十三）加强组织领导。各有关部门和单位要进一步认识构建现代公共文化服务体系的重要意义，根据本意见的要求，结合“十三五”规划的编制，尽快制定完善相关配套政策，明确责任，统筹建设，协同推进，狠抓落实。地方各级党委和政府要将构建现代公共文化服务体系纳入本地区国民经济和社会发展总体规划，纳入重要议事日程，切实加强组织领导，并结合实际制定实施方案、规划或专项行动计划，明确责任和时间表、路线图，集中力量推进工作落实。做好宣传和舆论引导工作，形成全社会支持和参与现代公共文化服务体系建设的良好氛围。

（二十四）加大财税支持力度。合理划分各级政府基本公共文化服务支出责任，建立健全公共文化服务财政保障机制，按照基本公共文化服务标准，落实提供基本公共文化服务项目所必需的资金，保障公共文化服务体系建设和运行。进一步完善转移支付体制，加大中央财政和省级财政转移支付力度，重点向革命老区、民族地区、边疆地区、贫困地区倾斜，着力支持农村和城市社区基层公共文化服务设施建设，保障基层城乡居民公平享有基本公共文化服务。进一步拓展资金来源渠道，加大政府性基金与一般公共预算的统筹力度。创新公共文化服务投入方式，采取政府购买、项目补贴、定向资助、贷款贴息等政策措施，支持包括文化企业在内的社会各类文化机构参与提供公共文化服务。落实现行鼓励社会组织、机构和个人捐赠公益性文化事业所得税税前扣除政策规定。加强对公共文化服务资金管理使用情况的监督和审计，开展绩效评价。

（二十五）加强基层文化队伍建设。进一步完善选人用人机制，着力培养一批具有现代意识、创新意识的公共文化管理者和基层公共文化服务人才队伍。按照控制总量、盘活存量、优化结构、有减有增的要求，研究制定公共文化机构人员编制标准，并根据业务发展状况进行动态调整。对实行免费开放后工作量大量增加、现有机构编制难以满足工作需要的公益性文化事业单位，要结合实际和财力，合理增加机构编制。加强对农村文化队伍的管理和使用，在现有编制总量内，落实每个乡镇综合文化站（中心）编制配备不少于1至2名的要求，规模较大的乡镇适当增加。设立城乡基层公共文化服务岗位，配置由公共财政补贴的工作人员。将公共文化服务专业人才培养纳入国民教育体系。稳步推进基层公共文化服务队伍培训，建立培训上岗制度，全面提高从业人员素质。乡镇综合文化站（中心）从业人员应熟悉广播电视技术，具备组织群众文化活动等多方面的服务能力。完善基层公共文化服务人才激励和保障机制。加强基层乡土文化人才建设。发展壮大社会体育指导员队伍。

（二十六）建立健全公共文化服务法律体系。加快建立健全坚持社会主义先进文化前进方向、遵循文化发展规律、有利于激发文化创造力、保障人民基本文化权益的文化法律制度，依法保障公民的文化权利得到有效落实。加快出台公共文化服务保障法等相关法律法规，为现代公共文化服务体系建设提供法律支撑。加强公共文化立法与文化体制改革重大政策的衔接，加快制定地方性公共文化服务法律规范，提高公共文化服务领域法治化水平。

附件：国家基本公共文化服务指导标准（2015－2020年）

国家基本公共文化服务指导标准（2015—2020年）

一、服务项目与内容

项目	内容	标准
基本服务项目	读书看报	1. 公共图书馆（室）、文化馆（站）和村（社区）（村指行政村，下同）综合文化服务中心（含农家书屋）等配备图书、报刊和电子书刊，并免费提供借阅服务。 2. 在城镇主要街道、公共场所、居民小区等人流密集地点设置阅报栏或电子阅报屏，提供时政、“三农”、科普、文化、生活等方面的信息服务。
	收听广播	3. 为全民提供突发事件应急广播服务。 4. 通过直播卫星提供不少于17套广播节目，通过无线模拟提供不少于6套广播节目，通过数字音频提供不少于15套广播节目。
	观看电视	5. 通过直播卫星提供25套电视节目，通过地面数字电视提供不少于15套电视节目，未完成无线数字化转换的地区，提供不少于5套电视节目。
	观赏电影	6. 为农村群众提供数字电影放映服务，其中每年国产新片（院线上映不超过2年）比例不少于1/3。 7. 为中小学生每学期提供2部爱国主义教育影片。
	送地方戏	8. 根据群众实际需求，采取政府采购等方式，为农村乡镇每年送戏曲等文艺演出。
	设施开放	9. 公共图书馆、文化馆（站）、公共博物馆（非文物建筑及遗址类）、公共美术馆等公共文化设施免费开放，基本服务项目健全。 10. 未成年人、老年人、现役军人、残疾人和低收入人群参观文物建筑及遗址类博物馆实行门票减免，文化遗产日免费参观。
	文体活动	11. 城乡居民依托村（社区）综合文化服务中心、文体广场、公园、健身路径等公共设施就近方便参加各类文体活动。 12. 各级文化馆（站）等开展文化艺术知识普及和培训，培养群众健康向上的文艺爱好。

续 表

项目	内容	标准
硬件设施	文化设施	13. 县级以上（含县级，下同）在辖区内设立公共图书馆、文化馆，乡镇（街道）设置综合文化站，按照国家颁布的建设标准等进行规划建设。 14. 公共博物馆、公共美术馆依据国家有关标准进行规划建设。 15. 结合基层公共服务综合设施建设，整合闲置中小学校等资源，在村（社区）统筹建设综合文化服务中心，因地制宜配置文体器材。
	广电设施	16. 县级以上设立广播电视播出机构和广播电视发射（监测）台，按照广播电视工程建设标准等进行建设。
	体育设施	17. 县级以上设立公共体育场；乡镇（街道）和村（社区）配置群众体育活动器材设备，或纳入基层综合文化设施整合设置。
	流动设施	18. 根据基层实际，为每个县配备用于图书借阅、文艺演出、电影放映等服务的流动文化车，开展流动文化服务。
	辅助设施	19. 各级公共文化设施为残疾人配备无障碍设施，有条件的配备安全检查设备。
人员配备	人员编制	20. 县级以上公共文化机构按照职能和当地人力资源社会保障、编办等部门核准的编制数配齐工作人员。 21. 乡镇综合文化站每站配备有编制人员 1 至 2 人，规模较大的乡镇适当增加；村（社区）公共服务中心设有由政府购买的公益文化岗位。
	业务培训	22. 县级以上公共文化机构从业人员每年参加脱产培训时间不少于 15 天，乡镇（街道）和村（社区）文化专兼职人员每年参加集中培训时间不少于 5 天。

二、标准实施

（一）本标准是国家颁布的指导性标准，各省、自治区、直辖市和新疆生产建设兵团要根据国家指导标准，结合当地群众需求、政府财政能力和文化特色，制定适合本地区的实施标准，建立国家指导标准与地方实施标准相衔接的标准体系。

（二）国家基本公共文化服务指导标准从2015年起开始实施，各相关部门根据职能职责和任务分工，制定具体实施方案；各地根据国家指导标准以及本地制定的实施标准，明确具体的落实措施、工作步骤和时间安排，确保标准实施工作科学、规范、有序开展。标准以县为基本单位推进落实。

（三）县级以上各级政府按照标准科学测算所需经费，将基本公共文化服务保障资金纳入财政预算，落实保障当地常住人口享有基本公共文化服务所需资金。中央和省级财政通过转移支付对老少边穷地区基本公共文化服务保障资金予以补助，同时，对绩效评价结果优良的地区予以奖励。县级以上各级政府安排资金，面向社会力量购买公共文化服务。

（四）文化部、各省级文化行政部门会同有关部门建立对标准实施情况的动态监测机制和绩效评价机制，加强督促检查。积极引入社会第三方开展公众满意度测评，对公众满意度较差的要进行通报批评，对好的做法和经验及时总结、推广。

国务院办公厅转发文化部等部门关于做好政府向社会力量购买公共文化服务工作意见的通知

（2015年5月5日　国办发〔2015〕37号）

各省、自治区、直辖市人民政府，国务院各部委，各直属机构：

文化部、财政部、新闻出版广电总局、体育总局《关于做好政府向社会力量购买公共文化服务工作的意见》已经国务院同意，现转发给你们，请结合实际，认真贯彻执行。

国务院办公厅

2015年5月5日

关于做好政府向社会力量购买公共文化服务工作的意见

文化部、财政部、新闻出版广电总局、体育总局

党的十八届三中全会提出，要完善文化管理体制，推动公共文化服务社会化发展。十八届四中全会提出，要深入推进依法行政，加快建设法治政府，依法加强和规范公共服务，规范和引导各类社会组织健康发展。今年《政府工作报告》对深化文化体制改革、逐步推进基本公共文化服务标准化均等化作出明确部署。政府向社会力量购买公共文化服务，既是深入推进依法行政、转变政府职能、建设服务型政府的重要环节，也是规范和引导社会组织健康发展、推动公共文化服务社会化发展的重要途径，对于进一步深化文化体制改革，丰富公共文化服务供给，提高公共文化服务效能，满足人民群众精神文化和体育健身需求具有重要意义。根据《国务院办公厅关于政府向社会力量购买服务的指导意见》（国办发〔2013〕96号）有关要求，为加快推进政府向社会力量购买公共文化服务工作，现提出以下意见：

一、指导思想、基本原则和目标任务

（一）指导思想。以邓小平理论、“三个代表”重要思想、科学发展观为指导，深入贯彻习近平总书记系列重要讲话精神，按照党

中央、国务院决策部署，以社会主义核心价值观为引领，按照深入推进依法行政、深化文化体制改革和构建现代公共文化服务体系的目标和要求，转变政府职能，推动公共文化服务社会化发展，逐步建立起适应社会主义市场经济的公共文化服务供给机制，为人民群众提供更加方便、快捷、优质、高效的公共文化服务。

（二）基本原则。

坚持正确导向，发挥引领作用。以人民为中心，坚持社会主义先进文化前进方向，将政府向社会力量购买的公共文化服务与培育践行社会主义核心价值观相结合、与传承弘扬中华优秀传统文化相融合，发挥文化引领风尚、教育人民、服务社会、推动发展的作用。

明确政府主导，完善政策体系。加强对政府向社会力量购买公共文化服务工作的组织领导、政策支持、财政投入和监督管理，按照相关法律法规要求，坚持与文化、体育事业单位改革相衔接，坚持与完善文化、体育管理体制相衔接，制定中央与地方协同配套、操作性强的政府向社会力量购买公共文化服务政策体系和管理规范。

培育市场主体，丰富服务供给。进一步发挥市场在文化资源配置中的积极作用，推进政府向社会力量购买公共文化服务与培育社会化公共文化服务力量相结合，规范和引导社会组织健康发展，逐步构建多层次、多方式的公共文化服务供给体系。

立足群众需求，创新购买方式。以满足人民群众基本公共文化需求为目标，突出公共性和公益性，不断创新政府向社会力量购买公共文化服务模式，建立“自下而上、以需定供”的互动式、菜单式服务方式，推动公共文化服务供给与人民群众文化需求有效对接。

规范管理程序，注重服务实效。按照公开、公平、公正原则，建立健全政府向社会力量购买公共文化服务的工作机制，规范购买流程，稳步有序开展工作。坚持风险和责任对等原则，规范政府和社会力量合作关系，严格价格管理。加强绩效管理，完善群众评价和反馈机制，切实提高政府向社会力量购买公共文化服务的针对性和有效性。

（三）目标任务。到2020年，在全国基本建立比较完善的政府向社会力量购买公共文化服务体系，形成与经济社会发展水平相适应、与人民群众精神文化和体育健身需求相符合的公共文化资源配置机制和供给机制，社会力量参与和提供公共文化服务的氛围更加浓厚，公共文化服务内容日益丰富，公共文化服务质量和效率显著提高。

二、积极有序推进政府向社会力量购买公共文化服务工作

（一）明确购买主体。政府向社会力量购买公共文化服务的主体是承担提供公共文化与体育服务的各级行政机关。纳入行政编制管理且经费由财政负担的文化与体育群团组织，也可根据实际需要，通过购买服务方式提供公共文化服务。

（二）科学选定承接主体。承接政府向社会力量购买公共文化服务的主体主要为具备提供公共文化服务能力，且依法在登记管理部门登记或经国务院批准免予登记的社会组织和符合条件的事业单位，以及依法在工商管理或行业主管部门登记成立的企业、机构等社会力量。各地要结合本地实际和拟购买公共文化服务的内容、特点，明确具体条件，秉持公开、公平、公正的遴选原则，科学选定承接主体。

（三）明确购买内容。政府向社会力量购买公共文化服务的内容为符合先进文化前进方向、健康积极向上的，适合采取市场化方式提供、社会力量能够承担的公共文化服务，突出公共性和公益性并主动向社会公开。主要包括：公益性文化体育产品的创作与传播，公益性文化体育活动的组织与承办，中华优秀传统文化与民族民间传统体育的保护、传承与展示，公共文化体育设施的运营和管理，民办文化体育机构提供的免费或低收费服务等内容。

（四）制定指导性目录。文化部、财政部、新闻出版广电总局、体育总局制定面向全国的政府向社会力量购买公共文化服务指导性目录。各地要按照转变政府职能的要求，结合本地经济社会发展水平、公共文化服务需求状况和财政预算安排情况，制定本地区政府向社会力量购买公共文化服务的指导性目录或具体购买目录。指导性目录和具体购买目录，应在总结经验的基础上，及时进行动态调整。

（五）完善购买机制。各地要建立健全方式灵活、程序规范、标准明确、结果评价、动态调整的购买机制。结合公共文化服务的具体内容、特点和地方实际，按照政府采购有关规定，采用公开招标、邀请招标、竞争性谈判、竞争性磋商、单一来源等方式确定承接主体，采取购买、委托、租赁、特许经营、战略合作等各种合同方式。建立以项目选定、信息发布、组织采购、项目监管、绩效评价为主要内容的规范化购买流程。根据所购买公共文化服务特点，分类制定内容明确、操作性强、便于考核的公共文化服务标准，方便承接主体掌握，便于购买主体监管。加强对服务提供全过程的跟踪监管和对服务成果的检查验收，检查验收结果应结合服务对象满意度调查，作为付款的重要依据。建立购买价格或财政补贴的动态调整机制，根据承接主体服务内容和质量，合理确定价格，避免获取暴利。

（六）提供资金保障。政府向社会力量购买公共文化服务所需资金列入财政预算，从部门预算经费或经批准的专项资金等既有预算中统筹安排。逐步加大现有财政资金向社会力量购买公共文化服务的投入力度。对新增的公共文化服务内容，凡适于以购买服务实现的，原则上都要通过政府购买服务方式实施。

（七）健全监管机制。加强对政府向社会力量购买公共文化服务的监督管理，建立健全政府购买的法律监督、行政监督、审计监督、纪检监督、社会监督、舆论监督制度，完善事前、事中和事后监管体系，严格遵守相关财政财务管理规定，确保购买行为公开透明、规范有效，坚决遏制和预防腐败现象。财政部门要加强对政府向社会力量购买公共文化服务资金的监管，监察、审计等部门要加强监督，文化、新闻出版广电、体育部门要按照职能分工将承接政府购买服务行为纳入监管体系。购买主体与承接主体应按照权责明确、规范高效的原则签订合同，严格遵照合同约定，避免出现行政干预行为。购买主体应建立健全内部监督管理制度，按规定公开购买服务的相关信息，自觉接受审计监督、社会监督和舆论监督。承接主体应主动接受购买主体的监管，健全财务报告制度，严格按照服务合同履行服务任务，保证服务数量、质量和效果，严禁服务转包行为。

（八）加强绩效评价。健全由购买主体、公共文化服务对象以及第三方共同参与的综合评审机制；加强对购买公共文化服务项目的绩效评价，建立长效跟踪机制。在绩效评价体系中，要侧重服务对象对公共文化服务的满意度评价。政府向社会力量购买公共文化服务的绩效评价结果要向社会公布，并作为以后年度编制政府向社会力量购买公共文化服务预算和选择政府向社会力量购买公共文化服务承接主体的重要参考依据。

三、营造政府向社会力量购买公共文化服务的良好环境

（一）加强组织领导。政府向社会力量购买公共文化服务，是保障和改善民生的一项重要工作，事关人民群众切身利益，也是进一步转变政府职能、创新文化与体育管理方式的重要抓手。各地要高度重视，切实加强组织领导，建立健全政府统一领导，文化、财政、新闻出版广电、体育部门负责，社会力量广泛参与的工作机制，逐步使政府向社会力量购买公共文化服务工作制度化、规范化和科学化。

（二）强化沟通协调。各地要建立健全政府向社会力量购买公共文化服务的协调机制，文化、财政、新闻出版广电、体育部门要密切配合，注重协调沟通，整合资源，共同研究政府向社会力量购买公共文化服务有关重要事项，及时发现和解决工作中出现的问题，统筹推进政府向社会力量购买公共文化服务工作。

（三）注重宣传引导。各地要充分利用各种媒体，广泛宣传实施政府向社会力量购买公共文化服务工作的重要意义、主要内容、政策措施和流程安排，精心做好政策解读，加强正面舆论引导，主动回应社会关切，充分调动社会参与的积极性，为推进政府向社会力量购买公共文化服务营造良好的工作环境和舆论氛围。

（四）严格监督管理。建立政府向社会力量购买公共文化服务信用档案。对在购买服务实施过程中，发现承接主体不符合资质要求、歪曲服务主旨、弄虚作假、冒领财政资金等违法违规行为的，记入信用档案，并按照相关法律法规进行处罚，对造成社会重大恶劣影响的，禁止再次参与政府购买公共文化服务工作。

附件

政府向社会力量购买
公共文化服务指导性目录

一、公益性文化体育产品的创作与传播

（一）公益性舞台艺术作品的创作、演出与宣传

（二）公益性广播影视作品的制作与宣传

（三）公益性出版物的编辑、印刷、复制与发行

（四）公益性数字文化产品的制作与传播

（五）公益性广告的制作与传播

（六）公益性少数民族文化产品的创作、译制与传播

（七）全民健身和公益性运动训练竞赛的宣传与推广

（八）面向特殊群体的公益性文化体育产品的创作与传播

（九）其他公益性文化体育产品的创作与传播

二、公益性文化体育活动的组织与承办

（一）公益性文化艺术活动（含戏曲）的组织与承办

（二）公益性电影放映活动的组织与承办

（三）全民阅读活动的组织与承办

（四）公益性文化艺术培训（含讲座）的组织与承办

（五）公益性体育竞赛活动的组织与承办

（六）全民健身活动的组织与承办

（七）公益性体育培训、健身指导、国民体质监测与体育锻炼标准测验达标活动的组织与承办

（八）公益性青少年体育活动的组织与承办

（九）面向特殊群体的公益性文化体育活动的组织与承办

（十）其他公益性文化体育活动的组织与承办

三、中华优秀传统文化与民族民间传统体育的保护、传承与展示

（一）文化遗产保护、传承与展示

（二）优秀民间文化艺术的普及推广与交流展示

（三）民族民间传统体育项目的保护、传承与展示

（四）其他优秀传统文化和传统体育的保护、传承与展示

四、公共文化体育设施的运营和管理

（一）公共图书馆（室）、文化馆（站）、村（社区）综合文化服务中心（含农家书屋）等运营和管理

（二）公共美术馆、博物馆等运营和管理

（三）公共剧场（院）等运营和管理

（四）广播电视村村通、户户通等接收设备的维修维护

（五）公共电子阅览室、数字农家书屋等公共数字文化设施的运营和管理

（六）面向特殊群体提供的有线电视免费或低收费服务

（七）公共体育设施、户外营地的运营和管理

（八）公共体育健身器材的维修维护和监管

（九）其他公共文化体育设施的运营和管理

五、民办文化体育机构提供的免费或低收费服务

（一）民办图书馆、美术馆、博物馆等面向社会提供的免费或低收费服务

（二）民办演艺机构面向社会提供的免费或低票价演出

（三）互联网上网服务场所面向社会提供的免费或低收费上网服务

（四）民办农村（社区）文化服务中心（含书屋）面向社会提供的免费或低收费服务

（五）民办体育场馆设施、民办健身机构面向社会提供的免费或低收费服务

（六）其他民办文化体育机构面向社会提供的免费或低收费服务

国务院办公厅关于推进基层综合性文化服务中心建设的指导意见

（2015年10月2日　国办发〔2015〕74号）

各省、自治区、直辖市人民政府，国务院各部委，各直属机构：

为贯彻落实《中共中央办公厅 国务院办公厅关于加快构建现代

公共文化服务体系的意见》精神，推进基层公共文化资源有效整合和统筹利用，提升基层公共文化设施建设、管理和服务水平，经国务院同意，现就推进基层综合性文化服务中心建设提出如下意见。

一、推进基层综合性文化服务中心建设的重要性和紧迫性

基层是公共文化服务的重点和薄弱环节。近年来，我国公共文化服务体系建设加快推进，公共文化设施网络建设成效明显，基层公共文化设施条件得到较大改善。但随着我国新型工业化、信息化、城镇化和农业现代化进程加快，城市流动人口大幅增加，基层群众的精神文化需求呈现出多层次、多元化特点，现有的基层文化设施和服务已难以满足广大人民群众的实际需要。一是基层特别是农村公共文化设施总量不足、布局不合理。尤其在西部地区和老少边穷地区，基层文化设施不足的问题突出。二是面向基层的优秀公共文化产品供给不足，特别是内容健康向上、形式丰富多彩、群众喜闻乐见的文化产品种类和数量少，服务质量参差不齐。三是由于缺少统筹协调和统一规划，公共文化资源难以有效整合，条块分割、重复建设、多头管理等问题普遍存在，基层公共文化设施功能不健全、管理不规范、服务效能低等问题仍较突出，总量不足与资源浪费问题并存，难以发挥出整体效益。

党的十八届三中全会明确提出“建设综合性文化服务中心”的改革任务。推进基层综合性文化服务中心建设，有利于完善基层公共文化设施网络，补齐短板，打通公共文化服务的“最后一公里”；有利于增加基层公共文化产品和服务供给，丰富群众精神文化生活，充分发挥文化凝聚人心、增进认同、化解矛盾、促进和谐的积极作用；有利于统筹利用资源，促进共建共享，提升基层公共文化服务效能。要从战略和全局的高度，充分认识加强基层综合性文化服务中心建设的重要性和紧迫性，增强责任感和使命感，为巩固基层文化阵地、全面建成小康社会奠定坚实基础。

二、指导思想、基本原则和工作目标

（一）指导思想。全面贯彻党的十八大和十八届二中、三中、四中全会精神，按照党中央、国务院决策部署，以保障群众基本文化权益为根本，以强化资源整合、创新管理机制、提升服务效能为重点，因地制宜推进基层综合性文化服务中心建设，把服务群众同教育引导群众结合起来，把满足需求同提高素养结合起来，促进基本公共文化服务标准化均等化，使基层公共文化服务得到全面加强和提升，为实现“两个一百年”奋斗目标和中华民族伟大复兴中国梦提供精神动力和文化条件。

（二）基本原则。

坚持导向，服务大局。发挥基层综合性文化服务中心在宣传党的理论和路线方针政策、培育社会主义核心价值观、弘扬中华优秀传统文化等方面的重要作用，推动人们形成向上向善的精神追求和健康文明的生活方式，用先进文化占领基层文化阵地。

以人为本，对接需求。把保障人民群众基本文化权益作为工作的出发点和落脚点，把群众满意度作为检验工作的首要标准，建立健全群众需求反馈机制，促进供需有效对接，真正把综合性文化服务中心建成服务基层、惠及百姓的民心工程。

统筹规划，共建共享。以中西部地区和老少边穷地区为重点，从城乡基层实际出发，发挥基层政府的主导作用，加强规划指导，科学合理布局，整合各级各类面向基层的公共文化资源和服务，促进优化配置、高效利用，形成合力。

因地制宜，分类指导。综合考虑不同地区的经济发展水平、人口变化、文化特点和自然条件等因素，坚持试点先行，及时总结不同地区建设经验，发挥典型示范作用，推动各地形成既有共性又有特色的建设发展模式。

改革创新，提升效能。围绕建设、管理、使用等关键环节，改革管理体制和运行机制，创新基层公共文化服务的内容和形式，鼓励社会参与和群众自我服务，提高综合服务效益。

（三）工作目标。到2020年，全国范围的乡镇（街道）和村（社区）普遍建成集宣传文化、党员教育、科学普及、普法教育、体育健身等功能于一体，资源充足、设备齐全、服务规范、保障有力、群众满意度较高的基层综合性公共文化设施和场所，形成一套符合实际、运行良好的管理体制和运行机制，建立一支扎根基层、专兼职结合、综合素质高的基层文化队伍，使基层综合性文化服务中心成为我国文化建设的重要阵地和提供公共服务的综合平台，成为党和政府联系群众的桥梁和纽带，成为基层党组织凝聚、服务群众的重要载体。

三、加强基层综合性文化服务中心建设

（四）科学规划，合理布局。在全面掌握基层公共文化设施存量和使用状况的基础上，衔接国家和地方经济社会发展总体规划、土地利用总体规划、城乡规划以及其他相关专项规划，根据城乡人口发展和分布，按照均衡配置、规模适当、经济适用、节能环保等要求，合理规划布局公共文化设施。

（五）加强基层综合性文化设施建设。落实《国家基本公共文化服务指导标准（2015—2020年）》，进一步完善基层综合性文化设施建设标准，加大建设力度。基层综合性文化服务中心主要采取盘活存量、调整置换、集中利用等方式进行建设，不搞大拆大建，凡现有设施能够满足基本公共文化需求的，一律不再进行改扩建和新建。乡镇（街道）综合性文化设施重在完善和补缺，对个别尚未建成的进行集中建设。村（社区）综合性文化服务中心主要依托村（社区）党组织活动场所、城乡社区综合服务设施、文化活动室、闲置中小学校、新建住宅小区公共服务配套设施以及其他城乡综合公共服务设施，在明确产权归属、保证服务接续的基础上进行集合建设，并配备相应器材设备。

（六）加强文体广场建设。与乡镇（街道）和村（社区）综合性文化设施相配套，按照人口规模和服务半径，建设选址适中、与地域条件相协调的文体广场，偏远山区不具备建设条件的，可酌情安排。文体广场要建设阅报栏、电子阅报屏和公益广告牌，并加强日常维护，及时更新内容。配备体育健身设施和灯光音响设备等，有条件的可搭建戏台舞台。

四、明确功能定位

（七）向城乡群众提供基本公共文化服务。着眼于保障群众的基本文化权益，按照《国家基本公共文化服务指导标准（2015—2020年）》和各地实施标准，由县级人民政府结合自身财力和群众文化需求，制定本地基层综合性文化服务中心基本服务项目目录（以下简称服务目录），重点围绕文艺演出、读书看报、广播电视、电影放映、文体活动、展览展示、教育培训等方面，设置具体服务项目，明确服务种类、数量、规模和质量要求，实现"软件"与"硬件"相适应、服务与设施相配套，为城乡居民提供大致均等的基本公共文化服务。

（八）整合各级各类面向基层的公共文化资源。发挥基层综合性文化服务中心的终端平台优势，整合分布在不同部门、分散孤立、用途单一的基层公共文化资源，实现人、财、物统筹使用。以基层综合性文化服务中心为依托，推动文化信息资源共建共享，提供数字图书馆、数字文化馆和数字博物馆等公共数字文化服务；推进广播电视户户通，提供应急广播、广播电视器材设备维修、农村数字电影放映等服务；推进县域内公共图书资源共建共享和一体化服务，加强村（社区）及薄弱区域的公共图书借阅服务，整合农家书屋资源，设立公共图书馆服务体系基层服务点，纳入基层综合性文化服务中心管理和使用；建设基层体育健身工程，组织群众开展体育健身活动等。同时，加强文化体育设施的综合管理和利用，提高使用效益。

（九）开展基层党员教育工作。结合推进基层组织建设，把基层综合性文化服务中心作为加强思想政治工作、开展党员教育的重要阵地，发挥党员干部现代远程教育网络以及文化信息资源共享工程基层服务点、社区公共服务综合信息平台等基层信息平台的作用，广泛开展政策宣讲、理论研讨、学习交流等党员教育活动。

（十）配合做好其他公共服务。按照功能综合设置的要求，积极开展农民科学素质行动、社区居民科学素质行动、法治宣传教育和群众性法治文化活动，提高基层群众的科学素养和法律意识。要结合当地党委和政府赋予的职责任务，与居民自治、村民自治等基层社会治理体系相结合，根据实际条件，开展就业社保、养老助残、妇儿关爱、人口管理等其他公共服务和社会管理工作，推广一站式、窗口式、网络式综合服务，简化办事流程，集中为群众提供便捷高效的服务。

五、丰富服务内容和方式

（十一）广泛开展宣传教育活动。围绕新时期党和国家的重大改革措施及惠民政策，采取政策解读、专题报告、百姓论坛等多种方式，开展基层宣传教育，使群众更好地理解、支持党委和政府工作；开展社会主义核心价值观学习教育和中国梦主题教育实践，推进文明村镇、文明社区创建和乡贤文化建设，利用宣传栏、展示墙、文化课堂、道德讲堂以及网络平台等方式开展宣传，举办道德模范展览展示、巡讲巡演活动，通过以身边人讲身边事、身边事教身边人的方式，培养群众健康的生活方式和高尚的道德情操，引领社会文明风尚；弘扬中华优秀传统文化，利用当地特色历史文化资源，加强非物质文化遗产传承保护和民间文化艺术之乡创建，开展非物质文化遗产展示、民族歌舞、传统体育比赛等民族民俗活动，打造基层特色文化品牌；积极开展艺术普及、全民阅读、法治文化教育、科学普及、防灾减灾知识技能和就业技能培训等，传播科学文化知识，提高群众综合素质。

（十二）组织引导群众文体活动。支持群众自办文化，依托基层综合性文化服务中心，兴办读书社、书画社、乡村文艺俱乐部，组建演出团体、民间文艺社团、健身团队以及个体放映队等。结合中华传统节日、重要节假日和重大节庆活动等，通过组织开展读书征文、文艺演出、经典诵读、书画摄影比赛、体育健身竞赛等文体活动，吸引更多群众参与。加强对广场舞等群众文体活动的引导，推进广场文化健康、规范、有序发展。工会、共青团、妇联等群团组织保持和增强群众性，以基层综合性文化服务中心为载体开展职工文化交流、青少年课外实践和妇女文艺健身培训等丰富多彩的文体活动，引导所联系群众继承和弘扬中华优秀传统文化，自觉培育和践行社会主义核心价值观。

（十三）创新服务方式和手段。畅通群众文化需求反馈渠道，根据服务目录科学设置“菜单”，采取“订单”服务方式，实现供需有效对接。实行错时开放，提高利用效率。为老年人、未成年人、残疾人、农民工和农村留守妇女儿童等群体提供有针对性的文化服务，推出一批特色服务项目。广泛开展流动文化服务，把基层综合性文化服务中心建成流动服务点，积极开展文化进社区、进农村和区域文化互动交流等活动。充分发挥互联网等现代信息技术优势，利用公共数字文化项目和资源，为基层群众提供数字阅读、文化娱乐、公共信息和技能培训等服务。推广文化体育志愿服务，吸纳更多有奉献精神和文体技能的普通群众成为志愿者，在城乡社区就近就便开展志愿服务活动。探索国家和省级文化体育等相关机构与基层综合性文化服务中心的对口帮扶机制，推动国家及省级骨干文艺团体与基层综合性文化服务中心“结对子”。

六、创新基层公共文化运行管理机制

（十四）强化政府的主导作用。县（市、区）人民政府在推进基层综合性文化服务中心建设中承担主体责任，要实事求是确定存量改造和增量建设任务，把各级各类面向基层的公共文化资源纳入到支持基层综合性文化服务中心建设发展上来；宣传文化部门要发挥牵头作用，加强协调指导，及时研究解决建设中存在的问题；各相关部门要立足职责、分工合作；公共文化体育机构要加强业务指导，共同推动工作落实。

（十五）建立健全管理制度。加强对乡镇（街道）综合文化站的管理，制定乡镇（街道）综合文化站服务规范。建立村（社区）综合性文化服务中心由市、县统筹规划，乡镇（街道）组织推进，村（社区）自我管理的工作机制。结合基本公共文化服务标准化建设，重点围绕基层综合性文化服务中心的功能定位、运行方式、服务规范、人员管理、经费投入、绩效考核、奖惩措施等重点环节，建立健全标准体系和内部管理制度，形成长效机制，实现设施良性运转、长期使用和可持续发展。严格安全管理制度，制定突发事件应急预案，及时消除各类安全隐患。

（十六）鼓励群众参与建设管理。在村（社区）党组织的领导下，发挥村委会和社区居委会的群众自治组织作用，引导城乡居民积极参与村（社区）综合性文化服务中心的建设使用，加强群众自主管理和自我服务。健全民意表达机制，依托社区居民代表会议、村民代表会议和村民小组会议等，开展形式多样的民主协商，对基层综合性文化服务中心建设发展的重要事项，充分听取群众意见建议，保证过程公开透明，接受群众监督。

（十七）探索社会化建设管理模式。加大政府向社会力量购买公共文化服务力度，拓宽社会供给渠道，丰富基层公共文化服务内容。鼓励支持企业、社会组织和其他社会力量，通过直接投资、赞助活动、捐助设备、资助项目、提供产品和服务，以及采取公益创投、公益众筹等方式，参与基层综合性文化服务中心建设管理。率先在城市探索开展社会化运营试点，通过委托或招投标等方式吸引有实力的社会组织和企业参与基层文化设施的运营。

七、加强组织实施

（十八）制定实施方案。各省（区、市）政府要把加强基层综合性文化服务中心建设发展作为构建现代公共文化服务体系的重要内容，对接相关规划，结合本地实际，尽快制定实施方案，明确总体思路、具体举措和时间安排。市、县两级政府要结合农村社区建设、扶贫开发、美丽乡村建设等工作，抓紧制定落实方案。

（十九）坚持试点先行。要稳步推进，先期确定一批基础条件较好的地方和部分中西部贫困地区进行试点，并逐步在全国范围推广实施。支持试点地区因地制宜探索符合本地实际、具有推广价值的基层综合性文化服务中心建设发展模式，创新服务内容和提供方式，拓宽优秀公共文化产品和服务供给渠道。

（二十）加大资金保障。地方各级政府要根据实际需要和相关标准，将基层综合性文化服务中心建设所需资金纳入财政预算。中央和省级财政统筹安排一般公共预算和政府性基金预算，通过转移支付对革命老区、民族地区、边疆地区、贫困地区基层综合性文化服务中心设备购置和提供基本公共文化服务所需资金予以补助，同时对绩效评价结果优良的地区予以奖励。发挥政府投入的带动作用，落实对社会力量参与公共文化服务的各项优惠政策，鼓励和引导社会资金支持基层综合性文化服务中心建设。

（二十一）加强队伍建设。乡镇（街道）综合文化站按照中央有关规定配备工作人员，村（社区）综合性文化服务中心由“两委”确定1名兼职工作人员，同时通过县、乡两级统筹和购买服务等方式解决人员不足问题。推广部分地方基层文化体育设施设立文化管理员、社会体育指导员等经验。鼓励“三支一扶”大学毕业生、大学生村官、志愿者等专兼职从事基层综合性文化服务中心管理服务工作。加强业务培训，乡镇（街道）和村（社区）文化专兼职人员每年参加集中培训时间不少于5天。

（二十二）开展督促检查。把基层综合性文化服务中心建设纳入政府公共文化服务考核指标。由各级文化行政部门会同有关部门建立动态监测和绩效评价机制，对基层综合性文化服务中心建设使用情况进行督促检查，及时协调解决工作中的各种问题。同时，引入第三方开展公众满意度测评。对基层综合性文化服务中心建设、管理和使用中群众满意度较差的地方要进行通报批评，对好的做法和经验及时总结、推广。

文化部、国家发展改革委、国家民委、财政部、新闻出版广电总局、体育总局、国务院扶贫办关于印发《“十三五”时期贫困地区公共文化服务体系建设规划纲要》的通知

（2015年11月23日　文公共发〔2015〕24号）

各省、自治区、直辖市文化厅（局）、发展改革委、民（宗）委（厅、局）、财政厅（局）、新闻出版广电局、体育局、扶贫办，新疆生产建设兵团文化广播电视局、发展改革委、民宗委、财务局、新闻出版局、体育局、扶贫办：

现将《“十三五”时期贫困地区公共文化服务体系建设规划纲要》印发给你们，请结合实际认真贯彻执行。

特此通知。

“十三五”时期贫困地区公共文化服务体系建设规划纲要

构建中国特色现代公共文化服务体系、实现基本公共文化服务标准化均等化，最艰巨最繁重的任务在贫困地区。为推动贫困地区公共文化建设跨越式发展，促进贫困地区整体脱贫致富，实现到2020年全面建成小康社会的目标，根据《中国农村扶贫开发纲要(2011－2020年)》、《关于创新机制扎实推进农村扶贫开发工作的意见》(中办发〔2013〕25号）和《关于加快构建现代公共文化服务体系的意见》（中办发〔2015〕2号）等文件精神，制定本规划纲要。

近年来，在党中央、国务院的高度重视下，在地方各级党委和政府的大力支持下，贫困地区公共文化投入逐步增加，公共文化设施网络基本建立，重大文化惠民工程深入实施，基层公共文化人才队伍不断壮大，公共文化服务效能逐步提高，对丰富群众精神文化生活、促进经济社会发展、维护边疆稳定和社会和谐发挥了重要作用。但由于贫困地区公共文化服务体系建设起点低、基础差、投入不足，公共文化服务水平总体不高，在设施建设、管理运行、人才队伍、服务效能等方面，与发达地区的差距仍在持续扩大。“十三五”时期加快推进贫困地区公共文化服务体系建设，是服务脱贫攻坚大局、构建现代公共文化服务体系的重要任务，也是统筹城乡区域文化一体化发展、维护国家文化安全、保障人民群众基本文化权益、促进全体人民共享文化改革发展成果的重大举措，更是全面建成小康社会、构建社会主义和谐社会的迫切需要。

本规划纲要实施范围为六盘山区、秦巴山区、武陵山区、乌蒙山区、滇桂黔石漠化区、滇西边境山区、大兴安岭南麓山区、燕山

—太行山区、吕梁山区、大别山区、罗霄山区等区域的集中连片特困地区和已经明确实施特殊政策的西藏、四省藏区、新疆南疆四地州，以及连片特困地区以外的国家扶贫开发工作重点县，共计839个县，含民族自治地方县426个、革命老区县357个、陆地边境县72个，共有乡镇（街道）1.29万个，行政村14.2万个，总人口3.26亿，占全国人口的23.8%；总面积479.6万平方公里，占国土面积的49.9%，涉及22个省级行政区、167个地级行政区。本规划纲要规划期为2016－2020年。

一、总体要求

（一）指导思想

全面贯彻落实党的十八大和十八届三中、四中、五中全会精神，以邓小平理论、“三个代表”重要思想、科学发展观为指导，深入贯彻习近平总书记系列重要讲话精神，按照促进贫困地区脱贫致富和如期实现全面建成小康社会的总体要求，以社会主义核心价值观为引领，以完善公共文化设施网络、提升服务效能、促进均衡发展为主线，加大政策和资金支持力度，创新公共文化服务体制机制，因地制宜采取精准措施解决突出矛盾和问题，促进基本公共文化服务标准化、均等化，实现服务群众同教育引导群众相结合、满足群众文化需求同提高群众文化素质相结合，为建设“美丽乡村”、促进贫困地区文化建设与经济社会建设协调发展作出积极贡献。

（二）基本原则

服务大局，统筹规划。深入贯彻全面建成小康社会奋斗目标和国家扶贫开发战略部署，将贫困地区公共文化建设纳入新型城镇化建设、新农村建设和国家扶贫开发工作总体布局，纳入专项扶贫、行业扶贫、社会扶贫“三位一体”大扶贫格局。

因地制宜，精准建设。充分发挥地方特别是基层政府的主动性，以县为基本单元和落实主体，加强调查研究，全面梳理公共文化服务体系建设存在的突出矛盾和问题，结合本地区经济社会发展实际，因地制宜采取精准措施加以解决。

突出重点，讲求实效。全面推进与重点突破相结合，着力完善贫困地区公共文化设施网络，加强基层公共文化服务资源整合，进一步提升服务效能，在提升贫困地区公共文化服务体系建设整体水平上取得实效。

改革创新，激发活力。全面落实中央关于深化文化体制改革、加快构建现代公共文化服务体系的要求，加强公共文化服务体制机制改革创新，结合贫困地区实际，在公共文化服务标准化、均等化、数字化、社会化建设等方面采取有效措施，激发公共文化服务活力。

（三）总体目标

到2020年，贫困地区公共文化服务能力和水平有明显改善，群众基本文化权益得到有效保障，基本公共文化服务主要指标接近全国平均水平，扭转发展差距扩大趋势，公共文化在提高贫困地区群众科学文化素质、促进当地经济社会全面发展方面发挥更大作用。

——公共文化服务设施网络基本完善。设施种类齐全，规模质量达到国家建设标准。通过固定场馆、流动设施和数字服务，全面有效覆盖服务人群；

——基本公共文化服务项目逐步健全。公共文化服务的内容、种类、数量和水平达到《国家基本公共文化服务指导标准（2015—2020年）》和本省实施标准，符合“十三五”时期公共文化服务体系建设相关规划要求；

——公共文化服务效能显著提升。基层公共文化资源整合力度不断加强，公共文化服务的内容和手段更加丰富，服务质量明显提高；

——公共文化管理体制和运行机制建设取得突破。公共文化机构内部管理体制健全，公共图书馆、文化馆总分馆制初步建立并推广。政府向社会力量购买公共文化服务的力度不断加大，政府、市场、社会共同参与公共文化服务体系建设的格局基本形成；

——公共文化服务保障切实加强。公共文化服务的财政和人才队伍保障政策全面落实，公共文化服务法律和政策保障体系进一步完善；

——群众受益程度不断提高。多样化的群众需求反馈和评价机制基本建立，公共文化服务的需求适应性、群众参与率、受益率和满意度明显提升。

二、主要任务

（一）加快完善公共文化设施网络

适应新型城镇化和社会主义新农村建设发展的要求，根据国家公共文化设施建设标准和当地实际情况，因地制宜推进贫困地区公共文化设施建设，实现固定设施与流动设施、数字设施有机结合、相互补充和有效覆盖。

1. 推动县级公共文化设施全面达到国家标准。消除县级公共文化设施空白点，没有县级公共图书馆、文化馆的县，要按照已公布的国家建设标准进行建设。文物资源丰富、具备建设条件的县，可因地制宜开展博物馆建设。人口少于5万的县，相关公共文化设施可合并建设。县级公共文化设施未达到国家建设标准的县，根据实际需要进行改建或扩建。

2. 积极开展基层综合性文化服务中心建设。加大资源整合力度，主要采取盘活存量、调整置换、集中利用等方式，在乡镇（街道）和村（社区）建设集宣传文化、党员教育、科学普及、普法教育、体育健身等功能于一体的基层综合性文化服务中心，配套建设文体广场并配备活动器材。重点加强牧民定居点、移民新区、城乡结合部地区、城镇新兴社区和农村“中心村”的基层综合性文化服务中心建设。

3. 扩大广播电视服务网络覆盖。统筹有线、无线、卫星等方式，加强广播电视传输覆盖网络建设，实现广播电视户户通。强化贫困地区的中央广播电视节目无线数字化覆盖，推进广播电视无线发射台基础设施建设。实施地方应急广播工程，加强广播电视卫星接收等基层公共数字文化设施设备运营维护，提高设施设备质量和使用效率。统筹推进农村地区广播电视用户接收设备配备工作，鼓励建设农村广播电视维修服务网点。

4. 合理配备流动文化服务设施设备。为县级公共文化机构配备流动文化服务车，使其具备经常性开展流动文化服务的条件。根据人口聚集的实际情况，依托基层综合性文化服务中心建立稳定的流动服务点，重点加强农村集市、边贸口岸、边疆哨所流动服务点建设，配备新型集成化、便携式、多功能的流动文化服务设备器材，逐步实现流动文化服务常态化。

专栏1　贫困地区公共文化设施建设项目

县级公共文化设施建设项目。按照国家建设标准，对贫困地区未建成或未达标的县级公共图书馆、文化馆进行新建和改扩建，到2020年实现县级公共文化设施全部达到国家建设标准。

基层综合性文化服务中心设施建设项目。在贫困地区乡镇（街道）和村（社区）建设基层综合性文化服务中心，配套建设文体广场并配备阅报栏（屏）、灯光音响设备、广播器材和体育健身设施等，有条件的可搭建戏台舞台。

广播电视传输覆盖网络建设项目。统筹有线、无线、卫星等多种方式，基本实现数字广播电视户户通；完善贫困地区县级广播电视发射（监测）台建设；实施地方应急广播工程，完善传输网络，布置应急广播终端，实现应急信息及时有效传输发布。

流动文化服务车配置项目。根据贫困地区实际，为每个县配备用于图书借阅、文艺演出、电影放映等服务的流动文化车。

（二）全面推进基本公共文化服务均衡发展

坚持以标准化促进均等化，强化县级人民政府在公共文化产品生产和服务供给中的落实责任，发挥公益性文化体育单位的骨干作用，加大公共文化产品生产和服务供给力度，保障贫困地区群众的基本文化需求。

1. 以县为基本单位全面落实国家指导标准和地方实施标准。制定县域基本公共文化服务项目供给目录，围绕文艺演出、读书看报、广播电视、电影放映、文体活动、展览展示、教育培训等方面，设置具体服务项目，明确服务种类、内容和数量要求，提升服务质量和效率。到2020年，基本公共文化服务内容各项指标达到国家指导标准和本省实施标准要求。

2. 丰富公共文化服务内容。结合乡土文化特色和群众实际文化需求，进一步加大公共文化产品和服务供给。大力开展全民阅读活动，实施阅读能力提升计划。积极开展文化艺术普及公益行动，培养群众积极向上的文艺爱好。组织各级文艺院团、文博机构为乡镇、农村送演出、展览、戏曲等服务。进一步丰富农村数字电影影片供给，加强中小学爱国主义影片放映工作。组织群众广泛开展体育健身活动和科普活动。

3. 提高边疆民族地区公共文化服务水平。加强优秀文化作品的民族语言译制和在民族地区的传播，鼓励和扶助民族文化产品的创作生产，支持开展具有民族特色的群众性文化体育活动。进一步加强文化援藏、援疆工作，把公共文化建设作为重点内容，加大项目、资金、人才、技术和培训等方面的支持。加强少数民族文字及双语出版物的出版发行，支持少数民族语言文字数字出版。提高西藏、四省藏区和新疆等边疆民族地区广播电视安全防控能力、少数民族语言广播电视节目译制制作能力和广播电视节目覆盖水平。

4. 切实保障特殊群体基本文化权益。加强对农村留守儿童在阅读辅导、艺术培训、科学普及、文体活动等方面的文化服务。基层综合性文化服务中心要配备儿童康乐设施，增加儿童课外读物，并为留守儿童与外出务工父母之间的视频沟通提供便利。加强面向农村留守妇女、流动妇女在计生知识、心理咨询、文艺活动等方面的文化服务。鼓励建立老年体协、老年艺术团、老年大学等文体组织，并提供必要的活动经费。支持公益性文化机构针对“五保户”、孤寡老人等开展送文化活动。提高面向农村残疾人的无障碍公共文化体育服务水平，为残疾人提供实用技术培训。加大对盲文图书、有声读物出版支持力度。将返乡农民工纳入本地区公共文化服务体系，帮助开展就业创业辅导和职业技能培训。

专栏2　贫困地区基本公共文化服务建设项目

阅读能力提升计划。每个县每年举办主题阅读活动。依托数字图书馆建设工程，每年为中小学生提供精品电子书、电子期刊报纸和网络精品公开课。实施“书香童年”阅读工程，为学龄前儿童发放阅读书包、开展阅读指导服务。对接群众需求，完善农家书屋出版物补充更新工作，开展农民阅读活动。

文化艺术普及公益行动。每个县每年举办文化艺术普及活动。依托各级各类公共文化机构，通过集中办班、下乡辅导、远程培训等多种形式，组织开展面向不同群体的文化艺术知识普及和培训服务。

送地方戏下基层项目。根据地方实际，将送地方戏曲纳入基本公共文化服务目录。鼓励有条件的县级文化馆综合设置戏曲排练演出场所，推动部分有条件的地方为县级国有戏曲院团和民族地区文艺院团建设小型综合排演场所，通过多种渠道为地方戏曲艺术表演团体免费或低价提供排练演出场所。采取政府购买服务等方式组织地方戏曲艺术表演团体到农村演出。

边疆文化建设“春雨工程”。加强民族自治地方县、边境县的公共文化基础设施建设，组织开展导向性、带动性的少数民族文化活动，加强少数民族数字文化资源建设，保护少数民族文化遗产资源，加大边疆民族地区基层文化队伍培训。到2020年，边疆民族地区公共文化服务能力和水平有明显改善。

文化援藏援疆项目。根据西藏、四省藏区和新疆实际文化需求，广泛发动中央宣传文化、体育系统各单位和地方对口支援省市，制定对口援助工作计划，明确具体援助项目，通过捐赠文化设备、选派文化干部、创排文艺作品等多种形式支持当地公共文化建设。

少数民族新闻出版“东风工程”。加强新疆等民族地区少数民族语言文字译制出版能力和印制发行能力建设，支持民族文字主流媒体和新兴媒体融合发展，推进民族文字出版单位数字化转型升级。扶持少数民族文字和双语出版项目，开展面向基层少数民族群众出版物赠阅。

新疆广播电视安防工程。重点支持新疆边境口岸广播电视发射台改扩建，加强边境县和重点乡镇广播电视网络覆盖，建设少数民族语言广播电视节目译制系统，提高少数民族语言频率频道覆盖水平。 藏区广播电视节目覆盖能力提升项目。加强西藏和四省藏区州县级广播电视节目传输覆盖，进一步提高广播电视节目译制制作能力，扩展广播电视服务功能，全面提升藏区广播电视节目有效覆盖能力。

（三）有效增强公共文化发展活力

尊重人民群众主体地位，不断创新公共文化服务供给方式，大力发展群众自办文化，广泛动员社会力量参与公共文化建设，推动公共文化服务社会化发展。

1. 创新公共文化服务供给方式。通过政府购买、票价补贴等方式，支持各类艺术表演团体为农村提供公益性演出，支持经营性文化设施、传统民俗文化活动场所等为群众提供优惠或免费的文化服务。支持电影企业深入城乡基层开展公益放映，鼓励在商业电影放映中安排低价场次或电影票。

2. 大力支持群众自主参与。依托民间文化艺术之乡建设工作，深入挖掘民族民间优秀传统文化资源，组织开展群众乐于参与、便于参与的节日民俗活动和形式多样的群众性文化体育活动，引导广场文化活动健康、规范、有序开展。大力支持群众自办文化，扶持以文化能人为核心的文化大院、文化中心户、农民书社、电影放映队、农民演艺团体、业余剧团等群众文化组织。促进文化体育类行业协会、基金会、民办非企业单位、公益组织等文化类社会组织在贫困地区发展。到2020年，初步形成“一县一特色”、“一乡一品牌”、“一村一团队”的发展格局。

3. 推进政府向社会力量购买公共文化服务。建立和完善政府购买公共文化服务工作机制，制定政府购买目录并进行动态调整。选择符合条件的社会力量作为承接主体，将公益性文化体育产品创作传播、公益性文体活动组织承办、民族民间优秀传统文化体育项目传承保护、公共文化体育设施的运营管理和民办文化体育机构免费或低收费服务等内容纳入政府购买范围。

4. 鼓励社会力量参与公共文化建设。运用政府与社会资本合作、公益创投、公益众筹等多种模式，鼓励和引导各类企业、社会组织和个人等社会力量投资或捐助贫困地区公共文化设施设备、资助文化活动、提供公共文化产品和服务。鼓励有条件的地方探索开展公共文化设施社会化运营试点，支持社会力量在符合条件情况下利用闲置用地、历史街区、老旧民宅村落等兴办公共文化项目，促进公共文化服务举办主体多元化、建设运营社会化、融资方式多样化。

专栏 3　增强贫困地区公共文化发展活力项目

民间文化艺术之乡建设项目。深入发掘和盘活贫困地区具有鲜明地域特色的各类优秀民间文化资源，命名一批民间文化艺术之乡，培养一批民间文化队伍及乡土文化人才，培育一批特色文化品牌，充分发挥民间文化艺术之乡的示范导向作用，弘扬民族民间优秀传统文化，增强基层公共文化发展活力。

优秀群众文化团队扶持计划。通过加强技能培训、搭建交流平台、评选示范团队等形式，在贫困地区培养一批长期活跃在基层、丰富广大群众文化生活的优秀群众文化团队，充分发挥优秀团队的示范带动作用，全面提高基层群众文化团队的发展水平，使其成为丰富群众精神文化生活的重要力量。到 2020 年，基本实现每个行政村至少建立一支人员比较稳定、经常开展活动的群众文艺团队。

（四）切实提高公共文化服务效能

坚持“重心下移、资源下移、服务下移”，进一步提高公共文化机构服务能力，加强重大文化惠民项目的统筹整合，推进公共文化共建共享、互联互通，实现公共文化服务多元互补。

1. 提高公共文化机构服务能力。加强公共文化机构免费开放工作，进一步增加服务项目，健全服务标准，规范服务流程，完善管理制度，不断提高服务水平和设施使用效益。逐步推动体育场、妇女儿童活动中心、工人文化宫、青少年校外活动场所免费提供基本公共文化服务项目。深化基层公益性文化事业单位改革，选择有条件的公共图书馆、文化馆、博物馆开展法人治理结构试点。采取试点先行、逐步推广的方式，到2020年初步形成以县级公共图书馆、文化馆为总馆，乡镇（街道）综合文化站为分馆，村（社区）综合性文化服务中心（农家书屋）为流通服务点的总分馆体系。

2. 加大基层公共文化资源整合力度。依托基层综合性文化服务中心，整合文化信息资源共享工程、公共电子阅览室、数字图书馆推广工程、农村数字电影放映、农家书屋、城乡电子阅报屏、农民体育健身工程等项目资源，提供公共文化“一站式”服务。整合基层公共文化设施设备资源，加强对文化体育设施的综合管理和利用，推动实现基层文化惠民项目和公共文化服务的综合集成。

3. 创建“按需点单”的公共文化服务模式。建设“县建总站、乡镇（街道）建分站、村（社区）建基点”的文化配送网络，形成“你点单、我配送”的文化服务工作机制。积极对接“互联网+”行动计划，利用信息化技术实现县域内公共文化服务线上自主预约、线下按需配送、定点跟踪服务，全面提升公共文化服务效率。优化文化阵地、文化活动、文化队伍等资源，借助网络平台，以“线上预约+线下配送”方式，创建向群众提供培训、讲座、展览、演出等公共文化服务的综合服务平台。

专栏4　贫困地区公共文化服务效能提升项目

公共图书馆总分馆体系建设。以县级公共图书馆为总馆，乡镇（街道）综合文化站为分馆，村（社区）综合性文化服务中心（农家书屋）为流通点。县级公共图书馆统筹全县图书资源建设和服务提供，对乡、村按需配置图书并定期更新，组织乡、村服务人员的岗前培训、业务指导和监督考核，实现县域范围内图书统一采编，资源统一调配，人员统一培训、服务统一规范、绩效统一考评。到2020年，力争三分之一的县建立公共图书馆总分馆体系。

文化馆总分馆体系建设。以县级文化馆为总馆，乡镇综合文化站为分馆，村级综合文化服务中心为服务点。县级文化馆统筹全县群众文艺产品创作生产和特色文化资源传承创新，为乡、村群众文艺团队、文化骨干提供经常性的指导和培训服务，指导和协助乡、村因地制宜开展群众文化活动，组织基层文化队伍的技能培训、业务指导和考核评估，实现县域群众文化活动资源整合。到2020年，力争三分之一的县建立文化馆总分馆体系。

（五）大力推进公共数字文化建设

充分发挥公共数字文化推动贫困地区公共文化建设跨越发展的重要作用，加强公共数字文化平台建设、资源建设和服务推广，促进公共文化服务与现代科技融合发展。

1. 畅通公共数字文化资源传输渠道。整合文化信息资源共享工程、公共电子阅览室建设计划和数字图书馆推广工程，构建县域公共数字文化综合服务平台和区域性公共数字文化综合管理平台，实现基层公共数字文化服务的综合管理和“一站式”提供，方便群众获取数字文化资源。深入开展“边疆万里数字文化长廊”建设，在牧区、边远山区和人口稀少的地区建设小型无线服务器，扩大无线传播覆盖面积，畅通无线传播渠道。

2. 加强公共数字文化资源供给配送。加大国家级公共数字文化资源向贫困地区推送力度，加强少数民族语言数字资源的征集、整合、译制及服务工作。依托重大公共数字文化工程建设，征集制作县域少数民族文化、民间传统文化、文化遗产、红色历史文化等特色数字文化资源，建设地方特色文化资源库。通过网络传输、硬盘固化、光盘录制、手机下载等多种方式，推动数字文化资源“进村入户”。进一步丰富基层应急广播内容建设。

3. 提升公共文化机构数字化水平。加强国家文化科技提升计划项目、文化部科技创新项目对贫困地区的支持力度。结合“宽带中国”、“智慧城市”等国家重大信息工程，推动数字图书馆、数字文化馆、智慧博物馆建设，加强县级公共文化机构和基层综合性文化服务中心数字文化设施设备运营维护。到2020年，县级公共文化机构基本具备数字资源提供能力和远程服务能力。

4. 提高新闻出版广播电视现代传播能力。积极推进“三网融合”，大力加强县级广播电视播出机构服务能力建设，全面提高数字节目的制播能力和网络数字传输能力。探索支持西藏、四省藏区和新疆等地域广阔、传输覆盖手段不足的地方省（市）节目“上星定点覆盖”，更好满足群众收听收看贴近性、本地化广播电视节目的需求。鼓励边远地区通过卫星网络手段，解决时政报刊不能及时送达的问题。

专栏5　贫困地区公共数字文化建设项目

县域公共数字文化综合服务平台建设项目。以国家公共文化数字支撑平台为依托，构建县域公共数字文化综合服务平台，对基层公共文化服务网络设施及惠民项目进行综合智能管理，实现基本公共数字文化资源共建共享，提升数字文化资源的传播服务效率，为公共文化服务体系建设提供数字化支撑。

边疆万里数字文化长廊建设项目。统筹边疆地区全国文化信息资源共享工程服务点和公共电子阅览室建设，以提升服务效能为目标，整合边疆特色数字文化资源，运用互联网和移动通讯等现代信息技术手段，基本实现边疆地区公共数字文化服务网络全覆盖。

地方特色文化资源库建设项目。支持贫困地区征集制作文化遗产、社会文化、戏剧戏曲、曲艺杂技、音乐舞蹈、历史地理、少数民族文化

续 表

等方面的特色文化资源。在"戏曲动漫"、"大众美育馆"、"心声·音频馆"、"社区文化生活馆"等重点数字文化资源产品中加强对贫困地区特色资源内容的建设与服务。 少数民族语言数字资源建设项目。加强少数民族语言数字资源征集、译制和服务工作，在贫困地区建立一批少数民族语言资源建设中心，建设一批贴近少数民族群众生活、反映少数民族特色、帮助少数民族农牧民群众生产致富的数字文化资源。 广播电视节目无线数字化覆盖工程。按照国家基本公共文化服务指导标准，充分利用现有资源，增配数字广播电视发射系统，实现15套电视节目、15套广播节目在贫困地区的无线数字化覆盖。

（六）不断加强公共文化人才队伍建设

按照存量优化、增量优选的原则，加强公共文化人才队伍建设，完善机构编制、学习培训、待遇保障等方面的政策措施，建立稳定的、高素质的基层公共文化人才队伍。

1. 加强基层公共文化队伍建设。在现有编制总量内，落实《国家基本公共文化服务指导标准（2015－2020年）》的乡镇综合文化站编制政策。探索设立乡镇基层公共文化服务岗位，配置由公共财政补贴的工作人员。探索建立基层文化专干激励机制，对在贫困地区乡镇基层从业一定年限、工作成绩突出的文化专干给予鼓励。劳动模范、先进工作者等评选表彰适当向贫困地区基层文化专干倾斜。

2. 加强基层文化队伍培训。深入实施全国基层文化队伍培训计划，依托基层文化队伍培训基地、各级公共文化机构、广播电视技术中心和图书馆学会、文化馆协会等行业组织，结合公共数字文化重点工程，分级分类分批对县、乡基层文化干部进行系统培训。实施"一员三能"提升工程，加强农村（社区）文化管理员和业余文化骨干培训。将公共文化建设内容纳入贫困地区党校教育、干部培训的教学体系。鼓励与艺术学校、艺术职业学院及传媒类职业院校等教育机构合作开展基层文化干部学历教育，采取定向培养等方式选派优秀基层文化干部在职学习深造。全国基层文化队伍示范性培训、公共文化巡讲等项目加大向贫困地区倾斜力度。

3. 大力培育乡土文化人才。重视发现和培养扎根基层的乡土文化能人、非物质文化遗产项目代表性传承人，大力营造有利于乡土人才成长的环境。建立县域乡土人才信息资源库，通过搭建交流平台、提供活动经费、加强培训辅导等方式，鼓励和扶持乡土人才开展农村文化艺术、民族民间文化、文物保护管理等乡土文化技能培训与传承、普及与推广，发挥他们在传统文化传承、手工技艺培训、文化遗产保护等方面的积极作用。

4. 加大文化人才培养力度。深入实施“边远贫困地区、边疆民族地区和革命老区”人才支持计划文化工作者专项，针对当地实际文化需求，选派优秀文化人才，加大基层文化人才培养。制定国家、省、市文化行政部门和文化单位与贫困地区干部交流工作计划，在职务晋升、职称评定中对有贫困地区工作经历的干部在同等条件下优先考虑。在重大文化工程、重大文化项目实施中加大对贫困地区基层文化人才的培养、使用和支持。

专栏6　贫困地区公共文化人才队伍建设项目

村（社区）级公益文化岗位配置项目。按照公开招募、自愿报名、组织选拔、集中派遣的形式，采取“县聘乡管村用”的管理方式，探索在村级综合性文化服务中心设置由政府购买的公益文化岗位。

“边远贫困地区、边疆民族地区和革命老区”人才支持计划文化工作者项目。“十三五”期间，每年选派1.9万名优秀文化工作者到“三区”工作和提供服务，每年为“三区”培训1500名急需紧缺的文化工作者。

“一员三能”提升工程。依托全国基层文化队伍远程培训网络和文化信息资源共享工程服务网络，采取集中培训、业务辅导、远程教学等多种形式，提升农村文化管理员的政治素养、专业技术和服务管理能力。

（七）大力开展文化帮扶工作

广泛调动和充分利用各方资源，建立对贫困地区的文化对口帮扶长效机制，策划实施一批文化帮扶项目，帮助贫困地区提升公共文化服务的能力和水平。

1. 深入开展文体志愿服务活动。深入开展文化志愿者边疆行和艺术院团志愿服务走基层活动。鼓励和支持专家学者、艺术家、优秀运动员、青年学生、专业技术人才、退休人员和社会各界人士为贫困地区提供文体志愿服务，推动公共文化单位、艺术院团、体育运动队和艺术体育院校等到贫困地区教、学、帮、带。支持贫困地区建立文体志愿服务组织，广泛开展基层文体志愿服务活动，探索具有地方特色的文体志愿服务模式。在贫困地区大力发展社会体育指导员队伍，开展全民健身志愿服务活动。到2020年，基本实现每县建立机制健全、运行有效的文体志愿者组织机构，拥有人员稳定、管理规范、活动经常的文体志愿者队伍。

2. 建立健全文化结对帮扶工作机制。将公共文化帮扶纳入行业扶贫、东西部扶贫协作和定点扶贫工作内容。通过合作共建、结对帮扶、区域文化联动等形式，建立国家和省级文化单位、国家公共文化服务体系示范区（项目）城市、全国文化先进单位（文化先进县、市、区）、本省区域内发达市（县）与国家扶贫开发工作重点县结对帮扶工作机制，确保每个县都有对口帮扶单位。在集中连片特困地区建立毗邻省市县公共文化服务体系建设协作机制，推进公共文化设施、文化品牌、特色文化产业、文化人才培养等协同共建。

3. 广泛动员企业和社会各界参与文化帮扶。为企业和社会各界参与文化帮扶提供准确信息，推进帮扶资源供给与帮扶需求的有效对接，提高社会帮扶资源配置与使用效率。建立本地区企业和社会各方面力量参与文化帮扶的工作制度，广泛动员区域外企业和社会力量参与文化帮扶。打造一批文化帮扶公益品牌，发挥品牌效应，积极引导社会各方面资源向贫困地区聚集，动员社会各方面力量参与文化帮扶重点项目，形成政府、市场、社会协同推进贫困地区公共文化建设的工作格局。

专栏7 贫困地区文化帮扶项目

文化志愿者边疆行活动。以满足老少边穷地区群众基本文化需求为主要任务，以加强老少边穷地区公共文化服务能力和队伍建设为重点，以“大舞台”、“大讲堂”、“大展台”为主要形式，通过供需对接、双向互动，组织招募文化志愿者开展各种文化服务活动，丰富老少边穷地区基层群众精神文化生活。

公共文化发展“一县一策”帮扶计划。依托公共文化结对帮扶工作机制，发挥东部地区、定点扶贫单位和省内发达市（县）的资源优势，通过选派文化人才、资助项目、赞助活动、购买文化产品和服务等方式，帮助对口帮扶县制定实施符合地方特点和实际需要的公共文化发展政策，实现“一县一策”发展战略。

优质文化产品帮扶项目。依托“文化下乡”、“送欢乐下基层”、艺术院团志愿服务走基层、“群星奖”巡演等活动，组织国家、省、市级文艺院团和文化单位为贫困地区提供高水平的演出、讲座和展览，帮助贫困地区人民群众提高艺术鉴赏水平。

（八）积极推动群众脱贫致富

充分发挥公共文化对提升群众素质、促进社会发展等方面的积极作用，加强特色文化资源合理开发利用，带动群众脱贫致富，推动贫困地区经济社会发展。

1. 积极为群众脱贫致富创造有利条件。依托公共文化设施和文化惠民工程，通过联合办班、提供场地、远程培训等多种方式，积极开展科学普及、法治宣传、社保救助、卫生计生、养老助残等惠农服务，提高群众科学文化素质。与贫困村、贫困户建档立卡和贫困识别结果工作相衔接，配合有关部门开展各类生产技术培训，帮助贫困群众掌握1至2项实用技术。积极探索互联网上网服务企业参与农村公共文化建设的模式。深入开展“农民（社区居民）科学素质行动”，培养群众健康文明的生活方式。

2. 大力促进地方特色文化保护和发展。充分发挥公共文化机构的作用，推动地方特色文化和民族文化保护、传承和发展。支持贫困地区依托当地民族民间特色文化资源和非物质文化遗产，发展特色手工艺品、传统文化展示表演和乡村文化旅游。深入开展经济社会发展变迁物证征藏工作，进一步加强对文物保护单位、历史文化名镇名村和传统村落的保护。积极开展非物质文化遗产生产性保护，促使其在保护传承的同时，带动当地经济发展，有效拉动就业，增强贫困地区自我发展能力。

3. 深入推进生态文化建设。将贫困地区公共文化建设纳入生态文明建设，贯彻节能、节地、节水、节材的文化建筑设计理念。充分利用广播、电视、报刊等现代媒体，深入宣传保护生态环境的重要作用和意义，不断提高当地群众的节约意识、环保意识和生态意识。发挥文化活动潜移默化、以文化人的作用，营造全民参与环境保护和生态文明建设的良好风气，促进贫困地区生态可持续发展和国家生态安全。

专栏8　推动群众脱贫致富项目

农民素质教育网络培训项目。根据“三农”工作需要和农民群众脱贫致富需求，以文化信息资源共享工程为平台，以基层综合性文化服务中心为依托，通过多媒体教学、上机自学、集中授课、基地实训等多种形式，组织开展各类专项培训，培养具有一定科学文化素质和掌握实用技术的新型农民。

农民（社区居民）科学素质行动。通过形式多样、内容丰富、群众喜闻乐见的文化科普活动，面向贫困地区农民（社区居民）大力开展保护生态环境、节约能源资源等内容的宣传教育，开展新型农民培训和现代农业科学技术培训，提升社区居民应用科学知识解决实际问题、改善生活质量、应对突发事件的能力，引导农民（社区居民）养成科学文明健康的生活方式，形成良好的社会公德、职业道德、家庭美德和自觉抵制反科学、伪科学、破除愚昧迷信的社会风尚。

三、保障措施

（一）加强组织领导。按照中央统筹、省负总责、县抓落实的总体要求，加强对贫困地区公共文化建设工作的组织领导。推动地方各级党委和政府把贫困地区公共文化建设作为扶贫开发重点工作，纳入重要议事日程，纳入经济社会发展全局，纳入评价地区发展水平、发展质量和领导干部工作业绩的重要内容。在国家和各地公共文化服务体系建设协调机制的框架下，明确部门分工，加强统筹协调。建立完善党委和政府统一领导、文化部门组织协调、有关部门分工负责、社会力量积极参与的工作格局。

（二）推进精准建设。省级文化行政部门会同有关部门对本省贫困地区县、乡、村三级公共文化设施、服务资源、人才队伍等基本情况开展专项调查，摸清公共文化服务和资源底数，明确突出矛盾和问题；对照国家基本公共文化服务指导标准和地方实施标准，按照基本服务项目、硬件设施、人员配备等类别，逐项测算服务和资源缺口，列出公共文化建设项目清单；按照前三年集中攻坚、后两年巩固提高的阶段目标，指导县级文化行政部门制定公共文化服务建设实施方案，明确工作措施，建立工作台账，分年度确定重点解决事项和工作内容，形成可操作、可检查、可评估的工作计划、时间表和路线图。

（三）加大财政支持。中央和省级财政通过转移支付对贫困地区基本公共文化服务项目资金予以补助，并根据绩效考核结果实施奖励。地方各级政府要将落实基本公共文化服务标准所需资金纳入预算管理，统筹利用现有资金渠道，按照规划目标集中调配资源，支持贫困地区公共文化建设。落实国家安排的公益性文化建设项目取消县及县以下和集中连片特困地区地市级资金配套的政策，加大相关转移支付资金对贫困地区公共文化建设的支持力度。中央补助基层的公共文化服务体系建设专项资金，在确保专项任务完成和资金用途不变的前提下，可按规定由县级财政部门会同文化行政部门统筹使用。进一步加强对公共文化服务资金管理使用情况的监督和审计。运用村级公益事业建设一事一议民主决策机制，开展农村公共文化项目建设，提高资金使用效益。

（四）加强考核评估。各级政府要把规划纲要落实情况作为政府督查督办事项，对规划纲要实施进展、质量和成效进行动态监测评估，将结果作为对下一级政府绩效考核的重要内容。地方文化、新闻出版广电部门要加强与发展改革、财政、体育、扶贫等部门的综合协调，及时研究解决规划纲要实施过程中出现的新情况新问题，定期向本级政府和上级文化、新闻出版广电行政部门报告规划纲要实施情况。省级文化、新闻出版广电行政部门每年向文化部、新闻出版广电总局报告规划纲要实施情况。文化部会同有关部门对规划纲要实施情况进行跟踪分析，适时开展中期评估和后期评估。

国务院办公厅关于加快推进广播电视村村通向户户通升级工作的通知

（2016年4月5日　国办发〔2016〕20号）

各省、自治区、直辖市人民政府，国务院各部委、各直属机构：

广播电视村村通工程实施以来，有效扩大了农村广播电视覆盖面，全国已基本消除广播电视覆盖盲区，解决了广大农村群众听广播难、看电视难的问题。但随着经济社会发展和科学技术水平的提高，广播电视服务供给、服务能力和服务手段还不能满足人民群众日益增长的精神文化需求，与全面建成小康社会的目标还存在一定差距，迫切需要在广播电视村村通基础上进一步提升水平、提质增效，实现由粗放式覆盖向精细化入户服务升级，由模拟信号覆盖向数字化清晰接收升级，由传统视听服务向多层次多方式多业态服务升级。加快广播电视村村通向户户通升级是构建现代公共文化服务体系的重要举措，对于创新和完善城乡广播电视公共产品和服务供给、引领现代文化传播、促进文化和信息消费、提高公民的思想道德和科学文化素质、适应分众化差异化传播趋势具有重要意义。为切实推动广播电视户户通工作，经国务院同意，现通知如下：

一、总体要求

（一）指导思想。全面贯彻党的十八大和十八届三中、四中、五中全会精神，按照党中央、国务院决策部署，坚持以人民为中心的工作导向，以改革创新为动力，以升级发展为主线，以基层为重点，充分发挥中央和地方两个积极性，充分发挥政府和市场作用，大力提升广播电视覆盖能力和服务能力，为满足人民群众广播电视基本公共服务需求提供充分保障，为满足人民群众个性化多样性文化服务需求创造良好环境。

（二）工作目标。统筹无线、有线、卫星三种技术覆盖方式，到2020年，基本实现数字广播电视户户通，形成覆盖城乡、便捷高效、功能完备、服务到户的新型广播电视覆盖服务体系。地面无线广播电视基本实现数字化；有线广播电视网络基本实现数字化、双向化、智能化，全国有线网络整合取得明显成效，实现互联互通；直播卫星公共服务基本覆盖有线网络未通达的农村地区；广播电视基本公共服务达到国家指导标准，市场服务效能进一步提高，基础设施保障能力全面提升，长效机制更加完善。

二、主要任务

（三）全面实现数字广播电视覆盖接收。按照“技术先进、安全可靠、经济可行、保证长效”的原则，兼顾考虑补充覆盖和安全备份的需要，由省级人民政府统筹确定本地区无线、有线、卫星三种技术方式的覆盖方案，因地制宜、因户制宜推进数字广播电视覆盖和入户接收。在有条件的农村鼓励采取有线光缆联网方式，在有线电视未通达的农村地区鼓励群众自愿选择直播卫星、地面数字电视或“直播卫星+地面数字电视”等方式。坚持统一规划、统一标准、统一组织，在统筹频率、标准、网络建设的前提下，推进完成中央广播电视节目的无线数字化覆盖；支持以中国广播电视网络有限公司为主体加快全国有线电视网络整合，尽快实现有线网络互联互通和“全国一张网”；支持直播卫星平台扩容提升公共服务支撑能力，支持地域广阔、传统覆盖手段不足的偏远地区省、市广播电视节目通过直播卫星传输，定向覆盖本省、市行政区域，更好满足群众收听收看贴近性强的广播电视节目的需求。

（四）充分保障基本公共服务。按照国家基本公共文化服务指导标准（2015－2020年），确保通过无线（数字）提供不少于15套电视节目和不少于15套广播节目，通过无线（模拟）提供不少于5套电视节目和不少于6套广播节目；通过直播卫星提供25套电视节目和不少于17套广播节目；有线广播电视在由模拟向数字整体转换过程中，保留一定数量的模拟电视节目供用户选择观看，有条件的地区可确定一定数量的数字电视节目作为基本公共服务项目。中央和各地开办的民族语综合类广播电视节目，应分别纳入相应公共服务保障范围。广播电视播出机构要加强与政府相关部门的合作，开办合办科技致富、农林养殖、知识普及、法治建设、卫生防疫、运动健身、防灾减灾、水利气象、文化娱乐等贴近基层群众需要的服务性广播电视栏目节目，并逐步增加播出时间。

（五）加快建设全国应急广播体系。按照“统一联动、安全可靠、快速高效、平战结合”的原则，统筹利用现有广播电视资源，加快建立中央和地方各级应急广播制作播发和调度控制平台，与国家突发事件预警信息发布系统连接。升级改造传输覆盖网络，布置应急广播终端，健全应急信息采集发布机制，形成中央、省、市、县四级统一协调、上下贯通、可管可控、综合覆盖的全国应急广播体系，向城乡居民提供灾害预警应急广播和政务信息发布、政策宣讲服务。

（六）大力提升基础设施支撑保障能力。按照广播电视工程建设标准和相关技术标准，加快推进县级及以上无线发射台（转播台、监测台、卫星地球站）等基础设施建设，满足广播电视安全播出和监测监管需要；加强基层广播电视播出机构基础设施和服务能力建设，提升公共服务保障能力。在推进基层综合性文化服务设施建设时，充分考虑农村广播室、广播电视设施设备维修维护网点需求。充分利用现有基础设施，加强有线电视骨干网和前端机房建设，采用超高速智能光纤传输和同轴电缆传输技术，加快下一代广播电视网建设，提高融合业务承载能力。

（七）引导培育个性化市场服务。鼓励各地在基本公共服务节目基础上，通过政策引导、市场运作等多种手段增加公益节目、付费节目和其他增值服务。鼓励广电、电信企业及其他内容服务企业，以宽带网络建设、内容业务创新推广、用户普及应用为重点，开展智慧城市、智慧乡村、智慧家庭建设，发展高清电视、移动多媒体广播电视、交互式网络电视（IPTV）、手机电视、数字广播、回看点播、电视院线、宽带服务、网络电商等新兴业务和服务，满足群众多样化、多层次文化信息需求，促进文化信息消费，带动关键设备、软件、系统的产业化，催生新的经济增长点。

（八）深入推进长效机制建设。加快建立政府主导、社会化发展的广播电视公共服务长效机制，逐步形成“县级及以上有机构管理、乡镇有网点支撑、村组有专人负责、用户合理负担”的公共服务长效运行维护体系。采取政府购买、项目补贴、定向资助、贷款贴息等政策措施，支持各类社会组织和机构参与广播电视公共服务。

依托基层综合性文化服务中心，整合基层广播电视公共服务资源，推进广播电视户户通，提供应急广播、广播电视器材设备维修等服务。规范有线电视企业、直播卫星接收设备专营服务企业运营服务行为，组织开展运营服务质量评价，促进服务水平不断提升。

三、政策保障

（九）加大资金投入。按照分级负责原则，中央和地方各级人民政府分别负责本级无线发射台（站）、转播台（站）、监测台（站）等广播电视公共设施和机构的建设改造和运行维护资金，中央财政通过现有渠道安排转移支付资金，对地方按有关规定转播中央广播电视节目予以适当补助，支持地方统筹推进包括广播电视户户通在内的公共文化服务体系建设。

（十）完善支持政策。稳妥开展直播卫星除基本公共服务节目外其他增值服务的市场化运营试点，在满足用户基本收视需求的基础上提供更丰富的节目选择，并处理好基本公共服务与增值服务的关系。在国家广播电视机构控股51%以上的前提下，鼓励其他国有、集体、非公有资本投资参股县级以下新建有线电视分配网和有线电视接收端数字化改造。鼓励广电、电信企业参与农村宽带建设和运行维护，鼓励建设农村信息化综合服务平台。城乡规划建设要为广播电视网预留所需的管廊通道及场地、机房、电力设施等，网络入廊收费标准可适当给予优惠。加大政府向社会购买服务力度，鼓励社会机构参与公益性广播电视节目制作、公益性广播电视专用设施设备维修维护等，有条件的地方可根据实际情况，向特殊群体提供有线电视免费或低收费服务。

四、组织领导

（十一）强化政府责任和协调配合。地方各级人民政府是本地区推进广播电视村村通向户户通升级工作的责任主体，要切实加强组织领导，成立政府分管负责同志牵头、新闻出版广电部门负责组织实施、发展改革和财政等有关部门参加的领导小组，形成政府统一领导、部门密切配合的工作推进机制。要切实把做好广播电视户户通相关基本公共服务纳入地方各级人民政府的工作日程，纳入地方经济社会发展总体规划和文化改革发展专项规划，纳入公共财政支出预算，纳入扶贫攻坚计划，作为干部综合考核评价的重要参考，确保各项目标任务顺利完成。

（十二）加强资金保障和督促检查。各级新闻出版广电、发展改革、财政等部门要切实履行职能，提高服务水平。要按照职责统筹安排所需资金，加强资金管理和审计监督，提高资金使用效益，确保专款专用，不得截留和挪用；加强基层队伍和人员培训，使广播电视专兼职人员掌握必备的专业技能；加强工程监督管理和验收检查，确保广播电视服务质量和水平。

《国务院办公厅关于进一步做好新时期广播电视村村通工作的通知》（国办发〔2006〕79 号）同时废止。此前有关规定与本通知不一致的，按本通知执行。

国家新闻出版广电总局关于印发《全民阅读“十三五”时期发展规划》的通知

（2016 年 12 月 17 日　新广出发〔2016〕80 号）

各省、自治区、直辖市新闻出版广电局，新疆生产建设兵团新闻出版广电局，中央军委政治工作部宣传局，中央和国家机关各部委、各民主党派、各人民团体出版单位主管部门，中国出版集团公司、中国教育出版传媒集团有限公司、中国科技出版传媒集团有限公司，总局直属各单位：

《全民阅读“十三五”时期发展规划》已经总局党组会议审议通过，现印发给你们，请认真贯彻执行。规划执行过程中的重大问题，请及时向总局报告。

全民阅读“十三五”时期发展规划

为深入贯彻落实党中央、国务院关于开展全民阅读的重要部署，提升国民素质和社会文明程度，共同建设书香社会，根据《中共中央关于制定国民经济和社会发展第十三个五年规划的建议》《中华人民共和国国民经济和社会发展第十三个五年规划纲要》和《国家“十三五”时期文化改革发展规划纲要》，编制本规划。

序　　言

阅读是人类获取知识、增长智慧的重要方式，是一个国家、一个民族精神发育、文明传承的重要途径。中华民族有着优良的读书传统，崇尚读书、诗书继世之风绵延数千年。

党的十八大以来，以习近平同志为核心的党中央高度重视全民阅读。2012 年 11 月，党的十八大报告提出“开展全民阅读活动”。2014 年以来，“倡导全民阅读”连续 3 年写入国务院政府工作报告。《中华人民共和国国民经济和社会发展第十三个五年规划纲要》要求“推动全民阅读”，并将全民阅读工程列为“十三五”时期文化重大工程之一，将全民阅读提升到国家战略高度。

“十三五”时期，是全面建成小康社会的决胜阶段，是实现“两个一百年”宏伟目标、实现中华民族伟大复兴中国梦的关键时期。在新的历史条件下，深入开展全民阅读对于提高公民的思想道德素质和科学文化素质，培育和践行社会主义核心价值观，传承中华优秀传统文化，满足人民群众日益增长的精神文化需求，都具有重大而深远的意义。

一、指导思想、基本原则和主要目标

（一）指导思想

高举中国特色社会主义伟大旗帜，以邓小平理论、“三个代表”重要思想、科学发展观为指导，全面贯彻党的十八大和十八届三中、四中、五中、六中全会精神，深入贯彻习近平总书记系列重要讲话精神和治国理政新理念新思想新战略，紧紧围绕“五位一体”总体布局和“四个全面”战略布局，牢牢把握“两个巩固”根本任务，按照全面建成小康社会的总体要求，以满足人民群众精神文化需求为出发点和落脚点，完善体制机制，创新方式方法，将丰富阅读活动内容与提升思想文化内涵相结合，将出版精品与推荐精品相结合，将公益活动和市场推广相结合，将传统阅读与数字阅读相结合，将服务与管理相结合，全面提升全民阅读质量和水平，推动国民素质和社会文明程度显著提高，为实现“两个一百年”奋斗目标和中华民族伟大复兴中国梦提供强大的精神动力和文化支撑。

（二）基本原则

——坚持政府主导，社会参与。全民阅读功在当代、利在千秋。必须强化政府责任，完善机制，健全制度，加强宏观指导和政策推动。开展全民阅读，每个人既是参与者，也是推动者。必须充分调动社会各界的积极性、主动性和创造性，鼓励、动员和引导社会力量共同参与，加强理念创新、制度创新、方式创新，推动全民阅读长期深入开展。

——坚持重在内容，提升质量。全民阅读的核心是阅读内容。必须加强优秀作品的创作生产，进一步完善创作出版扶持和激励机制，加强对精品力作的宣传推广，拓宽传播渠道，为全民阅读提供更多优质阅读内容，充分发挥引领示范作用，不断提升全民阅读的质量和水平。加强对数字化阅读的规范和引导，推动传统阅读和数字阅读相融合。

——坚持少儿优先，保障重点。少儿阅读是全民阅读的基础。必须将保障和促进少年儿童阅读作为全民阅读工作的重点，从小培育阅读兴趣、阅读习惯、阅读能力。要着力保障农村留守儿童、城市流动儿童和贫困家庭儿童的基本阅读需求。要着力保障残疾人、进城务工人员等困难群体、特殊群体的基本阅读需求。

——坚持公益普惠，深入基层。全民阅读具有典型的公益性。必须加快推进全民阅读推广服务体系城乡一体化建设，坚持公益性、基本性、均等性和便利性相统一，面向基层、面向群众，保障全民平等享有基本阅读权益。

（三）主要目标

本规划期限为2016年到2020年。主要目标是：各类全民阅读活动蓬勃开展，全民阅读氛围更加浓厚，全民阅读理念更加深入人心，优质阅读内容供给能力显著提升，全民阅读基础设施建设更加完善，阅读推广人队伍更加壮大，各类阅读推广机构不断涌现，全民阅读法制化建设取得积极进展，全民阅读工作体制机制更加健全，基本形成与全面建成小康社会发展要求相适应的以人为本、面向基层、惠及群众、兼顾重点的全民阅读推广服务体系，推动国民素质和社会文明程度显著提高。

二、重点任务

（一）举办重大全民阅读活动

开展全国范围的“书香中国”系列活动，动员各方力量，加强品牌建设，办好各类读书节、读书周、读书月、读书季等全民阅读活动，提升群众参与度、平台辐射面和品牌号召力。

在世界读书日、“六一”儿童节及其他重要节庆期间开展内容丰富、形式多样的全民阅读活动，各级领导干部带头参加，引领示范，不断扩大全民阅读的社会影响力。

围绕党和国家工作大局和重大节庆活动，组织开展主题演讲、经典诵读、读书征文、知识竞赛等丰富多彩的主题阅读活动，弘扬主旋律、传播正能量。

办好全国书博会、书展、书市等各种行业展会，通过论坛讲座、评书荐书、名家签售等人民群众喜闻乐见的形式，将之打造成为连接作者、读者、出版者和书店、媒体的阅读桥梁，充分发挥其推动全民阅读的功能和作用。

专栏1　全民阅读品牌活动

（一）“书香中国”系列活动

打造“书香中国”系列活动品牌，培育和巩固“书香中国·北京阅读季”、“书香江苏”、“书香荆楚·文化湖北”、“书香中国·上海周”、“书香岭南”、“书香湖南”、“书香八闽”、“书香辽宁”、“书香龙江”、“海南书香节”、“书香八桂”、“书香燕赵”、“书香赣鄱”、“三秦书月”、“书香安徽阅读季”、“书香天府”、“书香齐鲁”、“书香陇原”、“书香天津”、“书香天山”、“书香宁夏”、“书香青海”以及“深圳读书月”、“苏州读书节”等全国各地书香活动品牌。到2020年，所有省（自治区、直辖市）、计划单列市、地级市都有品牌活动，80%以上的县（区）有品牌活动。

（二）举办主题读书活动

结合传承和弘扬中华优秀传统文化、加强中国特色社会主义和中国梦宣传教育、弘扬社会主义核心价值观、民族团结进步、迎接党的十九大召开、庆祝建军90周年、纪念改革开放40周年、新中国成立70周年、全面建成小康社会、中国共产党成立100周年等重大主题，广泛开展各类主题读书活动。

（三）行业展会服务全民阅读

充分发挥全国图书交易博览会、北京国际图书博览会等行业展会推广全民阅读的重要功能，举办“读者大会”等全民阅读活动。

（二）加强优质阅读内容供给

完善创作出版扶持引导机制，引导广大作者和出版者自觉践行社会主义核心价值观，传承和弘扬中华优秀传统文化。发挥国家出版基金的积极作用，实施重大出版工程等，出版更多在文化传承上有新的突破、学术水平上有新的超越的精品力作。充分发挥“五个一工程”奖、中国出版政府奖、中华优秀出版物奖等奖项的导向作用。

进一步完善针对不同读者群体的优秀出版物推荐机制，提升推荐出版物的权威性和影响力。坚持价值导向、专家意见、市场表现、群众口碑、质量标准相统一的原则，向读者推荐更多思想精深、艺术精湛、制作精良的优秀出版物。继续开展面向青少年、老年人、少数民族等不同群体的优秀出版物推荐活动，推动精品出版物宣传推介常态化、制度化。加强和改进书评机制，加强图书评论工作，加强对各类图书排行榜的引导和管理。

专栏2　全民阅读优质内容建设工程

（一）重点出版物出版工程

“十三五”时期推出重点主题出版物、重大出版工程、文艺原创精品、未成年人出版物、少数民族文字出版物、古籍、辞书、社会科学与人文科学出版物、自然科学与工程技术出版物等3000种左右。

（二）优秀出版物推荐工程

进一步完善推荐机制，做好“中国好书”、“向全国青少年推荐百种优秀出版物”、“优秀老年人出版物”、“大众喜爱的50种图书”、“优秀民族图书”、“中华优秀传统文化普及图书”、“优秀少儿报刊”、“精品文学期刊”、“优秀网络文学原创作品”等推荐工作。

（三）推动全民阅读深入基层、深入群众

大力推进全民阅读进农村、进社区、进家庭、进学校、进机关、进企业、进军营，使阅读活动真正深入基层、深入群众。倡导党员干部带头读书，建立和完善党员干部读书学习制度，激发广大党员

干部读书学习的热情，带领本单位、本系统、本地区大兴读书之风。倡导在高校大学生和中青年人群中建立读书会，开展读书活动。充分利用农家书屋、社区书屋、职工书屋等各类阅读设施，开展各种形式的基层读书活动。开展书香军营活动，服务强军建设。完善“书香之家”、“书香之乡（镇、街道）”等的推荐机制，发挥典型榜样的引领示范作用，展现基层群众的读书传统和读书风采。

强化公益性文化单位在全民阅读工作中的重要作用，文化馆（站）、公共图书馆、科技馆、工人文化宫、青少年宫、妇女儿童活动中心等各级公益性文化单位要常年开展主题读书活动、荐书送书活动、读书交流会等。鼓励政府机关、社会组织和企事业单位开展公益性阅读活动。实施市民阅读发放计划。完善全民阅读示范单位、先进个人和优秀项目推荐机制。

专栏3　全民阅读“七进”工程

（一）“书香之家”、“书香之村（社区）”、“书香之乡（镇、街道）”、书香企业、书香机关推荐活动

“十三五”期间推荐3000家“书香之家”、500个“书香之村（社区）”、200个“书香之乡（镇、街道）”、1000个“书香企业”、500个“书香机关”，向全社会展现基层群众读书风采，引领阅读风尚。

（二）开展“书香中国·全民阅读大讲堂”、“强素质·作表率”读书讲坛

邀请文化名家、社会名人深入群众，引导党员干部和群众认真读书学习、开阔文化视野、全面增强素质，有效推动学习型党组织建设、学习型社会建设。

（三）“书香军营”系列活动

组织一批文化界、艺术界的名家大家深入基层部队，举办“书香军营”讲坛，并广泛开展“主题读书日”、“月读一书”、“名家荐书”、“军营读书节”等活动，营造浓厚的军营阅读氛围。

（四）大力促进少年儿童阅读

大力倡导家庭阅读、亲子阅读，发挥父母和未成年人监护人言

传身教的重要作用，推动全社会共同创造、维护少年儿童良好阅读环境。鼓励幼儿园开展与学龄前儿童的年龄和心理状况相适应的阅读活动，着力培养阅读兴趣、阅读习惯。

加强中小学书香校园文化建设，完善中小学图书馆等校园阅读设施，开展多种形式的校园阅读活动。充分利用少年儿童图书馆、农家书屋、职工书屋、社区书屋、基层综合性文化服务中心以及青少年活动中心、少年宫等青少年活动场所，支持和帮助中小学生参加校外阅读活动，开展少儿阅读推广活动。

加强对少儿阅读规律的研究和运用，科学研究不同年龄、不同群体、不同性别少年儿童的智力、心理、认知能力和特点，借鉴国外阅读能力测试、分级阅读等科学方法，探索建立中国儿童阶梯阅读体系，加快提高我国少年儿童的整体阅读水平。

重点保障农村留守儿童、城市流动儿童、贫困家庭儿童等儿童群体的基本阅读需求。鼓励学校、全民阅读设施管理单位、阅读推广人及阅读推广机构等对其进行定期阅读指导和服务。将本行政区域内的外来务工人员随居子女纳入当地全民阅读服务保障范围。有条件的地方可以积极探索开展农村地区学龄前儿童基础阅读促进工作。

专栏4　少年儿童阅读工程

（一）家庭阅读·亲子阅读工程

开展丰富多彩、喜闻乐见的亲子阅读活动，通过推荐优秀读物、开展阅读指导、开展爱心捐赠、阅读推广展示等，传递家庭教育科学理念，引领亲子阅读风尚，营造书香氛围，培育良好家风，促进儿童健康成长。

（二）少儿阶梯阅读推广

建立符合中国儿童特点的阶梯阅读体系，开展我国少儿阶梯阅读工程的研发及推广应用工作。开展我国少儿阅读能力测试项目的研发工作，建设少儿阅读能力监测体系，科学推动整体提高少儿阅读能力。

（三）“书香校园”建设

通过创造浓郁的阅读氛围，整合丰富的阅读资源，开展多彩的读书活动，让阅读成为师生最日常的生活方式，进而推动书香校园的形成。

续　表

（四）"少儿报刊阅读季"活动 广泛开展各种内容丰富、形式多样的少儿报刊阅读活动，充分利用"4·23世界读书日"、"六一"国际儿童节等重要时间节点，开展组织捐赠优秀少儿报刊、"好报刊伴我成长"等专题宣传推广活动。

（五）保障困难群体、特殊群体的基本阅读需求

切实加强针对残障人士、外来务工人员、贫困地区居民等困难群体、特殊群体的阅读服务，保障其基本阅读需求。加快将进城务工人员阅读服务纳入常住地全民阅读服务体系，鼓励以社会文化机构、用工企业等为主体，满足进城务工人员的基本阅读需求，继续扩大"书香中国e阅读"工程的覆盖范围。

鼓励全民阅读设施管理单位及阅读推广人等进行定期阅读指导和服务，有针对性地向残疾人提供盲文出版物、有声读物等阅读资源、设施与服务。各类全民阅读设施应加强无障碍设施建设。建立和完善社会各界为特殊群体、困难群体开展志愿者助读、发放购书券、组织出版物捐赠等捐助和服务的渠道。

专栏5　重点群体阅读促进工程
（一）盲文出版物出版与阅读推广工程 加强盲文出版基地建设，实施盲文出版工程，支持有声读物开发，扩大各类盲人读物有效供给，完善盲文出版物、有声出版物邮寄借阅平台，推动各级图书馆开设视障阅览室，面向视力障碍人群，提供阅读服务。 （二）"书香中国e阅读"推广工程 以政府购买服务的方式，定期向全国进城务工人员、边疆民族地区手机用户推送国家新闻出版广电总局组织推荐的各类优秀图书、报刊等。2016年覆盖人群1000万人，到2020年覆盖5000万人。

（六）完善全民阅读基础设施和服务体系

统筹规划，合理布局，进一步加大城乡基层全民阅读设施建设

力度。制定和完善公共图书馆、基层综合性文化服务中心、农家书屋等公共文化服务设施建设标准和资源配置标准，推进全民阅读公共文化设施建设的规范化、标准化。

加快促进城乡基本公共文化服务均等化，实现农村、城市社区公共文化服务资源整合和互联互通，以创新管理机制、提升服务效能为重点，探索长效管理机制。充分发挥各级各类图书馆在阅读推广中的重要作用。加强出版物发行网点建设，特别是农村和社区网点建设，支持实体书店、书报亭、高校书店等各类阅读设施的发展，发挥其促进全民阅读的公益功能。在充分利用现有设施基础上，统筹建设社区阅读中心、数字农家书屋、公共数字阅读终端等设施。

专栏6　全民阅读设施建设重点工程

（一）农家书屋提升工程

建立健全农家书屋管理员队伍，完善出版物补充机制，加大少年儿童出版物配备比例，推动数字（卫星）农家书屋建设，推动农家书屋和基层图书馆、基层综合性文化服务中心资源整合，培育“我的书屋·我的梦”农村少年儿童阅读活动品牌，更好发挥农家书屋作为农村阅读活动和阅读服务主阵地的作用。

（二）支持实体书店发展

坚持改革创新，发挥市场作用，加强政府引导，注重统筹协调，推动实体书店与社会经济协调发展，到2020年，基本形成布局合理、功能完善、主业突出、多元经营的实体书店发展格局。

（三）城乡阅报栏（屏）建设工程

在车站、商场、广场、社区、学校、医院等人流密集地点新增建设一批阅报栏（屏）和全民阅读数字触摸屏，完善数字阅读屏维护更新机制。

（七）提高数字化阅读的质量和水平

适应数字化新趋势，充分利用数字技术，大力推进数字化阅读发展，建立全民阅读数字资源平台，推进数字化阅读服务。建立内容丰富的数字阅读资源库群，加强公共电子阅览室建设计划和全国文化信息资源共享工程网络建设，加强数字图书馆建设。形成覆盖全国的全民阅读数字服务网络。

加快推进传统出版单位数字化转型升级，通过制订配套政策、专项资金资助、推介示范单位等多种方式，推动出版与科技融合发展。实施网络文艺精品创作和传播计划，加强网络文学出版传播的管理和引导，推出更多网络原创精品力作。加强数字出版内容投送平台建设和管理，改善数字出版内容消费服务方式，提升公众数字阅读消费满意度。深入探索读者阅读行为和阅读习惯的数字化转型，提供更便捷、人性化的数字化阅读技术服务，全面推进全民阅读的多媒体、多平台融合。

专栏 7　数字化阅读建设重点工程

（一）全民数字化阅读推广工程

组织开展系列专题数字化阅读活动，大力提升全民数字化阅读率；支持建设一批数字化阅读服务平台，助力全民阅读普及，提升数字出版在公共文化服务体系建设中的支撑能力。

（二）国家全民阅读数字化平台建设

建设 3 至 4 家国家级公益性数字化阅读推广、优质阅读内容数字化传播、移动阅读数字化传播平台，与各类图书馆、农家书屋等终端联网，向读者提供数字化阅读服务。

（三）网络文学精品出版工程

用 3 至 5 年时间，使创作导向更加健康，创作质量明显提升，推出一批思想精深、艺术精湛、制作精良、深受群众喜爱的原创网络文学精品，在网络内容建设和文艺创新中的作用更加突出。

（八）组织引导社会各方力量共同参与

鼓励和吸引社会力量建设全民阅读公共设施、提供全民阅读服务。充分发挥热心阅读推广的社会名人、文化名家的阅读引领作用。鼓励和支持公务员、教师、新闻出版工作者、大学生等加入阅读推广人队伍，定期培训，提升阅读推广人队伍的整体素质和服务能力。鼓励和支持文化团体、教育机构和其他社会组织开展阅读推广并提供公益阅读服务。成立各级全民阅读促进协会。鼓励和支持高等院校和科研单位进行阅读研究，鼓励从跨学科的角度研究阅读理论，创新研究方法，加强阅读学学科建设，促进全民阅读工作的开展。

专栏 8　社会力量参与机制

（一）建立阅读推广人队伍

制定阅读推广人培养方案及管理办法，建立基层全民阅读工作者队伍培训机制，对全国各级全民阅读工作人员、图书馆馆员、农家书屋管理员、阅读推广人等进行系统培训，提高全民阅读推广能力，支持开展各类基层读书活动。

（二）培育阅读推广机构

充分发挥各类绘本馆、阅读空间、读书会等的重要作用，提升阅读推广专业性、阅读服务规范性，培育一批在社会上具有广泛影响力的阅读推广机构。

（三）成立全民阅读促进协会

汇聚相关部门、群团组织、阅读推广机构、出版发行单位、公共图书馆、基层阅读组织、知名作家学者以及其他热心全民阅读推广的社会人士，组建各级全民阅读促进协会，开展全民阅读推广工作。到 2020 年，全国所有省（自治区、直辖市）都应成立全民阅读促进协会，50% 的地级市应成立全民阅读促进协会。

（九）加强全民阅读宣传推广

重视和发挥中央媒体和地方媒体、传统媒体和新兴媒体、主流媒体和各类媒体的重要作用，形成强大宣传合力，营造全民阅读的良好氛围。进一步做好理念创新、手段创新、载体创新，把创新的重心放在基层一线，从围绕相关节庆、重点事件报道向常态化、持续化发展，从书评、书摘、书讯等传统栏目向典型报道、深度报道、专题报道、系列报道扩展，从报刊读书栏目、广播电视读书节目向公益广告、户外传媒、新媒体等全媒介多元化发展。

鼓励和支持各类媒体、组织全民阅读媒体联盟和全民阅读百网联盟成员单位深入街道、社区和乡镇、农村等基层，抓取第一手新闻素材，把鲜活读书故事、先进读书人物传递给广大读者。要充分发挥正面宣传鼓舞人、激励人的作用，多宣传读书陶冶情操、读书改变命运、读书成就人生等感人故事，让全民阅读理念春风化雨，润物无声。

专栏9　全民阅读宣传推广

（一）全民阅读媒体联盟和全民阅读百网联盟

充分发挥各类媒体的特点，适应分众化、差异化传播趋势，实现传统宣传推广形式与新媒体宣传推广形式深度融合，以全民阅读官方网站和全民阅读工作网站为平台和纽带，利用官方微博、微信公众号和新闻客户端“两微一端”，资源共享、信息互通、资讯互联，形成合力，共同向广大读者宣传推广全民阅读。

（二）书香中国万里行

组织全民阅读媒体联盟、全民阅读百网联盟成员单位深入街道、社区和乡镇、农村等基层，宣传报道全民阅读先进典型和感人事迹，营造开展全民阅读的良好氛围。

三、加强组织领导和统筹实施

加强全民阅读工作的组织领导和统筹协调，建立相关部门共同参与的协商推进机制，形成合力，共同承担全民阅读工作的职责。加强全民阅读法制建设，制订发布《全民阅读促进条例》，鼓励和推动地方开展全民阅读立法工作。

建立书香社会指标体系，定期评估和发布。鼓励将全民阅读指数纳入社会发展指标体系，纳入创建文明城市指标体系，将工作情况纳入目标管理和考核体系。

专栏10　全民阅读长效机制建设工程

（一）制订《全民阅读促进条例》

将全民阅读纳入法制化轨道，规范政府责任，保障公民基本阅读权利，促进全民阅读服务体系建设。推动地方全民阅读立法工作。到2020年，推动全国所有省（自治区、直辖市）出台本地的全民阅读地方性法规、地方政府规章及政策性文件等。

续 表

（二）建立全民阅读指导委员会 建立国家全民阅读指导委员会和地方各级全民阅读指导委员会，形成各部门综合协调机制，共同研究全民阅读工作中的重大问题，制订全民阅读公共服务基本标准，协调全民阅读基础设施建设与资源配置，促进阅读相关机构和组织合作。 （三）书香社会指标体系 定期开展全国国民阅读调查，建设全民阅读监测体系，监测全民阅读发展水平、阅读服务公众满意度、阅读服务标准实现程度；对全民阅读活动、工程效果进行第三方测评，收集群众反馈意见，对活动进行科学评估。

文化部、新闻出版广电总局、体育总局、国家发展改革委、财政部关于印发《关于推进县级文化馆图书馆总分馆制建设的指导意见》的通知

（2016 年 12 月 29 日　文公共发〔2016〕38 号）

各省、自治区、直辖市文化厅（局）、新闻出版广电局、体育局、发展改革委、财政厅（局），新疆生产建设兵团文化广播电视局、新闻出版局、体育局、发展改革委、财务局：

经国务院同意，现将《关于推进县级文化馆图书馆总分馆制建设的指导意见》印发给你们，请结合实际认真贯彻执行。

特此通知。

关于推进县级文化馆图书馆总分馆制建设的指导意见

推进以县级文化馆、图书馆为中心的总分馆制建设，是构建现代公共文化服务体系的重要任务，对于有效整合公共文化资源、提高公共文化服务效能、促进优质资源向基层倾斜和延伸具有重要的推动作用。近年来，地方各级人民政府和有关部门加大政策支持和资金投入力度，文化馆（站）、公共图书馆（室）设施网络不断完善，服务条件显著改善，但仍存在县级馆服务能力不强、县域内公共文化资源缺乏整合、城乡公共文化服务发展不均衡等突出问题。为推进县域公共文化资源共建共享和服务效能提升，促进县级文化馆、图书馆总分馆制建设，经国务院同意，现提出如下意见。

一、指导思想

全面贯彻落实党的十八大和十八届三中、四中、五中、六中全会精神，深入贯彻习近平总书记系列重要讲话精神和治国理政新理念新思想新战略，认真落实党中央、国务院决策部署，坚持以社会主义核心价值观为引领，坚持以人民为中心，以县为基本单位，以乡村为重点，以统筹发展、提高效能、促进均等为原则，推动具备条件的地方因地制宜推进县级文化馆、图书馆总分馆制建设，发挥县级总馆在县域公共文化建设中的中枢作用，通过分馆把优质公共文化服务延伸到基层农村，增加公共文化产品和服务供给，为更好地满足广大群众基本文化需求创造良好条件，提供有力保障。

二、基本原则

政府主导，统筹实施。发挥县级人民政府在总分馆制建设规划、组织和推进方面的统筹作用，优化县域公共文化资源配置，完善配套措施，鼓励社会参与，确保有序推进。

改革创新，提升效能。围绕建、管、用等关键环节，创新管理体制和运行机制，实现文化资源在县域内联动共享，做到物尽其用、人尽其才，发挥整体优势，提升综合效益。

强化基层，促进均等。以乡村两级为重点，以需求为导向，促进公共文化资源向基层特别是农村倾斜，增加基层公共文化资源总量，保障城乡群众普遍均等地享有基本公共文化服务。

实事求是，分类推进。坚持因地制宜、试点先行，根据东中西地区实际，稳步推进、分类指导，及时总结建设经验，发挥典型示范作用，探索具有不同区域特点的总分馆制。

三、工作目标

到2020年，全国具备条件的地区因地制宜建立起上下联通、服务优质、有效覆盖的县级文化馆、图书馆总分馆制，广大基层群众享受的基本公共文化服务内容更加丰富，途径更加便捷，质量显著提升，均等化水平稳步提高。

四、主要措施

（一）把总分馆制建设纳入现代公共文化服务体系。坚持政府主导，科学规划，由省级文化行政部门牵头，有关部门参与，统筹制定本地实施方案和建设规划，由县级人民政府具体组织实施。各地根据实际，综合考虑当地经济社会发展水平、自然条件、人口分布和文化基础等因素，合理确定总分馆的布局、规模和标准。已经实施总分馆制的地方，重在总结经验、完善制度和宣传推广；尚未实施但具备条件的地方，要借鉴成功经验，坚持试点先行，积极探索和选择适合本地实际的总分馆建设模式；暂不具备建设条件的地方，要采取有力措施，尽快达到建设总分馆制的基本要求。

（二）明确功能与运行机制。通过县级文化馆总分馆制，整合县域内群众文化艺术资源，加强对县域内文化活动、文艺创作、文艺辅导、送戏下乡、队伍培训以及演出器材设备调配等方面的统筹。

通过县级图书馆总分馆制，整合县域内的公共阅读资源，实行总馆主导下的文献资源统一采购、统一编目、统一配送、通借通还和人员的统一培训。总馆对分馆的管理重在业务指导和资源调配。分馆按照总馆的工作安排和服务标准，面向基层群众提供与总馆水平相当的基本服务。有条件的地方可以探索总馆统一管理或参与管理各分馆人财物。

（三）因地制宜推进总分馆制建设。根据地方实际情况，在试点的基础上积极稳妥推进，主要依托县级文化馆、图书馆和乡镇（街道）综合文化站、村（社区）综合性文化服务中心等进行建设，符合条件的县级馆为总馆，在乡村两级基层综合性文化服务中心设置分馆。推动农家书屋与县级图书馆资源整合和互联互通，符合条件的农家书屋成为图书馆分馆。没有成为分馆的其他基层公共文化设施可以设立基层服务点，作为总分馆服务的补充和延伸。

（四）创新服务方式和手段。总馆和分馆要积极畅通群众文化需求反馈渠道，采取“订单”服务方式，实现供需有效对接。充分发挥互联网等现代信息技术优势，利用国家公共数字文化工程和资源，打造县域公共数字文化服务平台。充分利用流动舞台车、流动图书车等设施和手段，广泛开展流动文化服务，扩大公共文化服务的有效覆盖。

（五）引导社会力量参与总分馆制建设。鼓励具备条件的学校、科研机构、企业等的图书馆（室）、职工书屋、文化室等根据自身职能特点，在自愿原则下成为县级文化馆或图书馆的分馆。鼓励符合条件、具有资质的上网服务场所成为总分馆的基层服务点。鼓励企业、社会组织和其他社会力量，通过直接投资、赞助活动、提供产品和服务，以及采取公益创投、公益众筹等方式，依法依规有序参与总分馆制建设。有条件的地方可探索引入社会专业机构，采取委托管理或连锁运营的方式，通过专业化服务、科学化管理，做好总分馆日常管理运行。大力推进文化志愿服务，动员社会专业人士参与总分馆制管理运行。

（六）进一步健全城乡基层公共文化设施网络。按照填平补齐原则，继续推进县、乡、村三级公共文化设施网络建设。没有县级文化馆、图书馆或设施未达标的县级人民政府，根据实际需要进行必要的新建或改扩建，鼓励充分利用现有设施和资源进行改造。基层综合性文化服务中心建设和运营管理，要主动纳入县级文化馆、图书馆总分馆制统筹推进，优化资源配置，提高服务效能，推动县域内公共文化设施实现有效联通和全覆盖。

五、组织保障

（一）明确工作责任。各地要把建立县级文化馆、图书馆总分馆制作为加快构建现代公共文化服务体系的重要内容，纳入政府重要议事日程，明确时间表、路线图，加快推进实施。各级文化行政部门要加强与有关部门的统筹协调，推动工作开展，形成工作合力。各有关部门要积极配合，加强基层文化资源的共建共享。省级和设区的市级文化馆、图书馆要大力支持县级文化馆、图书馆总分馆制建设，加强业务指导。

（二）提供投入保障。各地要对本地区基本的公共文化设施建设给予支持，完善设施网络，为实施总分馆制提供必要的基础设施条件。地方各级财政部门要通过现有资金渠道，为总分馆制建设和运营中属于公共财政支持范围的事项提供必要的资金支持。鼓励县级文化馆、图书馆总馆在符合有关规定前提下，统筹利用有关资金渠道，按照规划目标统一采购、调配资源。各省（区、市）要对率先开展试点工作并取得积极成果的县（市、区）给予一定支持。

（三）加强队伍建设。各有关部门要在现有编制总量内，落实《国家基本公共文化服务指导标准》（2015—2020年）规定的乡镇（街道）综合文化站编制政策。根据总分馆的规模、服务人口和服务方式，统筹总馆、分馆的人员配置。加强对总分馆工作人员的培训、考核、管理。有条件的地区可通过政府购买服务方式，解决总分馆人员不足的问题。

（四）完善评估机制。地方各级人民政府要把县级文化馆、图书馆总分馆制建设情况纳入公共文化服务考核指标。县级文化行政部门负责对本县总分馆制建设和运行情况进行日常评估和考核，并积极推动考核结果与相关单位预算安排、收入分配和负责人奖惩挂钩。有条件的地方可引入第三方对总分馆服务效能开展公众满意度测评。

广东省公共文化服务促进条例

（2011 年 9 月 29 日广东省第十一届人民代表大会常务委员会第二十八次会议通过　2011 年 9 月 29 日广东省第十一届人民代表大会常务委员会公告第 68 号公布　自 2012 年 1 月 1 日起施行）

第一章　总　　则

第一条　为了保障公民的基本文化权益，促进公共文化服务，根据有关法律、法规，结合本省实际，制定本条例。

第二条　本条例适用于本省行政区域内公共文化服务的提供、公共文化设施的建设、公共文化服务的激励和保障等活动。

第三条　本条例所称公共文化服务，是指各级人民政府及其文化等有关主管部门或者社会力量向公众提供的公共文化设施和公益性文化产品、文化活动及相关文化服务。

前款所称公共文化设施包括图书馆、博物馆、文化馆（站、室）、纪念馆、美术馆、非物质文化遗产馆（传习所）、科技馆、青少年宫、文物保护单位、文化广场、广播电视台（站）等；公益性文化产品包括文艺作品、藏书藏品、出版物、影视广播节目等；公益性文化活动包括文艺演出、图书阅览、群众文化活动、陈列展览、文化艺术教育、影视广播节目播放等。

第四条 公共文化服务的促进活动应当坚持政府主导、社会参与、协调发展、方便群众的原则。

第五条 各级人民政府统一负责、领导本行政区域内的公共文化服务工作。

县级以上人民政府文化主管部门具体负责本行政区域内的公共文化服务工作。

县级以上人民政府发展改革、教育、民族宗教、财政、税务、国土资源、规划、住房城乡建设、体育、旅游等有关主管部门，在各自职责范围内做好有关的公共文化服务工作。

第六条 县级以上人民政府应当制定公共文化服务发展规划，并将其纳入本级国民经济和社会发展规划。

第七条 各级人民政府应当将公共文化服务经费纳入财政预算，确保足额投入并随着财政收入的增长而增加。

第八条 县级以上人民政府应当在资金、人才培养、设施建设等方面加强对贫困地区、少数民族地区公共文化服务的扶持，重点扶持公共文化设施建设。

省、地级以上市人民政府在其设立的公共文化服务专项资金中应当加大对本行政区域内贫困地区、少数民族地区的扶持力度。

第九条 村民委员会、居民委员会应当因地制宜开展公共文化服务活动。

鼓励社会力量向公众提供公共文化设施和公益性文化产品、文化活动及相关文化服务。

县级以上人民政府文化主管部门应当加强对村民委员会、居民委员会和社会力量开展公共文化服务活动的指导和支持。

第十条 任何单位和个人对违反本条例的行为，有权向文化等有关主管部门举报或者投诉。

文化等有关主管部门应当依法受理，并将处理结果告知举报人或者投诉人。

第二章 公共文化服务提供

第十一条 各级人民政府及其文化等有关主管部门应当根据当地经济社会发展水平、历史文化传统、人口状况和公众的实际需求提供公共文化服务，创新公共文化服务方式，并逐步增加本行政区域内公共文化服务总量。

第十二条 各级人民政府应当推动各类公共文化设施免费开放。

第十三条 各级人民政府及其文化等有关主管部门可以采取政府购买、项目补贴或者奖励等方式鼓励和支持社会力量提供公共文化服务，推动经营性文化设施提供低票价或者免费的公益性文化服务。

第十四条 各级人民政府及其文化等有关主管部门应当在校园、社区、企业和农村开展流动公共文化服务。

第十五条 各级人民政府应当扩大农村和少数民族地区广播电视、电影放映、文化信息资源共享等公共文化服务的覆盖范围，并增加相关服务内容，支持针对农村和少数民族地区群众需要的，尤其是农村和少数民族题材的公共文化产品的生产，创造条件为农村和少数民族地区提供免费的公共文化服务。

文化等有关主管部门应当对农村和少数民族地区文化工作者定

期进行培训，支持文化工作者到农村和少数民族地区辅导群众文化活动。

第十六条 文化等有关主管部门应当为外来务工人员、老年人、未成年人和残疾人等群体提供有针对性的公共文化服务。

有条件的地区应当在外来务工人员较多的区域建设综合性文化设施并免费开放。

第十七条 公共文化设施的管理单位应当根据公众文化需求逐步增加服务项目，并在国家法定节假日和学校寒暑假期间适当延长公共文化设施的开放时间。

公共文化设施的管理单位不得因公共文化设施免费开放而降低服务水平。

第十八条 公共文化设施的管理单位应当完善服务条件，健全服务规范，建立服务公示制度。

因特殊原因需要改变公共文化服务有关事项的，公共文化服务的管理单位应当以便于知晓的方式提前向公众发布公告。

第十九条 公共文化设施和机场、车站、码头、广场等人员流动较大的公共场所应当放置报刊、资料供公众阅览。

第二十条 公益性文化机构应当创造条件开展免费的公益性演出、文化艺术教育等文化活动。

第二十一条 鼓励社会公众开展自发性的文化活动。

机关、企业事业单位应当组织开展文化活动，加强自身文化建设。

学校应当开展校园文化活动，加强对学生文化艺术素质的教育。

各级人民政府及其文化等有关主管部门应当对在文化广场等场所依法开展的自发性群众文化活动和机关、企业事业单位、学校的文化活动给予必要的支持和指导。

第二十二条 各级人民政府及其文化主管部门应当加强区域合

作，推动文化资源的整合共享。

珠江三角洲地区各级人民政府及其文化主管部门应当建立合作机制，推动公共文化服务一体化。

第二十三条 县级以上人民政府文化等有关主管部门应当采取便于公众知晓的方式提供本地公共文化服务信息，并收集公众对本地公共文化服务的意见和建议。

第二十四条 各级人民政府及其文化等有关主管部门应当通过数字化、信息化等技术手段，推动公共文化信息资源的公开和共享，并提高公共文化服务的信息化、网络化水平，增强文化信息资源的传输、存储和供给能力，提供方便快捷的文化服务。

第三章 基层公共文化设施建设

第二十五条 基层公共文化设施建设应当纳入当地国民经济和社会发展规划，与当地经济社会发展水平相适应。

县级、乡镇人民政府应当按照国家和省的规定建设、完善文化馆、图书馆、综合文化站（室）、文化广场、农村广播基础设施等基层公共文化设施并配备相应设备。

第二十六条 县级以上人民政府应当加大对基层公共文化设施建设的扶持力度，将社区文化中心建设纳入城市规划；应当从城市住房开发投资中提取一定比例的经费，用于社区公共文化设施建设。具体实施办法由省人民政府另行制定。

鼓励发达地区支持贫困地区和少数民族地区的基层公共文化设施建设。

第二十七条 基层公共文化设施应当配置开展公共文化服务必需的设备和图书等文化资源，并有计划地更新、充实。

基层公共文化设施及其设备和图书等文化资源应当按照国家有

关规定办理资产登记及相关手续，依法管理。

第二十八条 基层公共文化设施可以通过以下方式开展公共文化服务：

（一）举办文体、展览、讲座等活动；

（二）开展读书读报活动；

（三）开展数字文化信息服务；

（四）其他公共文化服务。

第二十九条 基层公共文化设施应当完善内部管理制度和服务规范，保障其用于开展文明、健康的公共文化活动。

第三十条 乡镇、街道综合文化站应当具备图书报刊阅读、影视节目播放、宣传教育、文艺演出、体育活动等功能，并免费开放。综合文化站应当建在交通便利、人口集中、便于群众参与活动的区域。

第三十一条 城市社区、农村综合文化室应当具备图书报刊阅读、文化信息服务、文体活动等功能，并免费开放。

第四章 激励与保障

第三十二条 各级人民政府对在公共文化服务促进工作中作出显著成绩的单位和个人，应当给予表彰和奖励。

第三十三条 鼓励社会力量以捐赠方式建设公共文化设施或者开展文化活动。

捐赠人通过公益性社会团体、县级以上人民政府或者其相关部门捐建公共文化设施的，可以依法享受税收方面的优惠。

捐赠人对于捐赠的公共文化设施可以留名纪念；捐赠人单独捐赠或者主要由捐赠人出资建设的，可以由捐赠人提出公共文化设施的名称，报县级以上人民政府批准。

第三十四条 鼓励社会力量将其所有的文化产品、文化设施委托公益性文化机构管理，用于公共文化服务活动。

第三十五条 鼓励社会力量赞助公益性文化活动，赞助方可以获得符合有关法律法规规定的合理回报。

第三十六条 鼓励珠江三角洲地区通过捐资、援赠物品、共享文化资源、业务合作、人员培训等方式支持贫困地区发展公共文化服务。

第三十七条 各级人民政府及其文化主管部门应当支持民营文艺表演团体参与公共文化活动，由此产生的合理费用由主办方支付。

有条件的地区应当将公共文化设施免费或者低价为参与公共文化活动的民营文艺表演团体提供排练和演出场地。

第三十八条 县级以上人民政府及其文化等有关主管部门应当建立和完善公共文化人才引进、培训、激励等制度，加强基层公共文化人才队伍的建设。

第三十九条 县级以上人民政府及其文化等有关主管部门可以采取下列方式，加强公共文化服务人才队伍建设：

（一）职业教育、专业培训或者委托培养；

（二）挂职、选拔、交流等；

（三）聘用聘任、兼职客座、定期服务、项目合作等。

第四十条 基层公共文化设施的管理单位应当根据基层公共文化设施所承担的职能、任务及所服务的人口规模合理配置公共文化服务人员。

第四十一条 鼓励、支持高校毕业生到基层从事公共文化服务工作。

第四十二条 文化主管部门应当推动建立本行政区域内的文化志愿者组织。

鼓励热心公共文化服务工作的人员向文化志愿者组织申请成为

注册志愿者。

因举办大型公益性文化活动需要志愿者服务的，举办者可以自行招募志愿者，也可以委托文化志愿者组织招募志愿者。

第四十三条 文化等有关主管部门应当对文化志愿者进行必要的专业知识培训，对优秀的文化志愿者予以表彰。

第四十四条 各级人民政府及其文化等有关主管部门应当定期对本行政区域内的公共文化服务情况进行监督检查。

使用财政资金举办公共文化设施的，其资金使用情况应当接受财政、审计部门的监督。

第五章 法律责任

第四十五条 各级人民政府、有关主管部门及其工作人员违反本条例规定，有下列情形之一的，由其上级机关或者监察机关责令改正；情节严重的，对直接负责的主管人员和其他直接责任人员依法给予处分；构成犯罪的，依法追究刑事责任：

（一）截留、挪用、挤占捐赠财产的；

（二）侵占公共文化财产的；

（三）未按照规定处理举报或者投诉的；

（四）擅自拆除公共文化设施或者改变其性质、功能、用途的；

（五）其他滥用职权、玩忽职守、徇私舞弊的行为。

第六章 附 则

第四十六条 本条例自2012年1月1日起施行。

上海市社区公共文化服务规定

（2012年11月21日上海市第十三届人民代表大会常务委员会第三十七次会议通过　2012年11月21日上海市人民代表大会常务委员会公告第58号公布　自2013年4月1日起施行）

第一条　为了提高本市社区公共文化服务水平，保障人民群众基本文化权益，繁荣和发展公共文化事业，根据国家有关法律、行政法规的规定，结合本市实际情况，制定本规定。

第二条　本市行政区域内各级人民政府及其文化行政等部门或者社会力量向社区居民提供的公共文化设施（以下统称社区公共文化设施）和公益性文化服务活动，适用本规定。

第三条　社区公共文化服务坚持政府主导、社会参与、均衡发展、方便群众的原则，坚持把发展公益性文化事业作为保障人民基本文化权益的主要途径。

第四条　各级人民政府领导本行政区域内的社区公共文化服务工作，制定公共文化服务发展规划，将其纳入本级国民经济和社会发展规划，并将社区公共文化服务工作所需经费列入本级财政预算。

第五条　市文化行政部门是本市社区公共文化服务工作的主管部门。区、县文化行政部门负责本行政区域内的社区公共文化服务工作。

发展改革、经济信息化、教育、科技、农业、财政、规划国土资源、新闻出版、旅游、体育、司法、民政、卫生等行政部门依据各自职责，协同做好社区公共文化服务工作。

第六条　社区公共文化设施建设经费、运行经费和社区公共文化活动经费纳入区县、乡镇人民政府财政预算予以保障，市级财政给予适当补贴。

区县、乡镇人民政府应当按照建设规模、服务项目、服务人口确定每年对社区文化活动中心的财政投入数量，并不断加大对社区公共文化服务的经费投入。

第七条 社区公共文化设施的设置应当按照城乡规划的要求，符合本市《城市居住地区和居住区公共服务设施设置标准》。

社区公共文化设施的建设选址，应当符合人口集中、交通便利的原则。社区公共文化设施的设计和建设，应当符合实用、安全、科学、美观等要求，并落实方便残疾人使用的无障碍措施。

第八条 各街道和乡、镇的行政区域内应当设置一个社区文化活动中心；常住人口超过十万人的，可以根据实际情况增设分中心。各居（村）民委员会所辖区域内应当设置一个居（村）民综合文化活动室；常住人口超过五千人的行政村，可以根据实际情况设置两个以上综合文化活动室。

社区文化活动中心的基本配置应当符合本市有关规定，由市和区、县文化行政部门按照规定进行监督检查。

第九条 街道办事处和乡、镇人民政府具体负责本行政区域内社区公共文化设施的管理工作，承担以下职责：

（一）社区公共文化设施的设置；

（二）社区文化活动中心的日常运行管理；

（三）为社区公共文化设施的运行提供保障；

（四）对社区公共文化设施提供公共文化服务的情况进行监督。

居（村）民委员会负责所辖区域内居（村）民综合文化活动室的日常运行管理。

第十条 鼓励社区文化活动中心实行社会化、专业化运作。

街道办事处和乡、镇人民政府按照公平、公正的程序，择优确定社区文化活动中心的运行单位。

街道办事处和乡、镇人民政府应当与社区文化活动中心运行单位签订协议，确定双方的权利义务，明确社区文化活动中心运行的具体要求。

社区文化活动中心运行单位应当是具有独立法人资格的非营利性机构，并具备以下条件：

（一）有开展公共文化服务工作的能力；

（二）有与开展公共文化服务工作相适应的专业人员；

（三）有健全的管理制度。

居（村）民综合文化活动室可以结合各自特点，实行居民自我管理，建立适合当地实际的公共文化服务运行机制。

第十一条 市文化行政部门应当制定社区公共文化服务规范和标准。

社区文化活动中心和居（村）民综合文化活动室应当完善服务条件，建立管理制度，开展文明、健康的公共文化活动，保障公众基本文化权益。

第十二条 社区文化活动中心应当为公众提供文艺演出、书报阅读、展览展示、影视放映、上网服务、体育健身、学习培训、科学普及、健康教育、法制宣传、国防教育、非物质文化遗产传承、心理辅导等各类公益性服务，并为社区开展其他公益性活动提供服务和支持。

社区文化活动中心应当通过征询公众意见等形式，了解公众对服务内容的需求，开展具有社区特色的公共文化活动。

居（村）民综合文化活动室应当根据实际情况，为居民、村民提供形式多样的文化服务，为居民、村民开展各类文化活动提供便利。

第十三条 各级人民政府及其文化行政部门可以采取购买服务、

项目补贴或者奖励等方式，鼓励和支持各类企业事业单位、文化团体、社区群众文化团队和个人为社区提供公共文化服务，丰富社区居民文化生活；鼓励和支持本市文联、社联等群众团体发挥优势，参与社区公共文化服务。

第十四条 支持社区居民在公园、绿地、广场等公共场所开展健康有益的公共文化活动。文化行政部门、街道办事处和乡镇人民政府应当依据各自职责，对自行组织的群众文化活动给予支持和引导，满足居民的基本文化需求。

居民参加社区公共文化活动，应当遵守相关规定和社会公德，避免影响其他居民的正常工作和生活。

第十五条 社区公共文化设施应当根据老年人、未成年人和残疾人等群体的特殊需求，提供有针对性的公共文化服务。

第十六条 有关政府部门和服务机构可以依托社区公共文化设施开展面向社区的相关服务，也可以依托其他公共设施开展社区公共文化活动，促进社区公共设施的资源共享。

社区公共文化设施应当为群众文化团队参与社区公共文化服务提供便利。

第十七条 社区公共文化设施应当适应科技进步和社会发展，运用新媒体、新技术为公众提供公共文化服务。

社区文化活动中心应当实现光纤接入和无线局域网覆盖，方便公众上网。

第十八条 社区公共文化设施应当每天向公众开放，开放时间应当与公众的工作时间、学习时间适当错开。国家法定节假日和学校寒暑假期间，应当适当延长开放时间，并增设相应的文化服务项目。社区文化活动中心每周累计开放时间不少于五十六个小时。

鼓励有条件的社区公共文化设施延长开放时间。

社区公共文化设施的开放时间、服务项目等应当向公众公示。

社区公共文化设施因维修等原因需要暂时停止开放的，应当提前七日向公众公示。

第十九条 社区公共文化设施内按照国家规定设置的基本公共文化服务项目，应当免费向公众开放。

除国家规定的基本公共文化服务项目外，社区公共文化设施内设置的其他文化服务项目可以适当收取费用，收费项目和标准应当经政府有关部门批准，并向公众公示。

第二十条 社区文化活动中心向公众开放用于公共文化服务的面积应当不少于使用面积的百分之九十。

居（村）民综合文化活动室向公众开放用于公共文化服务的面积应当不少于使用面积的百分之九十五。

第二十一条 任何单位和个人不得擅自拆除社区公共文化设施或者改变其功能、用途，不得挤占、挪用、出租社区公共文化设施。

因城乡建设确需拆除社区公共文化设施或者改变其功能、用途的，有关人民政府在作出决定前应当听取社区居民的意见，组织专家论证，并征得上一级人民政府文化行政部门的同意，报上一级人民政府批准。

经批准拆除社区公共文化设施或者改变其功能、用途的，应当坚持先建设后拆除或者建设拆除同时进行的原则。重新建设的社区公共文化设施的建筑面积不得少于原有的建筑面积。

第二十二条 市和区、县文化行政部门应当会同相关部门，对社区文化活动中心提供公共文化服务的情况进行评估考核，也可以委托社会专业机构进行评估考核，并逐步建立居民满意度测评机制。

市和区、县文化行政部门应当定期通过报刊、网站等媒体，向社会公开评估考核和测评结果。

第二十三条 市和区、县文化行政部门应当建立社区公共文化服务信息平台，公布社区公共文化服务工作经费投入和使用情况、考核评估结果、奖惩情况，公示社区公共文化设施目录，并为公众提供公共文化服务指导信息。

第二十四条　各级人民政府及其文化等有关行政部门应当加强社区公共文化服务人员队伍建设。

街道办事处和乡、镇人民政府应当为社区文化活动中心配备专职工作人员。社区文化活动中心专业岗位工作人员的资格应当符合国家相关规定。

市和区、县文化行政部门应当定期对社区公共文化服务从业人员进行业务培训，支持社区公共文化设施的工作人员参加技能培训，并与街道办事处和乡、镇人民政府共同做好社区公共文化专业技术人员的职称评聘工作，提高服务水平和能力。

第二十五条　鼓励和组织志愿者根据社区特点和实际需求，参与社区公共文化服务。

第二十六条　鼓励企业事业单位、社会团体、其他组织和个人通过设立专项基金、资助项目、赞助活动、提供设施等多种形式参与社区公共文化服务。

鼓励企业事业单位、社会团体、其他组织和个人向社区公共文化事业捐赠财产。向社区公共文化事业捐赠财产的，依法享受税收优惠。

第二十七条　任何单位和个人发现违反本规定的行为，可以向文化行政部门或者其他相关部门投诉。接到投诉的部门应当按照规定程序进行调查、核实，予以处理。

第二十八条　各级人民政府及其文化行政部门对开展社区公共文化服务工作成绩显著的单位和个人，按照国家和本市有关规定给予表彰和奖励。

第二十九条　违反本规定的行为，法律、行政法规已有规定的，从其规定。

第三十条 社区公共文化设施有下列行为之一的，由文化行政部门责令限期改正；造成严重后果的，对直接负责的主管人员和其他直接责任人员，依法给予行政处分：

（一）未按照规定的最低开放面积对公众开放的；

（二）未公示收费项目价格的；

（三）对国家规定的免费公共文化服务项目实行收费的。

第三十一条 挤占、挪用社区公共文化设施的，由文化综合执法部门责令限期改正，没收违法所得，并处五千元以上三万元以下的罚款；对直接负责的主管人员和其他直接责任人员，依法给予行政处分。

第三十二条 擅自拆除社区公共文化设施或者改变其功能、用途的，由文化行政部门责令限期改正；拒不改正的，对直接负责的主管人员和其他直接责任人员，由其上级行政主管部门依法给予行政处分；构成犯罪的，依法追究刑事责任。

第三十三条 本规定自2013年4月1日起施行。

江苏省公共文化服务促进条例

（2015年12月4日江苏省第十二届人民代表大会常务委员会第十九次会议通过）

第一章 总 则

第一条 为了保障公民的基本文化权益，促进公共文化服务发展，构建现代公共文化服务体系，提高全社会的文明素质，根据有关法律、行政法规，结合本省实际，制定本条例。

第二条 本省行政区域内公共文化服务的提供、保障以及相应的管理活动等，适用本条例。

第三条 本条例所称公共文化服务，是指由地方各级人民政府主导、社会力量参与，以满足公民基本文化需求为主要目的而提供的公共文化设施、公共文化产品、公共文化活动、公共文化项目以及其他相关服务。

第四条 公共文化服务应当坚持统筹协调、方便群众的要求，遵循公益性、基本性、均等性、便利性、可持续性原则。

第五条 县级以上地方人民政府应当制定符合当地经济社会发展要求、满足公民基本文化需求的公共文化发展规划，并将其纳入当地国民经济和社会发展规划。

第六条 地方各级人民政府统一领导本行政区域内的公共文化服务工作，加强统筹协调，建立财政投入与保障机制。

第七条 县级以上地方人民政府文化行政主管部门负责本行政区域内的公共文化服务工作。

发展改革、经济和信息化、财政、人力资源社会保障、国土资源、城乡规划、教育、科技、民政、新闻出版广电、体育、价格、文物等部门根据各自职责，协同做好公共文化服务工作。

第八条 推动公共文化服务与科技、互联网融合发展，运用现代信息技术、数字技术和传播技术，提高公共文化服务水平。

第九条 鼓励和支持公民、法人和其他组织向公众提供公共文化设施和公共文化产品、文化活动及相关文化服务。

第二章 服务提供

第十条 地方各级人民政府应当根据当地经济社会发展水平、地域文化特色、人口状况和公众文化需求，丰富公共文化服务内容，增加公共文化服务总量，提高公共文化服务质量。

第十一条 地方各级人民政府应当结合本地实际情况和公众文化需求，制定并定期公布基本公共文化服务计划和服务目录，免费提供基本公共文化服务项目。

非基本公共文化服务项目可以按照价格管理相关规定，适当收取费用，但不得以营利为目的。具体收费标准由设区的市、县（市、区）价格主管部门会同有关部门制定。其收入应当用于公共文化设施的维护、管理和公共文化事业发展。

第十二条 政府投资建设的公共图书馆、博物馆、文化馆、纪念馆、美术馆、综合文化站等应当免费向社会开放。

推动科技馆、工人文化宫、青少年宫、妇女儿童活动中心增加免费或者优惠提供的基本公共文化服务项目。

第十三条 公益性文化单位应当完善服务项目和内容，向公众提供免费或者优惠的文艺演出、陈列展览、广播影视节目、阅读服务、艺术培训等，并为公众开展文化活动提供支持和帮助。

鼓励经营性文化单位向公众提供免费或者优惠的公益性文化服务。

第十四条 鼓励机关、学校、企业事业单位的文化设施向社会开放。

第十五条 政府享有著作权的文化产品应当无偿用于公共文化服务。

鼓励将政府资助的文化产品无偿用于公共文化服务。

第十六条 县级以上地方人民政府及其文化等有关部门应当为未成年人、老年人、残疾人和外来务工人员等特殊群体提供有针对性的公共文化服务。有条件的地区应当在医院、养老院、社会福利院、厂区、职工集中住宿区等区域和场所建设综合性公共文化设施或者设置公共文化区域。

第十七条 地方各级人民政府应当加大对村、社区公共文化服务的供给，为村、社区开展公共文化活动提供支持。

地方各级人民政府应当扩大农村广播电视、电影放映、文化信息资源共享等公共文化服务的覆盖范围，增加相关服务内容，提高服务质量，支持针对农村群众需要的公共文化产品的生产，创造条件为农民提供免费的公共文化服务。

第十八条 县级以上地方人民政府应当将公共数字文化建设纳入本地区信息化建设规划，加大公共数字文化资源开发利用，构建标准统一、互联互通的公共数字文化服务平台，为公众提供丰富、便捷的数字文化服务。

公共文化设施管理单位应当通过信息化、数字化等技术手段，利用宽带网络、移动互联网、广播电视网和卫星网络提供公共文化服务，推动公共文化信息资源的共建共享，增强文化信息资源的传输、存储、供给和远程服务等能力。

促进优秀传统文化瑰宝和当代文化精品网络传播，提高网络文化产品和服务供给能力，推动网络文化产品健康发展。

第十九条 县（市、区）公共图书馆、博物馆、文化馆、美术馆应当加强对基层公共文化服务工作的指导，通过业务辅导、骨干培训、艺术交流、文化下基层等形式，提高服务水平。

推进县（市、区）公共图书馆与基层公共阅读服务场所之间通借通还，逐步实现公共图书馆数字资源与各类阅读设备终端互联互通、共享共用。

第二十条 县级以上地方人民政府应当加强跨部门、跨行业、跨区域公共文化服务资源的整合，创新公共文化服务管理运行机制，推动公共文化服务机构共建共享、互联互通、融合发展，提高公共文化综合服务效能。

第三章　设施建设

第二十一条　本条例所称公共文化设施，是指用于提供公共文化服务的公共图书馆、博物馆、文化馆、美术馆、科技馆、纪念馆、展览馆、体育场、工人文化宫、青少年宫、妇女儿童活动中心，乡镇和街道综合文化站、村和社区综合文化服务中心（含农家书屋），广播电视播出传输覆盖设施、公共数字文化服务点以及其他建筑物、场地和设备。

第二十二条　地方各级人民政府应当根据国民经济和社会发展水平、人口分布和结构、环境条件以及公共文化事业发展的需要，合理布局公共文化设施。

公共文化设施应当根据需要建在人口集中、交通便利、方便群众参与且易于疏散的地方。

第二十三条　地方各级人民政府应当根据人均拥有公共文化设施面积指标，科学合理安排辖区内公共文化设施总量。万人拥有公共文化设施面积应当达到国家和省规定的标准。

第二十四条　县级以上地方人民政府建设图书馆、博物馆、文化馆等公共文化设施，应当符合选址合理、功能科学、经济适用、节能环保的要求，符合无障碍设施工程建设等国家相关建设标准。

有条件的公共文化设施应当根据女性群体的特殊需要，设置母婴室。

第二十五条　乡镇、街道以及村、社区应当建设具备宣传文化、图书报刊阅读、科学普及、普法教育、体育健身、社区服务等功能的综合性文化服务中心，其功能、使用面积应当与服务人口数量和服务半径相适应，满足公众需求。

有条件和服务人口较多的乡镇、街道综合文化站以及村、社区综合文化服务中心，应当配套建设文体广场等活动场所，并完善相关无障碍设施，方便老年人、残疾人出行和使用。乡镇、街道合并的，原有的公共文化设施应当继续用于公共文化服务，确保公共文化服务全覆盖。

乡镇、街道综合文化站以及村、社区综合文化服务中心的建设标准，按照省人民政府规定执行。

第二十六条 地方各级人民政府应当配置和更新开展公共文化服务必需的设备和资源。有条件的地区可以根据实际需求配备流动文化车，开展流动文化服务。

公共图书馆、博物馆、文化馆、美术馆、乡镇和街道综合文化站、村和社区综合文化服务中心应当配备与群众需求相匹配的数字文化服务设施设备。

第二十七条 地方各级人民政府应当在机场、车站、码头、广场等人员流动较大的公共场所，设置公共文化信息发布窗口、阅报栏（屏）等相关设施设备，为公众提供便捷的阅读服务。

第二十八条 公共文化设施的建设用地，依法纳入土地利用总体规划和城乡规划，按照节约集约原则，依据法定程序审批。

因特殊情况需要调整公共文化设施建设预留地的，应当依法调整城乡规划，并依照前款规定重新确定建设预留地，重新确定的公共文化设施建设预留地不得少于原有面积。

新建、改建、扩建居民住宅区，应当按照国家和省有关规定，规划和建设配套的公共文化设施。

第二十九条 公共文化设施管理单位应当建立健全安全管理等制度和服务规范，配备安全保护设施、人员，制定安全应急预案，确保公众和公共文化设施的安全。

第三十条 公共文化设施应当根据其功能和特点向公众开放，

其服务内容和开放时间应当公示。开放时间不得少于国家规定的最少时限。因特殊原因需要改变公共文化服务事项或者临时停止开放的，应当提前七日向社会公布。

第三十一条 公共文化设施不得用于开展与其功能、用途不相适应的活动。

任何单位和个人不得利用公共文化设施从事危害公共利益的活动。

第三十二条 地方各级人民政府应当建立公众参与的公共文化设施使用效能考核评价制度，并将考核评价结果作为确定补贴或者奖励的重要依据。

第三十三条 任何单位和个人不得挪用、侵占、挤占、擅自拆除公共文化设施，不得以任何形式改变公共文化设施的功能和用途。

因城乡建设经依法批准确需拆除公共文化设施，或者改变其功能、用途的，应当根据法律、行政法规的规定重建。重建应当坚持先建设后拆除或者建设拆除同时进行的原则。建设拆除同时进行的，应当安排过渡的公共文化设施，以确保公共文化服务不间断。重新建设的公共文化设施，不得低于原有的面积。

第四章 社会参与

第三十四条 地方各级人民政府、文化等有关部门可以采取政府购买服务、项目补贴、定向资助、贷款贴息等方式，鼓励和支持社会力量为公众提供免费或者优惠的公共文化服务。

鼓励和支持公民、法人和其他组织兴建、捐建公共文化设施，通过主办、承办、联办、冠名等方式参与公共文化服务活动。

第三十五条 地方各级人民政府、文化等有关部门应当根据本地区经济社会发展水平、公共文化服务需求状况和财政预算安排情况，制定本地区政府向社会力量购买公共文化服务的指导性目录或具体购买目录，建立健全政府向社会力量购买公共文化服务的机制，并加强对购买公共文化服务项目的绩效评价。

第三十六条 地方各级人民政府、文化等有关部门应当按照国家和省的有关规定，完善相关政策和管理制度，简化审批登记程序，放宽公共文化服务准入条件，搭建社会参与平台，制定本地区社会力量参与公共文化服务的导向目录，引导社会力量参与公共文化服务。

第三十七条 鼓励和支持公共文化机构、高等院校、科研机构、高科技企业合作开展研究，促进现代科技成果在公共文化服务领域的运用，提高公共文化服务现代化水平。

第三十八条 鼓励、引导和支持相关协会、学会、基金会等社会组织，参与公共文化服务，为公共文化服务提供法律、政策、金融、技术、管理和市场信息等方面的支持。

第三十九条 鼓励和引导社会各界开展与本行业有关的文化活动，推动社区文化、校园文化、企业文化、乡土文化和家庭文化等发展，形成全社会参与和协同推进公共文化服务机制。

第四十条 地方各级人民政府、文化等有关部门应当引导、扶持、规范民间文艺团队健康发展，采取政府购买服务等方式，引导民间文艺团队参与公共文化服务，为参与公共文化活动的民间文艺团队提供排练场地、业务指导、艺术培训、信息咨询等服务。

第四十一条 县级以上地方人民政府及其文化等有关部门应当加强民营文化企业、民间文化团体的人才队伍建设，在职称评定、学习培训、项目申报、表彰奖励等方面与国有文化单位实行同一标准。

第四十二条 鼓励和支持公民以志愿方式提供公共文化服务。

文化行政主管部门应当会同有关部门建立和完善公共文化服务志愿者注册招募、服务记录、管理评价和激励保障机制，加强指导和培训，实现志愿服务与政府服务、市场服务相衔接。

第四十三条 推动公共图书馆、文化馆、博物馆等探索建立以理事会为核心的法人治理结构，吸纳有关方面代表、专业人士、各界群众参与管理。

第五章 保障措施

第四十四条 省人民政府根据国家基本公共文化服务指导标准，结合本省实际，制定省基本公共文化服务保障标准。设区的市、县（市、区）人民政府应当制定与当地经济社会发展水平相适应、具有地域特色、不低于省基本公共文化服务水平的保障标准。

设区的市、县（市、区）、乡镇人民政府负责本辖区内基本公共文化服务保障标准的实施。

第四十五条 县级以上地方人民政府牵头建立由文化等有关部门参加的公共文化服务体系建设协调机制，协调推进公共文化服务政策、标准的制定、实施和考核，统筹实施公共文化服务重大工程，推动基层公共文化资源共建共享，促进公共文化服务均等化发展。

第四十六条 地方各级人民政府应当将公共文化设施、公共文化产品、公共文化活动、公共文化项目等所需经费纳入财政预算，保持基本公共文化服务财政支出与经济社会发展总体水平和政府财力的增长相适应，强化提升县级财政保障基本公共文化服务能力。

第四十七条 县级以上地方人民政府应当改革和完善转移支付制度，与各级政府事权和支出责任划分相适应，优化各级政府转移支付结构。

县级以上地方人民政府应当整合规范已有的各类公共文化服务专项资金，加大对经济薄弱地区转移支付力度，重点支持经济薄弱乡镇、村开展公共文化服务。

第四十八条 县级以上地方人民政府应当建立健全公共文化服务资金的审计监督和统计公告制度，确保资金用于公共文化服务，任何单位和个人不得侵占、挪用。

第四十九条 社会力量支持公共文化设施建设和公共文化活动、捐赠公共文化服务设施设备的，按照国家和省相关规定享受税费优惠。

第五十条 县级以上地方人民政府应当按照公共图书馆、博物馆、文化馆、美术馆、工人文化宫等单位所承担的职能、任务及所服务的人口规模，合理配备公共文化服务从业人员，按照国家和省有关规定配备乡镇和街道综合文化站的人员编制，做到定编定岗、专职专用。村、社区综合文化服务中心应当设立由政府购买的文化公益岗位负责文化工作。

第五十一条 文化行政主管部门应当对公共文化服务从业人员进行岗位培训，提高从业人员的职业素养和服务能力。

公共文化设施管理单位应当根据不同岗位要求，编制从业人员培训计划，对从业人员进行分级分类培训。

第五十二条 县级以上地方人民政府及其文化等有关部门应当建立和完善公共文化人才引进、培育和激励机制，引进、培养公共文化服务领军人才。

第五十三条 地方各级人民政府应当将公共文化服务工作纳入地方政府考核内容，作为评价地区发展水平、发展质量和领导干部工作实绩的重要内容。

文化等有关部门应当建立公共文化服务绩效评估制度，建立公共文化服务公众评价和反馈机制，将公众意见和建议作为公共文化服务考核评价和动态调整的参考。

第六章　法律责任

第五十四条　地方各级人民政府违反本条例规定，未履行公共文化服务保障职责的，由上级人民政府责令限期改正；情节严重的，对负有直接责任的主管人员和其他直接责任人员依法给予处分。

第五十五条　公共文化设施管理单位违反本条例，有下列行为之一的，由文化等有关部门责令限期改正；造成严重后果的，对负有责任的主管人员和其他直接责任人员依法给予处分：

（一）未按规定免费提供基本公共文化服务项目的；

（二）未按规定建立安全管理制度的；

（三）未根据公共文化设施的功能和特点向公众开放、未公示服务内容和开放时间的。

第五十六条　公共文化设施管理单位违反本条例第三十一条规定，利用公共文化设施开展与其功能、用途不相适应的活动的，由文化等有关部门责令限期改正，没收违法所得；违法所得五千元以下的，可以处一万元以下罚款；违法所得五千元以上的，并处违法所得二倍以上五倍以下罚款；对负有责任的主管人员和其他直接责任人员，依法给予行政处分。

第五十七条　单位或者个人违反本条例第三十三条规定，挪用、侵占、挤占、擅自拆除公共文化设施，或者拆除公共文化设施未根据法律、行政法规的规定重建的，由文化等有关部门责令限期改正；情节严重的，对负有责任的主管人员和其他直接责任人员依法给予处分；构成犯罪的，依法追究刑事责任。

第五十八条 单位和个人违反本条例第四十八条规定，侵占、挪用公共文化服务资金的，由其上级机关或者监察机关责令改正；情节严重的，对负有责任的主管人员和其他直接责任人员依法给予处分；构成犯罪的，依法追究刑事责任。

第五十九条 文化等有关部门及其工作人员违反本条例规定，玩忽职守、滥用职权、徇私舞弊的，对直接负责的主管人员和其他直接责任人员依法给予处分；构成犯罪的，依法追究刑事责任。

第七章 附 则

第六十条 本条例自 2016 年 3 月 1 日起施行。

后　记

《中华人民共和国公共文化服务保障法》（以下简称公共文化服务保障法）已由第十二届全国人民代表大会常务委员会第二十五次会议于2016年12月25日通过，自2017年3月1日起施行。公共文化服务保障法是指导和规范公共文化服务体系建设的一部基础性、综合性法律。公共文化服务保障法的颁布实施，将为构建现代公共文化服务体系，保障人民群众基本文化权益提供有力的法律依据。

为了配合公共文化服务保障法的学习贯彻，帮助读者准确理解法律的立法宗旨、原则和各项具体条款，全国人大教科文卫委员会、全国人大常委会法制工作委员会、文化部、国家新闻出版广电总局、国务院法制办组织参加法律起草工作的同志编写了《中华人民共和国公共文化服务保障法解读》，供大家学习参考。

本书由全国人大教科文卫委员会主任委员柳斌杰，文化部部长雒树刚，国务院法制办副主任袁曙宏担任主编；全国人大常委会法制工作委员会副主任许安标，文化部副部长杨志今，国家新闻出版广电总局副局长阎晓宏担任副主编；全国人大教科文卫委员会文化室主任朱兵，全国人大常委会法制工作委员会研究室主任梁鹰，国务院法制办教科文卫法制司司长王振江，文化部公共文化司司长张永新，国家新闻出版广电总局政策法制司司长余爱群，全国人大教科文卫委员会文化室副主任孙雷，国务院法制办教科文卫法制司副司长张耀明，文化部公共文化司副司长陈向红，国家新闻出版广电总局政策法制司副司长高思为编委会成员。李国新、杨永恒、冯守仁、贾旭东、巫志南、吕芳、金武刚、阮可、彭泽明、魏晓阳等专家作为撰稿人起草了本书的主要内容。其中，李国新同志负责全书统筹，同时与魏晓阳同志共同负责第一章的撰写工作；冯守仁和贾旭东、吕芳同志负责第二章；巫志南、金武刚、彭泽明同志负责第三章；杨永恒、阮可同志负责第四章；吕芳同志负责第五章和第六章。全国人大教科文卫委员会文化室、全国人大常委会法制工作委员会研究室、文化部公共文化司、国家新闻出版广电总局政策法制司、国务院法制办教科文卫法制司的有关同志对条文进行了审核。住房和城乡建设部汪科同志也对相关条文解读的修改提出了具体意见。

本书力求准确、详尽、通俗地解释每一条内容，但因时间和水平有限，难免有不妥和疏漏之处，敬请读者批评指正。

2017 年 3 月

图书在版编目（CIP）数据

中华人民共和国公共文化服务保障法解读 / 柳斌杰，雒树刚，袁曙宏主编．—北京：中国法制出版社，2017.2（2017.9 重印）

ISBN 978-7-5093-8224-0

Ⅰ．①中… Ⅱ．①柳…②雒…③袁… Ⅲ．①公共管理-文化工作-法规-中国-学习参考资料 Ⅳ．①D922.164

中国版本图书馆 CIP 数据核字（2017）第 028793 号

策划编辑：谢雯　　　责任编辑：谢雯　　　封面设计：蒋怡

中华人民共和国公共文化服务保障法解读

ZHONGHUARENMINGONGHEGUO GONGGONG WENHUA FUWU BAOZHANGFA JIEDU

主编/柳斌杰，雒树刚，袁曙宏

经销/新华书店

印刷/三河市紫恒印装有限公司

开本/880 毫米×1230 毫米　32 开　　　印张 / 14.5　字数 / 266 千

版次/2017 年 3 月第 1 版　　　2017 年 9 月第 6 次印刷

中国法制出版社出版

书号 ISBN 978-7-5093-8224-0　　　定价：49.00 元

北京西单横二条 2 号　　　值班电话：66026508

邮政编码 100031　　　传真：66031119

网址：http：//www.zgfzs.com　　　**编辑部电话：66010493**

市场营销部电话：66033393　　　**邮购部电话：66033288**

（如有印装质量问题，请与本社编务印务管理部联系调换。电话：010-66032926）